浙江省重点培育智库中国计量大学"一带一路"区域标准化研究中心资助
国家社会科学基金资助项目(批准号:19BGJ029)
中国计量大学经济与管理学院特色文库工程资助项目

出口管制标准的产业技术创新效应

姜 辉 著

中国原子能出版社

图书在版编目(CIP)数据

出口管制标准的产业技术创新效应 / 姜辉著. —北京：中国原子能出版社，2021.4（2023.1重印）

ISBN 978-7-5221-1361-6

Ⅰ．①出… Ⅱ．①姜… Ⅲ．①高技术产业－对外贸易管制－研究－世界 Ⅳ．①F741.1

中国版本图书馆 CIP 数据核字(2021)第 081648 号

内 容 提 要

本书运用管制经济学、技术经济学、国际贸易学和博弈论等相关知识,梳理了出口管制的兴起及发展历程,介绍了中国、日本、英国、美国和欧盟等国家和地区的出口管制政策及标准,疏理出口管制与产业技术创新相关的研究进展及成果,从理论上剖析了不同强度的出口管制标准带来的产业技术创新效应差异,选取产业技术创新模式选择、产业技术引进路径优化和产业技术创新资源配置等三个视角探究管制国的出口管制标准对被管制国的高新产业技术创新的影响。本书最后的章节回顾了中国出口管制产品标准、法律体系和组织机构的演进历程,对比国内外出口管制体系的差异,为中国高新产业应对外国出口管制标准提供基本的理论框架和政策思路。

出口管制标准的产业技术创新效应

出版发行	中国原子能出版社(北京市海淀区阜成路 43 号　100048)
责任编辑	刘东鹏
装帧设计	右序设计
责任印制	赵　明
印　　刷	河北宝昌佳彩印刷有限公司
经　　销	全国新华书店
开　　本	710mm×1000mm　1/16
印　　张	15
字　　数	250 千字
版　　次	2021 年 4 月第 1 版　　2023 年 1 月第 2 次印刷
书　　号	ISBN 978-7-5221-1361-6
定　　价	82.00 元

网址:http://www.aep.com.cn　　　　E-mail:atomep123@126.com

发行电话:010-68452845

序

  姜辉博士已在出口管制领域作了较长时间研究,具有相当水平的学术积累。2012 年开始攻读博士学位不久,在我的建议下,他就将出口管制作为主要研究方向。在攻读博士期间,他收集整理了大量研究文献,并深入调研国内外出口管制政策体系及其演变历程。博士学位论文紧紧围绕"出口管制与技术创新"选题展开研究。关于出口管制的研究目前在国内方兴未艾,而他多年来在系统梳理国外出口管制历程、密切关注中国出口管制实践、广泛阅读国内外出口管制文献、收集大量出口管制案例及数据的基础上,早已发表了不少具有相当学术水平的论文。

  出口管制领域的诸多规律需要潜心挖掘。当传统国际贸易理论力主"鼓励出口"之时,而出口管制则主张"限制出口"。出口管制的理论基础显然不能简单归于传统贸易理论。管制国对被管制国的高新技术出口管制有时严格,有时则相对宽松。出口管制政策是否对被管制国的高新产业的技术创新产生影响,如果具有显著影响,其产生影响的路径又是什么? 出口管制的初衷在于减少技术或产品外溢的风险,但其实际效果又有可能完全相反。技术的外溢有利于提升全球经济福利,由此产生巨大的正外部性,但是技术泄露会给输出国带来严重的安全威胁和竞争压力,由此形成显著的负外部性。出口管制体现了技术的需求方和供给方存在着尖锐利益矛盾。出口管制给被管制的产业带来了巨大的经济损失,实施出口管制的国家该如何处理好经济利益和国家安全的关系。面对是否应该实施出口管制时,产业组织更多地关心经济收益,而管制国政府则不得不综合权衡国家安全、军事战略、经济和外交等多种因素。如何能够在维护国家安全战略和服务政治外交需求的基础上,又不损害被管制产业的持续创新能力和国际竞争力,这些都是一个需要深入研究的命题。

出口管制领域的诸多现象亟需科学诠释。例如,少数发达国家长期对发展中实施严格的出口管制,其目的在于抑制发展中国家高新产业的技术创新,但是一些发展中国家尽管遭受发达国家的技术封锁,仍然在诸多高新产业领域获得了巨大的技术进步。作为发展中国家,中国该如何有效应对少数发达国家的高技术垄断和封锁?

出口管制虽然最早从少数发达国家兴起,但出口管制并非发达国家所专有,发展中国家及落后国家也可以实施出口管制政策。例如,中国的《出口管制法》已于2020年12月1日正式实施。回顾中国的出口管制演变历程可以发现,中国的出口管制体系经历了从零散的部门出口管制规章到正式的国家出口管制法律、从传统的战略资源和军品管制到两用敏感管制物项的增多、从参与国际多边出口管制组织到主导部分高科技产品的出口管制标准的日臻完善复杂过程,且在国际出口管制舞台上的作用正在不断增强。中国的出口管制是否以及如何能够更好地维护国家安全和推动世界和平?众所周知,出口管制犹如双刃剑,管制国在获得政治、军事和外交等利益的同时,往往损害相关产业的经济利益和技术创新能力。所以,如何正确评估出口管制对被管制产业的经济影响?如何科学处理出口管制与对外开放的关系?以及出口管制标准如何与经济发展阶段相适应?过早地对相关高新技术实施过严的出口管制标准,虽然能够有效地防止技术的外溢风险,但是也容易扼杀该技术的国际成长空间和抑制其"持续创新"和"再创新"的活力。

出口管制具有公共理性特质。随着核武器及其他大规模杀伤性武器的出现,世界和平和人类公共安全面临巨大威胁。为了维护人类的公共安全,世界上许多国家都积极加入国际原子能机构,签署多种防扩散国际公约,包括《不扩散核武器条约》《导弹及其技术控制制度》《禁止化学武器公约》《禁止生物武器公约》以及联合国关于防扩散的各种决议等。随着国际恐怖主义的抬头,世界反恐形势日趋严峻,国际出口管制的重心逐步转变为"反恐"和"维护地区稳定"。以防扩散和反恐为目的的出口管制体现了世界各国的公共理性需求,在维护世界和平和地区稳定中发挥着重要作用。

出口管制具有个体理性属性。从知识产权保护视角来看,出口管制体现了技术领先国对某项技术、产品或资源的"专有权"和"独占权"。民用高新技术或产品的自由流动有利于推动科技成果共享,从而提高全球福利水平。但是技术的外溢有可能对原创国带来风险,降低其在国际上的技术领先优势和竞争优势。基于个体理性选择,技术领先国有必要对相关技术或产品实施出口管制以规避外溢带来的风险。该类型的出口管制将个体理性与公共理性置于无法调和的境地。

该书系统分析了国内外在出口管制领域的研究成果及最新进展,详细梳理了中国、日本、英国、美国与欧洲一些国家出口管制的发展历程及制度安排,阐述了出口管制的基本特征,剖析了出口管制政策波动的历史成因。全书重点研究外国出口管制标准对本国高新产业技术创新的影响,并从技术创新模式、技术引进路径和创新资源配置等三个视角入手,剖析管制国的出口管制标准对被管制国的产业技术创新效应的作用路径。基于博弈论和纳什均衡等模型从理论上阐释管制国的出口管制强度与被管制国的高新产业技术创新能力的动态演进关系,选取航空航天、医药制造、电子通信设备、计算机和医疗设备等高新产业进行实证分析,得出的结论包括管制国的出口管制与被管制国的高新产业技术创新存在动态演进关系、出口管制冲击被管制国的高新产业技术创新模式的选择、扭曲高新产业的技术引进路径、改变高新产业的技术创新资源的配置结构。该书提出了优化技术创新模式、改善技术引进路径和优化创新资源配置的若干对策,为被管制国相关产业和政府管制部门提供了富有价值的理论依据和实证资料,为被管制国出口管制体系改革提供有益的借鉴。诚然,相关的研究结论和政策建议尚需要在出口管制改革和产业技术创新实践中进行检验和完善。

他山之石可以攻玉。深入研究管制国的出口管制标准对被管制国的高新产业技术创新的影响,可以有效地增强被管制产业应对出口管制的能力,提升技术创新的水平。而随着中国高新产业技术创新能力的不断提升,有必要对越来越多的高新技术或产品实施出口管制,并通过科学评估出口管制政策的效果,及时加以完善。中国实施出口管制是其高新产业技术进步的结果,是中国应对外国对华歧视性出口管制的必然选择,是中国由"大国"向"强国"迈进的重要手段。在中国深化对外开放的过程中,既要注重资本和技术的输出,又要保护好前沿技术和敏感产品。在国际政治、经济和技术合作中,只有掌握核心技术方能立于不败之地。我认为,这本具有较高学术水平的专著的出版,将有助于我国相关产业提升应对外国出口管制的能力,并为我国出口管制体系的完善提供参考。同时,将丰富我国出口管制的研究内容。相信该书的出版将受到学术界、产业界和政府管制部门的重视和广大读者的欢迎。

王俊豪

2021 年 3 月 20 日于杭州

目　录

· 1 ·

导　言

出口管制属于政府管制,兼具经济性管制和社会性管制双重属性。从经济属性来看,通过提高出口管制标准来限制高新技术或产品的对外输出,可以有效规避技术外溢对输出国产生的负外部性,维护管制国在国际市场上的技术领先优势,从而极大地保证经济安全。由于与技术落后国家的技术差距越大,发达国家从技术领先优势中获得的垄断利益就越多,较大的竞争优势能够更好地维护发达国家在国际市场上的经济安全,所以,针对高新技术或产品实施出口管制是发达国家维护本国技术垄断、限制他国技术创新、保持国际技术差距、维护本土经济安全的重要手段。从社会属性来看,通过制定严格的出口管制标准来禁止敏感或两用物项的出口,可以减少相关物项落入敌对国家或竞争对手国家的风险,从而维护国家安全。鉴于国际安全形势的严峻性和复杂性,大部分国家都针对生化类大规模杀伤性武器、导弹及控制技术、核相关物项及其他敏感的两用物项等实施严格的出口管制。可见,出口管制具备维护人类公共安全的重要职能。

出口管制标准的"限制出口"与国际贸易政策中"鼓励出口"相悖,具有"逆比较优势"特征。传统国际贸易理论主张一国应该出口本国具有技术领先优势和资源禀赋优势的产品,这样有利于增加相关产业的贸易所得和整个国家的福利水平。但是,出口管制标准则规定需要限制本国具有技术领先优势的产品,以防止被他国模仿或窃取技术。由于担心核心和关键技术外溢风险,往往只允许大量出口成熟的技术或产品,而限制前沿技术或产品的输出。存在上述矛盾的根本原因在于政策的目标取向存在差异。国际贸易理论中的鼓励出口政策旨在维护出口产业的经济利益,而出口管制中的限制出口政策旨在维护国家安全和竞争战略。

出口管制标准具有"反竞争"和"保护知识产权"特质。从反竞争视角来看,制定严格出口管制标准的目的就是保证国家对核心或关键技术的"垄断和独享",防止被敌对国家或竞争对手国家获得该项技术从而对本国构成"竞争威胁"。从知识产权视角来看,严格的出口管制标准有利于确保相关技术在特定的空间和时间范围有监督或可控的使用,主张技术的"专有权"和"专用权",即不得随意进行技术转让,也不得随意变更技术的用途,例如,未经许可,进口国不能将民用技术或设备用于军事用途等。军品的出口管制凸显了技术或产品使用的"地域性",而两用物项的出口管制强调了技术或产品的"专用性"。考虑到国家博弈和竞争的需要,军品的出口往往只针对盟国或友好国家。而敏感物项的出口一般需要获得进口国出具的最终用户和最终用途证明,且只能用于规定的用途。

出口管制的主要理论基础是管制经济学。由于存在自然垄断、外部性和信息不对称等多种因素,所以,需要政府对进出口贸易实施管制来克服市场失灵,进而维护人类公共利益和本土国家安全。出口管制是政府干预经济的表现之一,旨在通过行政手段达到维护政治、经济、军事和外交等利益。从现有的出口管制实践来看,管制国通常以牺牲经济利益为代价来换取政治、军事和外交等利益。高新技术或产品的溢出会促进输入国的技术创新能力,缩小国际技术差距,由此给输入国带来巨大的正外部性,但是由此削减输出国在国际市场上的技术领先优势,并对其经济和国家安全造成潜在威胁,产生巨大的负外部性。在经济利益最大化的驱动下,高新产业不会对这种负外部性负责,只有政府利用行政手段实施严格的出口管制标准,才能够有效地规避技术外溢带来的负外部性。可见,高新产业为了扩大国际市场份额和获得规模经济效应需要扩大前沿技术或产品的出口规模,而政府考虑到前沿技术外溢风险和国家竞争战略,则需要限制相关技术或产品的出口。高新产业和政府具有不同的目标取向,前者更多地考虑经济效益,后者则关注国家风险和竞争安全。

西方发达国家在 20 世纪初就逐步建立了较完善的出口管制标准体系。从管制的对象来看,出口管制标准可以划分为资源性管制标准和技术性管制标准,前者主要由具有资源禀赋优势的国家实施,管制的对象主要是战略物资或稀缺资源,后者则由具有技术领先优势的国家实施,管制的对象主要包括国际前沿技术或产品。西方发达国家在出口管制实践上不仅历史悠久,而且管制标准体系最为健全,不仅在国内形成了健全的出口管制标准体系,还积极推动国际出口管制联盟的构建,利用出口管制联盟对目标国家或地区实施贸易禁运和制裁。从这个层面来看,出口管制是发达国家实现特定政治、军事和外交利益的工具。

实施出口管制的国家必须具有资源基础和技术领先优势。只有当被管制的技术和产品在国际上具有战略价值时,才具备对该技术或产品实施严格出口管制标准的必要。战略价值越高则实施出口管制的必要性就越大。从资源禀赋来看,稀土等重要的战略资源就具有出口管制的必要。这类资源不可再生,且在航空航天和军事领域具有极高的战略价值,中国曾经对稀土等资源实施严格的出口管制标准。有些国家在战争期间为了保障资源优先供应国内市场,限制相关物资的对外出口,也会实施严格的出口管制标准。从技术禀赋来看,有必要针对具有国际领先优势的前沿和敏感技术或产品实施严格的出口管制标准。当前,国际上普遍对核武器及其他大规模杀伤性武器、导弹及控制技术等实施严格的出口管制标准。此外,少数发达国家在航空航天等诸多高新产业领域对中国实施严格的出口限制标准。可见,只有具备领先的技术创新能力和具有特定用途的战略资源,一国才具备出口管制的实力。在国际上领先的技术越多,则有必要实施出口管制的物项就越多。

出口管制标准的效应具有多维性。严格的出口管制标准既对被管制国产生影响,又对管制国造成冲击,还可能波及第三国。当管制国对被管制国实施歧视性出口管制时,该政策不仅影响到管制国相关高新产业的出口和被管制国进口相关产业的技术创新,而且还会波及到第三国的同类产业。这是因为一旦管制国限制出口,被管制国会向第三国寻求替代技术或产品,由此推动第三国相关产业的出口,进而改变该产业的世界贸易地理结构。出口管制不仅对被管制产业造成影响,而且还会冲击该产业的上游产业和下游产业。例如,国际上针对芯片实施的出口管制,不仅冲击到上游的芯片组装和零配件供货厂商,而且还阻碍下游的手机、电脑等电子通信产业的发展。出口管制标准所产生的效应包括贸易效应、技术效应和政策效应等。从贸易效应来看,出口管制标准的波动所带来的最直接的影响就是进出口贸易失衡。由于出口管制政策限制了高技术贸易的出口增长,所以部分学者认为高技术出口管制政策是导致高技术贸易失衡的重要原因。从技术效应来看,出口管制的目的在于抑制被管制国的技术创新,由此对被管制国的技术创新模式、技术引进路径和创新资源配置等产生影响。此外,管制国试图通过出口管制保持技术领先优势,但是由于出口管制会损失大量国际市场份额,不利于被管制产业规模的扩张和规模经济效益的获取,进而影响到该产业的再创新和持续创新能力的提升。从政策效应来看,出口管制容易诱发连锁政策效应:一方面,被管制国会因为严格的出口管制标准而实施报复性贸易政策。当管制国针对某高新技术产品采取出口禁运措施时,被管制国会及时出台系列经济和外交政策予以反制;另一方面,第三方国家会采取应对政策。当发达国家对某个国家实施歧视性出口管制时,其他少数发达国家既可以跟随该国一起实施严格的出口管制标准,还可以实施与该国完全不同的宽松出口标准,借此时机扩大其高新技术的输出,从而最大化经济收益。究竟采取何种应对政策,取决于第三国在权衡经济、政治和外交等多种利益后的选择。

当前,出口管制标准的演变呈现三大发展趋势:一是出口管制的物项和种类越来越多样化。早期的出口管制物项主要局限于大规模杀伤性武器、核产品及相关技术以及战略性物资等,随着科技的进步和创新能力的提升,越来越多的两用物项和敏感物项被纳入出口管制标准体系。二是发展中国家逐步进入出口管制的国家行列,并参与国际多边出口管制标准体系,积极制定高新技术或产品的出口管制标准。中国的出口管制体系始于国际防扩散和禁止大规模杀伤性武器交易,积极加入和签署了大量国际防扩散协议。随着高新产业技术创新能力的不断提升,中国近年来逐步加强了对无人机、挖泥船等相关产品的出口管制标准,并制定了较完善的两用物项出口管制政策,健全了出口管制机构,从原有的商务部科技司下属的"出口管制一处和二处"提升为商务部下属的"产业安全与进出口管制局",制定并正式出台了《中华人民共和国出口管制法》。中国出口管制体系的完善有利于国际多边出口管制格局的形成和维护广大的发展中国家的利益。三是少数发达国家越来越强化对发展中国家的歧视性出口管制。随着少数发展中国家经济的迅速崛起和国际地位的不断提升,少数发达国家越来越注重对这些国家的技术封锁和管制,试图抑制新兴国家高新产业的技术进步。

尽管长期遭受少数发达国家严格的高新技术的出口管制,中国在诸多关键领域仍然不断取得创新突破。"两弹一星"、高铁、载人航天、无人机等充分证明少数发达国家的出口管制政策未能阻碍中国高新产业的技术进步。发达国家针对高新技术实施出口管制的目的之一就是要抑制被管制国的技术创新,该政策可能存在倒逼被管制国加强自主创新从而获得更大的技术进步,也可能通过阻断技术和产品的溢出而降低被管制国技术创新的效率和速度。所以,出口管制对于产业技术创新的影响至少存在以下三个方面:一是倒逼产生的促进效应,即被管制国由于受到出口管制而奋发图强,大力提升自主创新能力;二是管制导致的抑制效应,即由于遭受出口限制而增加了技术引进的成本,由于缺乏模仿和学习的机会而增加了技术创新的难度,从而降低了技术创新的效率和速度;三是转移形成的中性效应,即被管制国改变技术引进的路径,转向从其他未实施出口管制的国家引进高新技术和产品,从而避开管制实施国的封锁。此时,出口管制对产业技术创新的影响非常有限。促进效应和中性效应都说明出口管制未能有效地抑制被管制国的技术创新。

研究出口管制标准的产业技术创新效应具有较强的理论价值和现实意义。从理论价值来看,制度经济学强调制度质量对于经济发展具有至关重要的作用。出口管制作为一项重要的贸易制度安排,不仅对管制国自身的产业造成影响,还会对被管制国和第三方国家的相关产业产生冲击。已有的国内外关于出口管制的研究成果大多聚焦于出口管制与贸易平衡、出口管制与技术领先等领域,围绕“外国的出口管制如何冲击本国相关产业的技术创新”问题的研究尚不充分。在出口管制领域,亟须从理论上回答出口管制“是否”以及“如何”影响高新产业的技术创新。从现实意义来看,中国正处于经济复苏和民族振兴的关键时期,打破国外技术封锁和提升技术的自主创新能力尤为重要。深入剖析外国出口管制对中国高新产业技术创新的作用路径,有利于中国的高新产业在应对外国的出口管制壁垒时“趋利避害”“另辟蹊径”和“自主创新”。跨越少数发达国家的高技术出口管制的障碍和推动高新产业的自主创新能力的提升是产业转型升级的必由之路,更是发展战略性新兴产业急需突破的瓶颈。

本书将研究内容聚焦于不同强度的出口管制标准如何对产业技术创新产生影响,并重点剖析管制国的出口管制标准对被管制国高新产业技术创新的影响。主体部分由6章组成。第一章介绍出口管制的基本特征,对核心概念和研究范畴进行界定,疏理世界上主要国家的出口管制标准和制度安排,从市场失灵、波特假说和制度学派创新理论等疏理出口管制的理论基础,系统整理国内外在出口管制领域的研究成果及最新进展,剖析了出口管制标准引发的产业技术创新效应。第二章从理论上阐述出口管制标准对产业技术创新的作用机理。主要利用交易成本理论、外部性理论、产业组织理论，借助制度经济学和规制经济学的相关知识，参照波特假说分析框架，从产业技术创新模式、产业技术引进路径和产业创新资源配置等三个层面剖析出口管制标准对产业技术创新的作用路径。第三章选取中国典型的高新技术产业，结合外国对华出口管制政策的演进历程，分析出口管制标准的变化如何影响中国高新产业技术创新模式的选择。本章依据双元创新理论将高新产业的技术创新模式划分为内部依赖型和外部依赖型两种。运用对比的研究方法，探究严格出口管制和宽松出口管制两种标准下高新产业如何在内部和外部依赖型技术创新模式上做出适应性调整。第四章重点探讨出口管制标准与产业技术引进路径的内在关系。由于少数发达国家对中国高新技术的出口管制标准时松时紧，在同一时间不同国家对华出口管制标准的宽严程度也存在较大差异，所以，中国高新产业的技术引进路径会依据出口管制标准强度在空间上的不平衡和时间上的波动而出现适应性漂移。第五章剖析出口管制标准如何影响高新产业的创新资源配置。从空间视角来看，创新资源的配置包括国内范围资源配置和全球范围资源配置。出口管制标准对资源配置的影响至少包括国内资源配置结构、国内与国外资源配置结构、全球资源配置结构等三个层面。第六章系统疏理国内出口管制体系的演进历程，对比中国和西方发达国家在出口管制体系上的差异，展望世界出口管制未来的演进趋势。

随着世界竞争格局的风云变幻，发达国家与发展中国家的矛盾逐步凸显，广大发展中国家引进先进技术和高新产品的需求越来越迫切，出口管制标准的演变体现了"溢出与反溢出""合作与反合作""垄断与反垄断"等多种力量的博弈，层出不穷的新命题有待深入研究。这既给致力于出口管制研究的专家学者呈上了"饕餮盛宴"，又提供了将理论成果和政策建议运用于出口管制实践的难得机遇。本书得到了浙江财经大学原校长王俊豪教授的亲切指导，感谢中国计量大学的领导和同仁的帮助和支持。本书引用和汲取了国内外许多专家学者的研究成果，并尽可能地在书中做了说明和注释，在此对上述专家学者一并表示谢意。由于作者水平有限，书中存在的缺陷，敬请广大读者批评指正。

第一章　出口管制的概况及研究进展

本章界定出口管制的基本内涵,剖析出口管制的原因及特点,将出口管制依据不同的标准进行分类,简述中国、日本、美国和欧盟等国家的出口管制的制度安排,疏理国内外关于出口管制领域的研究成果及最新进展,从理论上剖析了不同强度的出口管制标准对产业技术创新的影响的差异,为研究实施出口管制的国家(以下简称"管制国")的出口管制标准如何影响被管制国家(以下简称"被管制国")高新产业的技术创新做必要的理论铺垫。

第一节　出口管制的基本特征

一、出口管制的内涵

出口管制本质上属于经济手段和行政手段的组合,其对象主要涉及战略性、先进性、紧缺性的相关物项,包括发达国家管制的高新技术和产品、发展中国家管制的资源性产品以及各国在重大突发公共卫生事件期间的紧缺防疫物资等。出口管制的目的既包括战略资源的优先供给,也包括维护国家安全和竞争战略。出口管制的目标载体包括数量、金额或技术参数等,具体手段包括配额、关税和许可证等。由于管制目的的不同,各国制定的出口管制标准存在较大差异。

二、出口管制的目的

(一)维护国家安全

通过对核武器及其他大规模杀伤性武器等实施出口管制,可以防止该类技术和产品落入敌对国家和竞争对手国家或被恐怖组织等掌握,以达到维护国家安全和地区和平稳定的目的。这类出口管制标准主要体现在"防扩散"系列清单之中。此时,出口管制被纳入国家安全战略之一。

(二) 保持技术领先优势

管制国通过限制或禁止出口本国具有领先优势的技术或产品,可以有效地阻止技术的外溢,抑制被管制国的技术模仿和创新能力,从而维持较大的技术差距,以达到持久保持技术领先优势的目的。此时,管制国将出口管制作为一项重要的国家技术竞争战略。

(三) 保证国内优先供应

管制国通过对不可再生的稀缺资源或战略资源进行出口管制,限制该类资源的过度出口,有利于优先满足国内相关产业的短期需求和长远竞争需要。例如,针对稀土等重要的战略资源实施严格的出口管制标准,就是要保证对国内的优先供应。

在全球性突发公共卫生事件爆发之际,各国往往对相关防疫物资实施临时出口管制措施,通过制定严格的出口管制标准来禁止或限制防疫物资的出口,保障相关物资优先供应给国内使用。

(四) 应对国外竞争压力

受技术性贸易壁垒、许可证和进口关税等多重影响,迫于进口方的压力,出口国主动对特定产品实施"自愿出口限制"政策,利用许可证和配额等多种手段主动进行出口管制。

(五) 配合国家外交战略

在特定时期或特定阶段,一国需要通过出口禁运和贸易封锁等方式对竞争对手国家或敌对国家实施经济打击,此时的出口管制标准主要服务于国家外交战略。在战争时期,针对敌对国家实施出口禁运。在和平时期,针对竞争对手国家采取技术封锁和出口管制。

三、出口管制标准调整的动因

推动出口管制标准变动的主要因素包括重大的政治事件、特殊的经济时期、技术创新差距的改变和被管制国的制度质量等。通常情况下,严格的出口管制标准适用于两国关系紧张时期,而宽松的出口管制标准主要针对盟友国家。

（一）重大政治事件冲击出口管制标准

出口管制标准往往紧随国际国内的重大政治事件而调整。例如，二战后，西方发达资本主义国家组织成立了巴黎统筹委员会（简称巴统），专门针对社会主义国家实施出口禁运或制裁，由此形成了系统而全面的出口管制法律、政策及标准体系。随着"冷战"的结束，西方发达国家逐步将出口管制的重点转向"防扩散"和"反恐"等。

国际政治关系的走向推动出口管制标准的变化。出口管制的政治属性优先于经济属性，在大多数情况下，一国实施出口管制主要是基于政治、军事及国家安全的考虑，而不是基于经济利益的考量。换言之，出口管制常以牺牲经济利益来换取政治、军事和国家安全利益。

（二）特定经济时期影响出口管制标准

出口管制标准会随着重大的经济事件而波动。这就意味着处于不同经济周期的出口管制标准也可能存在较大差异。例如，在经济危机时期，发达国家往往利用贸易政策的调整来缓解危机对其国内就业和经济增长的负面冲击，由此采取宽松的出口管制标准来刺激国内的经济复苏。

出口管制标准因为特定的经济时期而出现调整，并非意味着经济利益优先于政治利益，而是因为在经济危机或金融危机期间，失业、物价波动、经济疲软等因素容易诱发社会矛盾，进而影响到执政党的地位和国家竞争力，最终威胁到政治利益和国家安全。所以，放松出口管制标准的目的在于通过谋求经济利益，最终达到巩固政治地位和维护国家安全的目的。

（三）技术创新差距改变出口管制标准

出口管制标准的技术创新效应包含管制国的持续创新和被管制国的自主创新。如果实施出口管制标准的目的是获得长期的技术领先优势，那么管制国因为严格的出口管制标准有损自身的持续创新能力，则现行出口管制标准就不具有可持续性。此外，被管制国突破技术封锁从其他国家顺利获得技术溢出，或者通过自主研发成功提升技术创新能力，此时，原有出口管制标准就因过时而亟需调整。

境外出口管制标准强度与本土产业技术创新能力存在"U"型关系。当被管制国产业技术创新能力较弱时，必然对管制国产生很大的技术依赖，这种技术依赖关系弱化了被管制国的谈判能力，强化了管制国在国际事务中的主导地位,所以,技术发达国家通过掌控出口管制标准来谋求政治、军事及外交等利益。但当被管制国实现技术创新并逐步缩小与管制国的技术差距时,管制国与被管制国之间的关系将由原来的技术依赖关系演变为技术合作关系,此时,放松出口管制标准对于双方国家都是"最优选择"。但是,随着被管制国的产业技术创新能力的进一步提升,尤其是通过自主研发掌握了大量核心技术,具备与管制国进行技术抗衡的实力时,两国的技术关系就由合作演变成竞争,出口管制强度随之加大,出口管制标准逐步趋严。此时,被管制国的技术创新能力越强,则越难从管制国获得先进技术。

(四)特殊制度安排影响出口管制标准

被管制国的制度质量影响出口管制标准的制定。例如,严格的知识产权保护措施有利于促进原始创新。如果知识产权保护不力,则容易导致技术模仿、剽窃和盗版等。所以,出口管制标准与专利保护程度存在较大的关联。如果被管制国对知识产权保护不力,则管制国对其管制标准就越严,反之则越能够引进更多的高新技术产品(Ivus,2010)。

被管制国与管制国的制度差异影响出口管制标准。制度差异越小则出口管制越宽松,反之则越严格。这是因为,两国制度差异越小,则交易成本和风险就越小,技术输出的可控性越高,越能够保证相关高新技术在约定和限定的领域使用。反之,两国的制度差异越大,政治分歧就越大,技术输出的风险就增加,相关高新技术和产品的出口管制标准就越严格。

四、出口管制标准的分类

出口管制标准包含多种类型。从管制的对象可以划分为产品出口管制标准和技术出口管制标准,前者主要针对有形的产品,而后者主要涉及无形的技术资料或图纸等。产品出口管制的对象又可以细分为资源性和技术性两种,前者主要包括稀有的矿物资源,如稀土、铀矿等,后者主要涵盖高新技术类产品或具有战略价值的产品。此外,从产品的用途可以划分为军用、民用和两用品出口管制。为了研究的需要,本书依据管制目标分别将出口管制标准划分为全面控制型标准、国别歧视型标准和企业歧视型标准等三种类型。

(一)全面控制型出口管制标准

所谓全面控制型出口管制是指管制国对所有的境外国家和企业均实行

技术封锁和限制。实施全面控制型出口管制标准的目的在于保持技术的绝对独占和国际领先优势。该类型出口管制标准涵盖的对象主要涉及核心技术和关键领域。由于这些技术关乎该国在世界市场上的竞争力和国际舞台上的话语权,所以管制标准强度是最严格的。从保密等级来看,全面控制型出口管制的技术和产品具有最高战略价值和最高保密等级,常被列入禁止出口的清单范围。

（二）国别歧视型出口管制标准

所谓国别歧视型出口管制是指对不同国家实施不同强度的出口管制。该类型出口管制标准将不同国家根据亲疏关系划入不同组别,给予不同的出口管制待遇。其目的是通过差别化的管制待遇以配合外交战略需要,或者服务于盟国间的经济利益交换,或者用于各利益集团间的制衡等。

（三）企业歧视型出口管制标准

所谓企业歧视型出口管制是指对取得管制部门授权或许可的企业采取宽松管制,而对没有取得授权的企业实施严格管制。这些企业可以处于境内或境外,也可以属于友好国家或竞争对手国家。具体而言,即使被管制国总体上由管制国列为严格管制国家行列,只要被管制国境内的企业能够获得管制国的特别授权和许可,并遵循其管制条例及监督,仍然可以从管制国引进部分高新技术。

五、出口管制标准的效应

出口管制标准实施后会对贸易平衡、技术创新、贸易地理和外贸政策等产生连锁效应。开放经济体系下的一国经济政策对国内和国外经济活动都会造成冲击。同理,出口管制标准不仅显著影响管制国内部的经济活动,而且还会对被管制国及第三方国家产生冲击。出口管制标准的效应包括技术效用和非技术效应。技术效应是指出口管制标准对技术活动产生的影响。非技术效应主要包括贸易效应、安全效应和政策效应。贸易效应涉及贸易竞争力和贸易平衡;政策效应是指出口管制标准引发的其他经济及外交政策的改变;安全效应包括对国家安全和产业安全的影响。本书主要探讨出口管制标准对产业技术创新的影响。针对高新产业实施严格的技术出口管制标准是发达国家普遍采用的贸易保护措施之一。在实施出口管制的国家行列中,西方发达国家的出口管制不仅历史最为悠久,而且管制体系最为健全。发达国家的严格的出口管制标准虽然可以达到限制敏感技术和关键产品输出的目的,但是也给相关产业造成了巨大的经济损失。从影响范围来看,该类政策不仅给其国内相关产业带来负面影响,而且还给被管制国的高新产业的技术创新造成巨大冲击。如果管制国长期对被管制国实施严格的歧视性出口管制标准,那么,该政策是否显著地影响了被管制国高新产业的技术创新能力?严格的出口管制标准对被管制国的产业技术创新效应是否显著?

产业技术创新效应是指某种因素对相关产业的技术创新行为产生的影响。从实施过程来看,技术创新效应是指某种因素通过某种途径对技术创新能力产生影响。本书主要研究管制国不同层级的出口管制标准如何对被管制国高新产业的技术创新产生影响,具体可以细分为产业技术创新模式选择效应、产业技术引进路径选择效应和产业创新资源配置效应等三个层面。

从出口管制结果来看,本书将产业技术创新效应区分为正面、负面和零和效应。正面效应和负面效应分别代表促进和抑制产业的技术创新,零和效应表明出口管制标准对相关产业技术创新的影响不显著。出口管制的目的在于抑制被管制国高新产业的技术创新,如果出现正面效应和零和效应,则说明出口管制的失效。此时,具有理性偏好的产业管制出现非理性预期结局(何大安,2010)。

从管制对象来看,本书将出口管制的产业技术创新效应划分为正向效应、反向效应和侧向效应。正向效应是指对被管制国高新产业的技术创新产生的影响,反向效应是指对管制国自身产业的技术创新产生的影响,侧向效应是指对第三国相关产业造成的冲击。可见,出口管制标准的产业技术创新效应具有多维性(见图1-1)。

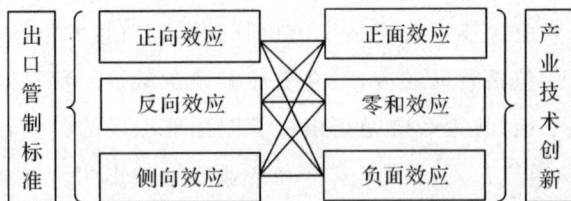

图1-1　出口管制标准的产业技术创新效应

出口管制标准的产业技术创新效应的实现路径是指出口管制影响技术创新的渠道或机制。出口管制标准最直接的影响就是限制高技术产品对外输出。被管制国的高新产业针对管制国的出口管制标准做出哪些反应？这些反应是否沿着实施国预定的路径演进，或者偏离了其理性预期？具体结局包括成功抑制或者倒逼被管制国的高新产业实施技术创新，或者出现管制失效情形，即出口管制标准对高新产业的技术创新的影响不显著。可见，被管制国的高新产业针对实施国的出口管制标准的反应路径就是技术创新效应的实现路径。

本章将出口管制标准的产业技术创新效应的实现路径概括为以下三条：第一，被管制国的高新产业通过调整技术创新模式来应对管制国的出口管制标准的变化；第二，被管制国的高新产业通过重新搭建技术引进路径来跨越管制国的出口管制壁垒；第三，被管制国的高新产业通过优化创新资源配置来反制管制国的高技术出口限制。产业技术创新效应的实现路径具有多样化（见图1-2）。

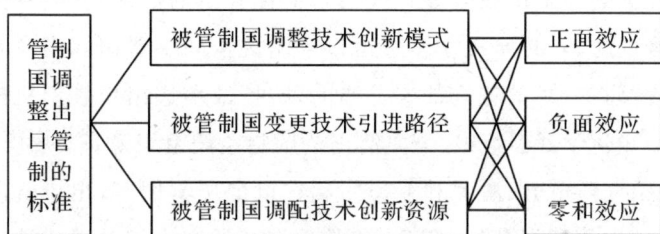

图1-2　产业技术创新效应的实现路径

图1-2说明产业技术创新效应的实现路径具有多维性和不确定性。管制国调整出口管制标准究竟通过何种路径对被管制国的高新产业的技术创新产生影响，尚需要结合具体的典型产业进行实证检验。总之，模式选择效应、路径扭曲效应和资源配置效应最终一起影响高新产业的技术创新能力的提升。

第二节　出口管制的发展概况

一、出口管制的兴起与发展

（一）出口管制的兴起

出口管制最早兴起于20世纪初。1917年美国国会通过《与敌对国家贸易法案》，宣布对敌对国家实施单边贸易禁运和出口管制。该法案赋予总统在"战时"管理贸易的特权。美国是世界上较早实施出口管制的国家之一。

（二）出口管制的发展

第二次世界大战后，随着世界两大阵营的形成，巴统于1949年正式成立。作为非官方的国际机构，该组织成立的目的在于针对社会主义国家实行禁运和贸易制裁。巴统的成立标志着出口管制由"单个国家出口管制"向"出口管制国际联盟"转变。①

随着核武器和生化武器等大规模杀伤性武器的出现，世界各国都面临巨大的安全威胁，有必要成立多边出口管制机构和签署国际出口管制协议以共同实现"防扩散"的安全战略。当前，防扩散多边出口管制机构或机制主要包括禁止化学武器组织、全面禁止核试验条约组织筹备委员会、国际原子能机构、桑戈委员会、澳大利亚集团和核供应国集团等，出口管制协议主要包括《禁止生物武器公约》《禁止化学武器公约》《不扩散核武器条约》《核安全公约》《全面禁止核试验条约》等。

二、出口管制标准体系的构成及特点

世界出口管制体系包括单边和多边两种。单边出口管制体系是指一国根据本国的出口管制法律或法规，设立专门的执行机构，对本国某些商品的出口进行审批和发放许可证。多边出口管制体系是多个国家通过一定的方式建立的出口管制机构，商讨和编制共同的出口管制清单，实施统一的出口管制办法，以达到共同的政治、军事或外交目的。

---

① "巴统"的正式名称为输出管制统筹委员会，于1994年解散。

（一）出口管制标准体系的构成

出口管制体系由出口管制机构和有关法律法规组成。出口管制机构依据特定的法律法规实施出口限制措施。出口管制体系融入国际多边合作体系，以及国家立法、司法和行政体系中。

出口管制机构包括正式组织和非正式组织两种。正式组织有常设办事机构和固定的办公场所，定期召开出口管制会议。非正式组织没有常设机构，成员之间的管理较为松散。出口管制机构还可以分为国际组织和国内组织。国内组织主要包括国内成立的专司出口管制事宜的机构。在中国，出口管制的相关事务由商务部下设的产业安全与进出口管制局负责。在美国，负责出口管制具体事务的机构为商务部下属的产业安全局（BIS）。在德国，出口管制事务由联邦经济与技术部下属的联邦经济与出口管制局（BAFA）负责。在法国，两用物项和技术的出口管制由生产振兴部下设的两用物项管制办公室（SBDU）负责，武器和军品的出口管制由国防出口部际委员会（CIEEMG）负责。在英国，商业、创新与技术部下设的出口管制组织（ECO）以许可证的方式对战略性货物实施出口管制。在日本，经济产业省和海关负责出口管制相关事宜。

出口管制法律由国际公约、国家法律和部门规章等组成。国际公约由多个国家共同签署，采取统一的出口管制措施，主要涉及大规模杀伤性武器及两用物项。有关出口管制的国际公约包括《禁止化学武器公约》《禁止生物武器公约》和《不扩散核武器条约》等。在中国，出口管制的法律包括《刑法》《海关法》《行政处罚法》《出口管制法》等，部门行政规章包括《技术进出口管制条例》《两用物项和技术进出口许可证管理办法》《军品出口管理条例》等。在美国，出口管制的法律主要包括《出口管理法》《武器出口管制法》和《国际紧急经济权力法》等。

（二）出口管制标准体系的特征

多边出口管制体系的发展与国际安全形势和竞争态势关系密切。例如，巴统及其管制体系就是适应当时冷战的需要而成立的。随着冷战的结束，巴统随后宣告解散。当大规模杀伤性武器和恐怖袭击成为威胁人类的共同安全时，国际多边出口管制体系的重心转向"防扩散"和"反恐"。

单边出口管制体系的发展与一国的国际地位和竞争战略息息相关。少数管制国凭借技术领先优势在国际上频繁使用出口管制手段来谋求政治、军事和外交利益。此外,具有资源禀赋优势的国家在参与国际贸易时,由于环境保护和竞争战略的需要,有必要对战略性资源实施严格的出口管制标准。

出口管制标准处于不断地演变和发展中。加强出口管制标准适用于国际关系紧张和严峻的竞争态势,放松出口管制标准则适用于国际关系缓和的情形。竞争关系、技术优势、政治局势、经济水平和军事格局等都影响出口管制标准的演变。可见,出口管制标准的调整必须满足国际安全形势和国家竞争战略的需要。

三、中国的出口管制标准体系

中国的出口管制始于 20 世纪 70 年代。1973 年 8 月,中国签署并加入了《拉丁美洲和加勒比禁止核武器条约》。此后,中国在核领域、化学领域、生物领域及常规武器领域等陆续签署并加入多边军控、裁军和防扩散条约。

中国于 1998 年开始对战略性资源稀土实施出口配额管制。2006 年逐步对部分稀土产品加征出口关税,实施出口管制措施。对稀土的出口管制,体现了中国的环境保护和国际竞争战略等多种意图。不可再生且具有战略意义的资源对于维护国家安全和保持竞争优势具有十分重要的意义。

随着中国高新产业的技术创新能力的不断提升,在建立传统出口管制物项清单的基础上,中国逐步将更多的两用敏感物项列入出口管制清单,其中包括无人机、挖泥船等。不仅如此,中国还不断地健全出口管制机构和立法体系,扩大在国际多边出口管制标准体系中的影响和作用,积极推动国际军控、防扩散和反恐等,坚定维护世界和平和地区稳定。

(一)基本概况

被管制国要有效应对管制国的歧视性出口管制,除了提升高新产业的自主创新能力之外,还必须不断健全本国的出口管制标准体系,便于在机构、制度和法律体系上进行对等制衡。2020 年 12 月,中国正式颁布实施《出口管制法》。自 1984 年加入国际原子能机构开始,中国就已经在重要领域对关键技术和产品实施严格的出口管制标准。改革开放 40 多年以来,中国的出口管制标准体系稳步推进并不断完善,历经了从无到有、由简单到全面、由零散到系统的演进过程。在全球竞争中,发展中国家的综合国力的提升,容易遭受发达国家的压制,进而面临严格的高技术出口管制或禁售,在相关贸易便利化措施安排上也容易被管制国排除在享受优惠政策的国家行列之外。研究中国出口管制标准体系的演进规律,对于广大发展中国家争取发展权利和拓展国际生存空间具有十分重要的借鉴意义。

出口管制标准体系演进的路径与一国崛起的进程保持高度的同步性。经济基础决定上层建筑。管制国的出口管制体系扎根于日益领先的技术创新能力和经济增长实力,同时又服务于国家安全和全球竞争的需要。改革开放初期,中国经济实力非常薄弱,所以,这个阶段的出口管制重心主要局限于"防扩散",管制对象主要包括核、生物和化学武器等物项。在 20 世纪末,随着经济增长和国际地位的显著提升,诸多战略性资源被纳入出口管制的重点物项。21 世纪以来,中国高新产业的技术创新不断取得突破,可供管制和需要管制的高技术物项也越来越多。这推动了中国出口管制体系由不成熟走向成熟,出口管制标准的战略目标由一元向多元转变。

出口管制标准体系是经济社会体制的重要组成部分。出口管制是政府履行经济管制职能的表现之一。社会主义市场经济的主旋律是开放自由,同时需要引入必要的政府监管。在改革开放过程中,受"负外部性"和"信息不完全"等因素影响,敏感的两用高技术或产品的出口有可能威胁到国家安全和产业竞争力,单纯依赖市场调节无法保证预定战略目标的实现。所以,制定并实施出口管制标准是一国在开展对外贸易过程中的重要保障性措施。发展中国家的出口管制标准体系的构建不能参照西方发达国家的做法。此外,当今世界上也缺少作为发展中国家如何构建出口管制标准体系的可供参考的经验。所以,中国出口管制标准体系的演进过程只能紧跟社会主义市场经济体系的建设步伐,采用"摸着石头过河"的方法逐步建立和稳步推进。

中国出口管制标准体系是依法治国基本方略在外贸领域的体现。中国在推动外贸增长的过程中,自由贸易政策始终保持不变,适时的有区别的保护贸易措施只是为了更好地服务于经济开放和贸易自由化。出口管制就是典型的保护贸易措施之一。在参与对外贸易与合作时,保护国家安全和维护民族利益是对外贸易法和海关法等明确规定的义务。出口管制行政部门依据这些法律、行政规章等对清单和目录里的物项实施监管,体现了"有法可依"和"有法必依"。中国依法治国方略不仅体现在对"内贸"的管理,还在对外贸易及世界贸易的管理中发挥重要的影响。"依法治贸"是依法治国的重要组成部分。随着中国依法治国方略的日渐完善,出口管制领域的法规体系也逐渐成熟。已经正式颁布实施的国家出口管制法不仅为我国的依法治国方略增添浓墨重彩的一笔,还为世界上的广大发展中国家如何构建出口管制标准体系提供了经验借鉴。

(二) 出口管制的机构

政府管制包括经济性管制和社会性管制两大类,前者主要适用于存在信息不对称和自然垄断的领域,后者主要围绕产品和服务质量等进行监管,旨在保护消费者安全,推动环境保护等。出口管制兼具经济性管制和社会性管制功能。明确、独立的监管机构有利于提高执法效果。为了提高出口管制效率,出口管制机构需要具有相对的独立性。中国的出口管制机构包括综合型和业务型两大类,前者负责战略、法律和规章的制定等,后者则依据相应的制度进行许可证发放、查验、禁运等监管。当前,中国已经初步形成了包括立法、执法和监督在内的较为完善的出口管制机构,具体表现在两个方面。

首先,出口管制机构在分工上更加明确。商务部是负责出口管制的主要部门,许多物项的监管都是商务部会同其他部委一起实施监管。海关总署负责对出口管制清单内物项的监管、调查和统计等事务,并负责敏感物项的甄别和许可证查验等(见表1-1)。

表1-1　中国出口管制机构的分工

监管物项	监管机构
核两用品和导弹	商务部、国防科工局和国家原子能机构
生物两用品和技术(动植物)	商务部、农业农村部、原总后勤部
生物两用品和技术(人类)	商务部、卫计委
生物两用品和监控化学品	商务部、工信部
军品	国防科工局、原总装备部
敏感物项、设备或技术(涉及外交)	主管部门、外交部
其他物项(事关国家安全和公众利益)	主管部门、国务院、中央军委

资料来源:作者整理得到。

从表 1-1 可以看出,由于出口管制物项的复杂性,所以,出口管制必须在诸多部门的明确分工和相互协作的基础才能有效完成。凡是事关国家安全和公众利益的物项,必须由主管部门上报国务院和中央军委批准方可出口。如果某些敏感物项的出口潜在地影响外交关系,则这些物项能否出口必须由主管部门和外交部共同批准决定。其他管制物项则由国家多个部委共同实施监管。可见,出口管制的效率和效果依赖于各部委的密切配合和充分协作。

其次,出口管制的实施机构在政府部门的行政级别显著提升,各职能部门也进行了扩充。2014 年以前,国家商务部科技司下设的"出口管制一处"专门负责最终用户及最终用途证明,"出口管制二处"主要处理受控物项的许可证申请、受理、审核及发放等事宜。[①] 2014 年,商务部进行机构调整,成立专门的"产业安全与进出口管制局",将出口管制的具体执行部门由处级单位升级为局级单位,将原来的"两处"增加至"五处一室",在增加出口管制的处室机构的同时明确了各处室的职能分工。[②]

中国出口管制机构的演进凸显了加强出口管制的必要性和迫切性。增设出口管制处室和提升行政部门级别既是应对日益繁多的管制事务和复杂的国际竞争形势的需要,又是大国承担国际防扩散义务和更好地在国际事务中发挥作用的必然要求。出口管制机构历经了由简单到完善、由低层级到高层级、由部门独立到整体协调的演进过程,体现了机构改革的规律性。完善而高效的出口管制机构将更加有利于中国在维护国家安全、保持强劲国际竞争优势和推动世界和平稳定等方面发挥更大的作用。

(三) 出口管制的物项

何时针对何种物项实施出口管制,主要由管制国的战略意图、竞争格局和国内外技术差距共同决定。不同的出口管制物项具有不同的战略意图。出口管制的战略意图包括维护国家安全、保护本国环境、确保竞争优势和有针对性地实施制裁等。为了维护国家安全和世界和平,需要针对核武器及其他大规模杀伤性武器进行严格出口管制。为了保护本国环境和获得战略

---

① 商务部出口管制机构改革以前主要由科技司下属的两个处室机构负责具体事务。
② 两处是指出口管制一处和出口管制二处。"五处一室"是指:办公室、政策规则处、产业竞争力处、安全审查处、管制许可处、调查执法处。

资源优势,需要对包括稀土在内的多种战略性资源的出口实施严格限制。为了保持技术领先优势和防止民用高新技术被用于军事领域,有必要对两用敏感物项实施出口管制。拉大技术差距和始终保持技术领先优势是出口管制的重要战略意图之一。

随着综合国力和创新能力的不断增强,中国出口管制的物项正逐步呈现多样化趋势,由早期的以防扩散为主的物项,发展到近期包括军品、战略性资源和两用敏感物项在内的多种技术和产品。中国出口管制物项的演进路径既是发展中国家履行国际义务的具体表现,又是从技术追赶到技术超越的必然结果。中国出口管制物项的演进过程如下。

早期的出口管制物项主要服务于"防止大规模杀伤性武器的国际扩散"。中国自 20 世纪 80 年代就已经积极投身于国际防扩散事业,在维护世界稳定和区域和平等方面做出了重要贡献。这个阶段的出口管制的物项主要包括核材料、监控化学品、核两用品和军品等。自 20 世纪 90 年代起,中国的出口管制除了满足防扩散需求以外,还开始着手对特定的资源性产品实施出口管制,例如对稀土等战略性资源实施严格的出口配额制度。随着中国高新产业技术创新能力的不断提升,出口管制的物项进一步拓展到许多"两用敏感物项",其中包括无人机、高性能计算机[1]和挖泥船[2]等。

从中国出口管制物项的演进规律可以发现,威胁人类共同安全的生物、化学和核等物项必须长期列入出口管制清单,而影响国家技术领先优势和战略利益的导弹、高性能计算机、无人机、战略资源及其他两用物项等则根据时局的变迁而适时地引入出口管制标准清单。两用物项的出口管制清单始终处于动态的调整过程中,其原因在于:一是被管制国已经掌握相关技术或产品,没有必要继续进行该类物项的管制;二是管制国成功进行技术革新,并能够有效压制原有技术,所以放松原有技术的出口不再构成任何威胁。

(四)出口管制的法律

我国出口管制的法律基础包括国家的《对外贸易法》《海关法》《刑法》

---

[1] 商务部 海关总署公告 2015 年第 31 号 关于加强部分两用物项出口管制的公告. http://cys. mofcom. gov. cn/article/zcgz/201507/20150701067575. shtml

[2] 商务部 海关总署公告 2017 年第 28 号. http://cys. mofcom. gov. cn/article/zcgz/201705/20170502582557. shtml

等,而出口管制的专门法律体系则由出口管制法、行政法规、部门规章和相关文件组成。国家针对出口管制问题进行专门立法体现了出口管制在维护国家安全和保持竞争优势方面的重要性和紧迫性,更是依法治国方略的重要体现。

1.《出口管制法》

2019 年,国家相关部门对《出口管制法(草案)》公开征求意见。2020年 12 月,《中华人民共和国出口管制法》正式颁布实施。该法案系统设定了出口管制的立法原则和制度体系框架,明确了管制物项范围、设定不同国别政策和黑名单管控制度、引入国际上"视同出口"等先进管理理念内容,具有如下特征。

(1)中国第一部针对出口管制的专门立法。当前,包括美国、欧盟在内的世界主要国家和地区均制定出台了出口管制法。《中华人民共和国出口管制法》的出台成为第一部全面、统一的出口管制单行立法,大幅改变了中国当前出口管制制度,扩大了中国出口管制的管辖范围,提高了中国出口管制执法水平。

(2)从立法层面规定国别及黑名单管制清单制度。管制清单制度是世界主要国家或地区出口管制制度的重要管制措施。该法案规定国家根据出口管制政策制定管制清单,相关出口管制管理部门会同有关部门制定、调整两用物项、军品、核等出口管制清单。同时,基于满足出口管制工作的时效性以及履行联合国安理会决议等国际义务的需要,法案也规定了对管制清单以外的物项实施临时管制措施,以及禁止相关管制物项向特定目的国家和地区,向特定自然人、法人和其他组织出口的禁运措施,从而对管制清单制度进行补充,形成了较为完备的出口管制标准体系。

(3)全面提升出口许可管理制度。在出口经营主体方面,国家出口管制管理部门对出口经营者采取专营、备案等方式实施管理。在客体方面,对管制清单所列管制物项以及实施临时管制物项的出口实行出口许可管理制度,在决定是否准予许可时,国家出口管制管理部门综合考虑国际义务、对外承诺、国家安全、出口类型等多种因素。在最终用途和最终用户方面,国家出口管制管理部门通过最终用户和最终用途证明、最终用户承诺、最终用户和最终用途的风险评估等规定,加强对管制物项的最终用户和最终用途的管理,构建了较为严谨、全面的许可管理制度。

(4) 在立法层面明确全面管制原则。该法案规定,对出口管制清单之外的物项,出口经营者知道或者应当知道或者得到国家出口管制管理部门通知,出口可能危害国家安全、存在扩散风险、被用于恐怖主义目的的,应当履行许可手续。同时,出口管制管理部门对违反最终用户或者最终用途承诺、可能危害国家安全的、将管制物项用于恐怖主义目的的国外进口商和最终用户建立管控名单,并可禁止、限制或责令中止向该类个人或实体出口管制物项。

(5) 明确规定视同出口和再出口概念。视同出口包括中国公民、法人及其他组织在中国境内向外国人提供管制物项,而物项并不需要发生物理性转移。而对于再出口的规定,其赋予中国出口管制法以域外效力,既是中国维护国家安全的需要,亦是全面履行相关国际义务的需要。

(6) 规定出口管制的域外效力。该法案规定,管制物项在中国的过境、转运、通运等同样受到中国出口管制法的管辖。强调域外效力将更有利对管制物项的使用用途和最终用户进行有效的监管。

(7) 完善出口管制的工作协调机制和专家咨询机制。在工作机制方面,该法案规定,国务院和中央军委承担出口管制职能的部门按照职责分工承担出口管制有关工作。同时,国家建立出口管制工作协调机制,统筹协调出口管制工作重大事项。国家出口管制管理部门和国务院有关部门密切配合、加强信息共享。在专家咨询机制方面,该法案规定,国家出口管制管理部门会同有关部门建立出口管制专家咨询机制,为出口管制工作提供咨询意见。同时,出口经营者如无法确定拟出口的货物、技术和服务是否属于管制物项,可向国家出口管制管理部门进行咨询,且国家出口管制管理部门应当予以及时答复。出口经营者也可以通过参加有关商会、协会获得与出口管制相关的服务。

(8) 加大执法监督和惩处力度。该法案明确规定了国家出口管制管理部门的监督检查职权、有关个人和实体协助监督检查的义务、违法行为的举报等内容,并按照加大惩处力度的原则,对相关违反行为规定了明确、严格的法律责任。

(9) 重点强调企业的合规义务。该法案对企业合规提出了明确性的义务要求。出口经营者应当建立出口管制内部合规审查制度,严格审查自身业务所涉及的相关物项、业务性质等。为出口经营者提供代理、货运、寄递、报关、第三方电子商务交易平台和金融等服务的企业,应对相关方涉及的出口管制违法行为进行审查。对于非外贸型企业来说,也要审查自身业务是否存在可能被认定为"视同出口"的行为。对于不直接从中国进口物项的外国企业,也应对其日常业务进行审查,确保不违反中国出口管制法关于黑名单管控、再出口等的相关规定。[①]

此外,该法案所设定的全面控制原则、最终用户和最终用途核查及承诺、视同出口、再出口等规定,都对企业提出了更高的合规要求。可见,对于从事与中国管制物项出口、进口、货运、报关以及金融等相关业务的境内外企业来说,应根据要求尽早建立、完善企业的贸易合规体系,减少对企业相关业务可能造成的冲击或影响。未来,随着中国高新产业技术创新能力的不断提升,需要实施出口管制的物项必然越来越多,而相应的出口管制法律、规章和制度也必然越来越复杂和健全。

2. 其他相关法律规定

中国出口管制法律体系的演进与出口管制物项的演变保持高度的一致性。由于早期的出口管制物项主要包括核材料、军品及两用品等,所以出口管制条例主要围绕上述技术或产品。例如,1987 年颁布核材料管制条例,1997 年先后出台《中华人民共和国核出口管制条例》和《中华人民共和国军品出口管理条例》。此后,国家又针对化学品、生物两用品、导弹及相关物项等出台多项管制条例或办法(见表 1－2)。

表 1－2　我国出口管制的其他法律法规

领域	颁布(修订)年份	名　　称
核领域	1987	《核材料管制条例》
	1997(2006)	《核出口管制条例》
	1998(2007、2015)	《核两用品及相关技术出口管制条例及管制清单》
	2016	《核出口管制清单》

---

① 张国勋 王大坤.《出口管制法(草案)》发布,中国出口管制迈向新台阶. http://www. zhonglun.com/content/2020/01-03/1751217141. html.

（续表）

领域	颁布(修订)年份	名称
生物领域	1980	《兽医微生物菌种保藏管理试行办法》
	1989(2004)	《传染病防治法》
	1991	《进出境动植物检疫法》
	1996	《兽用生物制品管理办法》
	1996	《农业生物基因工程安全管理实施办法》
	2002(2006)	《生物两用品及相关设备和技术出口管制条例及管制清单》
	2004	《兽药管理条例》
化学领域	1995(1998)	《监控化学品管理条例及各类监控化学品名录》
	1997	《监控化学品管理条例实施细则》
	2002	《有关化学品及相关设备和技术出口管制办法及管制清单》
导弹及军品领域	1997(2002)	《军品出口管理条例》
	2002	《军品出口管理清单》
	2002	《导弹及相关物项和技术出口管制条例及管制清单》
其他	1987(2000)	《海关法》
	2001	《刑法(修正案)》
	1996	《行政处罚法》
	2017	《出口管制法(草案)》
	1995	《出境入境边防检查条例》
	2001	《技术进出口管理条例》
	2005(2009)	《两用物项和技术进出口许可证管理办法》
	2005（2007、2008、2010、2011、2012、2014、2015、2016)	《两用物项和技术进出口许可证管理目录》

资料来源:作者自商务部产业安全与进出口管制局网站以及外交部军控司网站整理。

从表1-2可以看出,中国在两用物项或技术的出口管制目录修订最为频繁,每隔一年或两年都要对原有的两用物项清单或目录进行调整。其中,在核相关产品或技术的出口管制更加明晰和更加具有操作性。例如,从1987年的《核材料出口管制条例》到1997年的《核出口管制条例》,出口管制的范畴明显扩大,再到 2016 年核出口管制清单的出台,中国的核出口管制体系更加具体、更加规范和日趋完善。

针对特殊的敏感物项,中国商务部以公告的形式予以临时管制。例如,2015 年 7 月,商务部和海关总署以公告的形式规定针对高性能无人机和计算机实施出口管制。2017 年 6 月,国家出台公告明确规定针对部分的耙吸式、绞吸式和斗式挖泥船、吸沙船和自航自卸式泥驳等实施出口限制措施。

(五)出口管制的国际合作

1. 加入的出口管制国际组织

从 20 世纪 80 年代加入国际原子能机构开始,中国就十分注重出口管制的国际合作(见表 1-3)。中国加入的国际多边出口管制组织越多,在出口管制国际合作中发挥的作用越大,则越有利于构建出口管制的国际多边合作框架和维护广大发展中国家的利益。

表 1-3   我国加入的出口管制国际组织

加入时间(年)	机构或条约	备注
1984	国际原子能机构	成员
1997	禁止化学武器组织	执行理事会成员
1996	全面禁止核试验条约组织筹委会	成员
1997	桑戈委员会	成员
2004	核供应国集团	成员
2004	安理会防扩散委员会(即 1540 委员会)	成员
2004~2015	澳大利亚集团	非成员对话与磋商

资料来源:作者从外交部等网站整理得到。

从表 1-3 可以看出,中国已经是众多国际出口管制组织的成员国。由于大部分出口管制机构都由发达国家主导,所以,在出口管制物项的筛选和标准的制定方面都是由发达国家控制。当前,发达国家针对许多高新技术实施的出口管制不利于发展中国家的技术引进和创新。所以,中国在出口管制的国际合作中应该继续加强以下工作:一是敦促发达国家放松民用高技术的出口管制,普惠广大的发展中国家及落后国家;二是推动技术的精准输出,服务于"一带一路"倡议,强化有针对性的出口管制和反制;三是积极在某些关键技术领域的出口管制机构担当组织者和领导者,制定先导性和引领性标准,全面服务于国家安全和竞争战略。

2. 签订的出口管制国际公约

国际防扩散需要各国的协同合作与共同监管。中国在核领域、生化领域和军控方面积极开展国际多边合作,签署了大量出口管制国际公约(见表1-4)。

表1-4 我国签署的出口管制国际公约

领域	签约时间(年)	条约名称
核领域	1973	《拉丁美洲和加勒比禁止核武器条约》
	1987	《南太平洋无核区条约》
	1988	《中华人民共和国和国际原子能机构关于在中国实施保障的协定》
	1989	《核材料实物保护公约》
	1991	《禁止在海床洋底及其底土安置核武器和其他大规模杀伤性武器条约》
	1992	《不扩散核武器条约》
	1994	《核安全公约》
	1996	《非洲无核武器区条约》
	1996	《全面禁止核试验条约》
	1998	《中华人民共和国和国际原子能机构关于在中国实施保障的协定的附加议定书》
	2014	《中亚无核武器区条约》议定书
生化领域	1993	《关于禁止发展、生产、储存和使用化学武器及销毁此种武器的公约》
	1984	《禁止细菌(生物)及毒素武器的发展、生产及储存以及销毁这类武器的公约》

资料来源:作者从外交部等网站整理得到。

中国在出口管制领域开展国际合作时面临的最大障碍就是少数发达国家对华实施的歧视性出口管制政策。由于这些国家掌握着大量高新技术和产品,且经常将出口管制作为制裁竞争对手、拉拢盟国的手段,借用"战略贸易"对"防务技术"进行有管控的输出,达到特定的政治、军事和外交目的。中国在出口管制的国际合作中,既要坚定地执行普遍认可的有利于维护人类和平的国际防扩散公约,又要针对少数发达国家建立的对华歧视性出口管制架构进行有力地回击,增强中国在出口管制的区域合作和产业合作中的主导地位和话语权。

四、美国的出口管制体系

(一)出口管制的演进

美国的出口管制体系非常健全。在国内,美国组建专门的出口管制机构,颁布一系列的出口管制法律法规。在国际上,美国发起并组建多个国际出口管制机构,签署共同的出口管制公约。

1. 出口管制体系初建于两次世界大战期间

在第一次和第二次世界大战期间,美国颁布《与敌对国家贸易法》和《出口管制法》等,形成总统在特殊时期临时管制贸易的惯例。此时的出口管制体系主要用来针对敌对国家实施物资禁运和经济封锁,更多地局限于单边出口管制。

2. 出口管制体系形成于冷战期间

进入冷战时期,美国的战略重点转向如何压制苏联和东欧社会主义国家,从而推动美国出口管制体系由单边向多边转变。在冷战格局下,美国主导的国际多边出口管制体系逐渐形成。此阶段成立的各类管制机构和签署的管制公约成为多边出口管制体系的基石。冷战结束后,在美国的主导下,《瓦森纳协定》于1996年签署通过。该协定继承了"巴统"的诸多传统,涵盖军品清单和两用物项清单,加强了成员国在出口管制领域的国际协调。美国还同其他发达国家发起并签署了《禁止生物武器公约》《禁止化学武器公约》和《不扩散核武器条约》等。多边出口管制体系涵盖了核、生物和化学等多个领域。

3. 出口管制体系完善于反恐期间

冷战结束后,美国出口管制体系朝着"反恐""针对性管制""全面管制"等方向发展,并不断完善出口管制的相关法律法规。

从"反恐"来看,随着国际反恐形势日益严峻,美国出口管制体系的重点转向"防扩散"和"地区安全"。从"针对性管制"来看,美国凭借其在出口管制领域的主导权和话语权,加大了对少数国家的针对性管制。例如,2011 年美国出台《战略贸易授权许可例外规定》,旨在简化对部分国家的出口管制许可。从"全面控制"来看,美国出口管制体系在管控物项的涵盖范围上更加广泛。由于"清单式"的管制往往难免遗漏掉重要的物项,所以,通过"全面控制"原则以确保敏感设备、软件或技术不会对防扩散产生影响。近年来,美国出口管制机构日趋复杂、法律逐步完善、管制的范围更加广泛、功能更加多样化。

(二)出口管制的机构

美国国防部、国务院、商务部、能源部以及跨部委机构联合负责出口管制事宜。军品管制物项由国务院依据《武器国际运输条例》中的《美国防务目录》实施出口管制。两用物项由商务部下设的产业安全局(BIS)依据《出口管制法》及《出口管理条例》等进行出口管制。

(三)出口管制的法律基础

美国出口管制的法律基础包括《出口管理法》《武器出口管制法》《国际紧急经济权力法案》《原子能法》等。法律、法规、规则和指引等共同构成了美国出口管制的法律体系。

美国第 703 号《公法》于 1940 年获得国会通过。该法授权总统管制战时重要物资和技术出口,禁止或削减潜在影响战争进程和国家利益的商业性出口。美国第一部出口管制法于 1949 年正式发布。该法明确针对不同国家实施不同强度的出口管制政策,并将各国按照从严到松划分为 Z、S、Y、W、Q、T、V 等 7 组。《出口管理法》于 1969 年通过,此后美国国会对该法进行过三次修订。美国《出口管理法》已于 2001 年到期。美国现在执行的是 1988 年通过的《出口管理法修正案》。

(四)出口管制的手段

按照出口管制法律和管制清单,美国出口管制的对象包括军品和两用敏感物项两类,前者包括用于军事或防务目的的产品和技术,后者主要指可用于军事用途也可用于民用的技术或产品。

禁运清单主要用来对出口管制的物项进行分类管制,又称为商业控制清单(CCL)。该清单将管控物项划分为核、电子、通信等十大行业。实体清单主要用来对出口管制的对象进行分类管制,主要包括国家清单和机构清单。实体清单是美国实施歧视性出口管制的主要依据。

（五）美国各时期的出口管制政策

第一次世界大战期间，美国为了战争需要，由国会于 1917 年颁布了《与敌对国家贸易法案》，授权总统针对敌对国家实施贸易禁运和出口管制。

第二次世界大战期间，美国国会于 1940 年颁布第 703 号《公法》，授权总统削减或禁止军品的商业性出口。该法的有效期为 2 年，但是后来延长有效期，直至 1949 年《出口管制法》的颁布。

冷战初期，美国出台了详细的出口管制清单，将管制物项分为全面禁运（1A 物资）和限制出口（1B 物资）两大类。1949 年美国颁布了《出口管制法》，该法取代第 703 号《公法》，对世界上的主要国家实施分类分组管制。

冷战期间，美国联合其他盟国致力于对苏联和东欧社会主义国家实施物资禁运和贸易限制。巴统就是当时资本主义阵营对社会主义阵营实施出口管制的典型代表机构。1951 年，杜鲁门总统宣布对中国和朝鲜实施全面的贸易禁运。鉴于出口对于经济增长的巨大推动作用，1969 年和 1979 年的美国《出口管制法》将管制的重点放在国家安全方面，一定程度上放宽了对东西方贸易的限制。随着中美建交，尼克松政府大幅度放宽了对中国的出口管制政策，允许部分高新技术和产品对华出口。卡特总统时期，因为苏联入侵阿富汗，美国重新对苏联实施严格的出口管制标准，具体管制对象包括粮食、天然气管道等战略物资，以及机器人、宇航船、海上油气开采等高新技术或产品。

冷战结束后，世界格局发生巨大变化，美国出口管制的重心由"敌对国家"转向"恐怖组织"。此后，美国主导的国际多边出口管制机构和协议主要致力于"防扩散""防恐怖袭击"和"维护地区稳定"等。鉴于出口对于美国国内经济增长及就业的作用日益凸显，在 2008 年金融危机爆发后，美国逐步放宽了计算机、电子通信设备等高新技术的出口管制，并将空间站、导航系统及图像增强器等相关技术由军品控制清单转入商业控制清单。

五、英国的出口管制

（一）出口管制机构

英国在出口管制上实行多部门协同监管。商业、创新和技能部是负责出口管制的主要机构。① 各部门的分工和职责如表1-5所示。

表1-5 英国出口管制机构及分工

部门	主要职责
商业、创新和技能部	制定规章制度,审批、发放及管理出口许可证,政策宣传与企业监管
国防部、外交部	审查有关出口申请,从国防安全及外交战略层面向商业、创新与技能部提出参考意见
税务海关总署	统计战略物项的出口金额及数量,执行出口管制物项的税收及监管政策,调查潜在违规行为
边境管理局	对战略物品的进出境实施监管

资料来源:作者整理得到。

(二) 出口管制的法律基础

英国出口管制的法律基础包括国内法和国际法两部分。国内法主要包括2002年颁布的《出口管制法》和2008年出台的《出口管制条例》。国际法包括英国签署加入的各类"防扩散"国际公约和组织。此外,欧盟达成的有关出口管制协议对英国也具有深刻影响。②

(三) 出口管制的措施

英国出口管制的对象主要包括军品和两用品,出口管制的手段主要是许可证。英国将许可证划分为7种类型,以便于对出口管制物项实施分类管制。③ 此外,英国国会武器出口管制委员会(CAEC)定期发布《战略出口管制报告》,对政府出口许可的申请与驳回的季度信息和武器出口管制及军备控制的政策进行审查。

六、日本的出口管制

(一) 出口管制的机构

日本负责出口管制的主要机构是经济产业省和地方经济产业局,此外

---

① 程慧.英国出口管制进展与中英高新贸易[J].经济,2012(12):86-88.
② 2018年6月,英国女王批准英国脱欧法案,允许英国退出欧盟。2020年1月,英国正式脱离欧盟。
③ 具体包括开放通用出口许可证、欧共体通用出口授权、标准个体出口许可证、开放式个体出口许可证、全球项目许可证、转运许可证和贸易管制许可证等。

还包括海关、财务省和日本银行等。2006年,经济产业省在其产业结构委员会所属安全出口管制委员会下成立了一个由出口管制和防扩散专家组成的工作组。[①]

(二) 出口管制的法律基础

日本出口管制的法律基础包括《外汇及外国贸易法》《进出口交易法》《出口贸易管理令》和《关税法》等。以《外汇及外国贸易法》为基础,日本经济产业省制定《出口贸易管制条例》作为出口管制的具体管理办法。

(三) 出口管制的措施

日本出口管制的对象包括"军品"或"可能用于军事用途的高科技产品"。在出口管制过程中,日本经济产业省根据获得的情报拟出"可能进行大规模杀伤性武器开发的外国企业或组织的名单",即《全面控制出口管制外国最终用户名单》,凡是涉及对名单内企业的出口均需申请出口许可证。为了提高出口管制的效率,日本自2012年开始实施"一揽子"出口许可申请政策。

作为巴统和《瓦森纳协定》的成员国,日本的对外出口管制标准具有一定的代表性。日本出口管制历程可以划分为以下三个阶段(石其宝,2010)。

1. 巴统主导下的日本出口管制标准(1950—1996年)

由于朝鲜战争的爆发,美国决定对中国和朝鲜实施管制和禁运。在美国发布对华贸易禁运的同时,占领当局也命令日本吉田茂政权对中国实行全面禁运。这一措施是日本政府对华实施出口管制政策的开始。1952年,日本加入了巴黎统筹委员会下设的主要针对中国的禁运机构"中国委员会"。

2.《瓦森纳协定》下的日本出口管制标准(1996—2002年)

冷战结束后,随着国际局势的变化,《瓦森纳协定》开始执行。该协定包含两类控制清单:一类是两用商品和技术清单,涵盖了先进材料、材料处理、电子计算机、电信、信息安全、传感与激光、导航与航空电子仪器、船舶与海事设备、推进系统等;另一类则是军品清单,涵盖了各类武器弹药、设备及作战平台等。

---

① 晏聪,王磊.追随美国 日本对华执行严格出口管制[J].经济,2012(11):90-92.

日本政府参照该协定的军品清单、两用产品清单及两个附录,对涉及军事目的的部分技术和产品出口予以控制,对相关出口实行了审批、许可等控制措施,并建立了以"出口贸易管理令"为主体的出口管制标准体系。

3. 日本政府自主实施"全管制"政策的全国出口管制阶段(2002—现在)

2002 年以来,日本政府在执行《瓦森纳协定》基础上,进一步实施了管制对象和管制范围更为广泛的出口管制政策。日本经济产业省开始实施以所有的货物和技术为对象的"全管制"体系。

七、欧盟的出口管制

欧盟出口管制政策属于欧盟共同外交与安全政策的一部分。欧盟出口管制的法律依据是"共同贸易政策",由欧盟成员国统一执行的、针对第三国的贸易政策、共同海关税则和法律体系等组成。该政策规定,当短缺物资或敏感物项出口将导致共同体产业损害时,成员国应该马上通报欧盟委员会及其他成员国。欧盟仅对少数产品实施出口管制。欧盟主要的出口管制法规包括《关于实施共同出口规则的(EEC)2603/69 号法规》《关于危险化学品进出口的(EEC)2455/92 号法规》和《关于建立两用产品及技术出口控制体系的(EC)1183/2007 号法规》等。欧盟的出口管制清单包含在欧盟理事会第 1183/2007 号法规附件部分。①

(一)德国的出口管制

为了保障国家安全、维护世界和平和避免对德国的对外关系造成重大的负面影响,德国于 20 世纪 60 年代开始实施出口管制。德国出口管制的主要机构为联邦经济与出口控制局和海关。德国《联邦对外经济条例》(AWV)及其实施细则规定了出口管制的产品范围及相关措施。在对军民两用技术及产品的出口管制方面,德国基本上是执行欧盟统一的须履行审批义务的两用品清单(法规第 1334/2000 号)。除此之外,德国还要遵守在经合组织及欧盟实施的禁运措施中所承担的义务。

国内法和国际法共同构成了德国出口管制的法律基础。国内法主要包括《对外经济法》《对外经济条例》《战争武器控制法》《化学武器公约执行条

---

① 参见中国驻欧盟使团经商参处网站发布的"欧盟对外贸易法规和政策"。

例》等。德国作为欧盟成员国,还要遵守欧盟的相关法律和相关规定。国际法包括《不扩散核武器条约》《禁止生物武器公约》《禁止化学武器公约》等。

德国出口管制的审批包括三种形式:个案审批或最高限额审批、集合审批和通用审批。出口管制审批的基本形式是个案审批,即一次审批只对一个收货方的一份合同有效。作为该种审批的特殊形式,可以签发"最高限额批件",即允许同一个申请人在一个最高限额以内,向一个收货方分多次提供货物。集合审批:如果出口货物的数量相当大,可信度较高的出口商可以向主管部门申请获得集合审批批件。持有这种批件的出口商可以向全球多个用户多次提供审批项下的货物。通用审批:如果对某种货物已公布了通用批件,则不能再为其发放个案批件。每个通用批件只适用于该批件中所规定的货物和国家。通用批件由主管部门在联邦公报中公布。出口商不必分别专门申请,只需在货物出口前或出口后 30 天内到主管部门备案。[①]

(二) 法国的出口管制

位于法国巴黎的"输出管制统筹委员会"是国际上较早的多边出口管制组织之一。法国在出口管制领域构建了完善的机构和健全的法律体系,且依据管制物项的不同而进行分类管制。生产振兴部下属的两用物项管制办公室专门负责两用物项的出口许可证审批和管理。负责两用物项出口管制的还有"两用物项部际委员会"。由国防部、外交部和武器装备总署等组成的"国防出口部际委员会"负责军品的出口管制事宜。[②]

《欧盟武器出口行为准则》和《海关法》是法国出口管制的重要法律依据。法国出口管制实施许可证管理方式,具体包括单项许可证、国家通用许可证、全球许可证和欧盟通用许可证等,针对军品的出口采取逐项审批原则。2010 年,法国政府颁布《关于成立两用物项管理办公室的法令》。此外,指导出口管制的规章文件还包括海关发布的《两用物项及技术出口指导文件》。该文件介绍了《第 2001 - 1192 号关于两用物项及技术出口、进口及转让控制的法令》《关于向欧盟成员国转移及向第三国出口两用物项及技术进行管制的法令》《关于颁发两用物项及技术欧盟通用出口许可证的法令》《第

---

① 参见中华人民共和国商务部网站"德国技术贸易概况"。
② 韩露.法国出口管制与中法高技术合作展望[J].经济,2013(Z1):115-117.

2010 - 294 号关于成立两用物项部际委员会的法令》等法律法规。①

(三) 意大利的出口管制

意大利负责出口管制的机构是国际贸易部。该部门下设贸易政策司和协商委员会,前者负责两用品出口许可证的审核、发放和管理工作,后者负责出口许可证的审查。协商委员会由国防部、外交部、海关总署等多个部门组成,并包含敏感技术领域的数名专家。②

欧盟理事会发布的《关于建立两用产品及技术出口控制体系的 1334/2000 号理事会规章》是意大利出口管制的重要法律基础。意大利依据理事会规章制定了专门的出口管制规章,将出口许可证划分为个人特殊许可证、全球许可证、国家类许可证、欧盟类许可证和未列入欧盟《1334/2000 号理事会规章》附件中的两用品出口许可证等五种类型。

意大利在出口管制领域实行清单管理和最终用户制度,且积极参与国际多边出口管制体系。政府仅对濒危动植物、两用产品等少数产品实行严格的出口管制标准。作为原巴统和现《瓦森纳协定》的成员国,意大利政府按照《瓦森纳协定》的控制清单对常规武器与敏感两用产品和技术的出口实行严格控制。

(四) 欧盟的对华出口管制标准

欧盟国家对华武器禁运和出口管制体现在以下两方面:首先是全面禁止向中国出口武器装备;其次是禁止向中国输出"两用技术",例如通信卫星、导弹和核武器技术。由于欧盟的部分国家是美国的盟友,所以,欧盟对华的诸多政策与美国基本保持一致。顾钢(2004)将欧盟对华出口管制划分为三个阶段:1949 年至 20 世纪 60 年代末、20 世纪 70 年代初至 80 年代末、1989 年至今。

欧盟的对华出口管制标准与美国的对华出口管制标准存在很大差别,欧盟的出口管制标准在执行过程中存在难以协调一致等问题。例如,张国凤和谢琳(2007)指出,《欧盟武器出口行为准则》只有政治承诺,缺乏法律上的约束力,军品出口的决定权仍掌握在各成员国手中。国防工业界、各国政

---

① 萨楚拉.法国航空航天产品出口管制法律制度研究及其借鉴[J].科技管理研究,2015,35(06):40-44.

② 晏聪.意大利出口管制进展与中意高技术合作趋势[J].经济,2012(08):77-79.

府和非政府组织是影响欧盟武器出口管制共同政策的内部因素,国际军品市场的发展方向及政治环境是制约共同管制标准形成的外部原因。杨莹(2012)认为,欧盟实施有别于"国家"概念的出口管制,现行的欧盟军品出口管制标准对于成员国仅仅具有政治上的约束力而非法律上的限制力。此外,《欧盟一般军用物项清单》只是作为各成员国的国家军事技术和设备清单的参考,无法直接取代各国的清单。欧盟国家的出口许可包括欧盟通用出口许可、国家通用出口许可、全球出口许可和单项出口许可。欧盟外交署是负责实施出口管制和制裁的权威机构。

为了统一和协调欧盟内部关于出口管制标准中可能存在的冲突,2011年欧盟理事会对《规章 428/2009》进行修订,提出"欧盟通用出口许可",该许可包括以下六类标准:一号许可包括《规章 428/2009》中原本涉及的"欧共体通用出口许可";二号许可指发放给目的地为阿根廷、克罗地亚、冰岛、南非、韩国、土耳其的一般物项的出口;三号许可指发放给目的地为中国、巴西、智利、冰岛、印度、墨西哥、俄罗斯、新加坡、南非、韩国、突尼斯、土耳其、乌克兰及阿拉伯联合酋长国等 14 国的经过修复或置换的物项的出口;四号许可指发放给目的地为中国、阿根廷、巴西、智利、冰岛、印度、俄罗斯、新加坡、韩国、突尼斯、土耳其、乌克兰及阿拉伯联合酋长国等 22 国的为展览会或交易会所临时进行的物项的出口;五号许可指发放给目的地为中国、阿根廷、克罗地亚、印度、俄罗斯、南非、韩国、土耳其及乌克兰等 9 国的电信相关物项的出口;六号许可指发放给目的地为阿根廷、克罗地亚、冰岛、韩国、土耳其、乌克兰等 6 国的化学品相关物项的出口。

第三节　出口管制的理论基础

古典贸易理论指出,"一国应该大量出口本国具有优势的产品"。但是,出口管制旨在限制本国具有技术领先优势的技术或产品出口,从而具有"逆比较优势"特征。由于好的制度会鼓励资源更多地投入到生产性活动,而差的制度则诱导资源投入到寻租等非生产性活动,所以,制度对产业技术创新尤为重要。兰斯·戴维斯和道格拉斯·诺斯等人将制度作为影响经济活动的关键因素。本书利用管制经济学和国际贸易学相关理论解释出口管制的动机及原因。

知识产权保护不力则容易损害发明人持续创新的积极性。发达国家实施高技术出口管制的目的之一在于最大限度地保护本土研发者的利益。由于高新技术存在被学习和被模仿的可能，所以，技术领先国往往选择限制先进技术的溢出。本书利用市场失灵理论及管制俘虏理论等研究出口管制标准的实施效果。从市场失灵来看，管制国高新技术的所有者无法完全获得技术溢出的收益和掌控因技术泄露导致的风险。从管制俘虏角度来看，管制国的高新产业会千方百计地游说政府放松管制，以获取更多的经济利益。

本书的自变量为管制国的出口管制标准，因变量为被管制国高新产业的技术创新能力，中间变量包括技术创新模式、技术引进路径和创新资源配置。全书理论框架及脉络如图1-3所示。

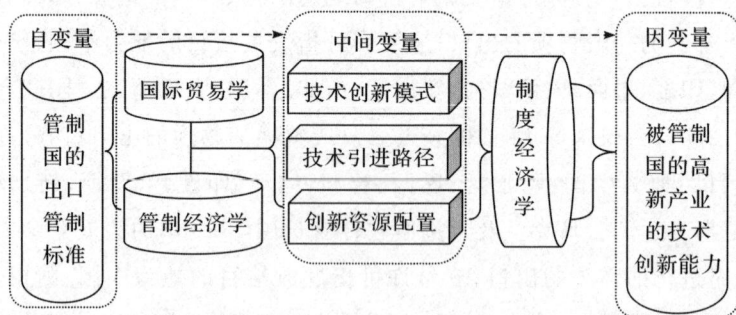

图 1 - 3 理论框架

一、市场失灵与政府管制

引入政府管制是应对市场失灵的必然选择。出口管制是政府履行经济管制职能的表现之一，其目的具有多样性，但往往通过牺牲经济利益来换取军事、外交和国家安全等利益。技术的外部性是导致市场失灵的重要原因，也是推动发达国家实施高技术出口管制的主要动因。

高新技术具有可复制和模仿性，对于原创国保持技术领先优势和国际竞争优势具有重要的战略意义。高新技术的溢出具有正外部性，能够提升技术引进国的创新能力，但是不利于原创国保持技术领先优势。在自由贸易体制下，技术的外溢潜在地影响到原创国的竞争优势，甚至威胁到经济和军事安全等。自由市场经济体制无法有效地解决高技术的外部性问题：一方面,高技术的溢出使得引进国获得巨大的正效应,而技术原创国无法从引进国收取充分的创新收益;另一方面,高技术的溢出给原创国造成了严重的安全威胁,产生了显著的负效应。市场经济主体更多地关注经济利益,而较少顾及军事、外交和国家安全等利益。

可见,市场主体更多注重经济效率,容易忽视国家安全战略,但是诸多安全威胁又是因为本国的高新技术外溢所致。所以,政府的出口管制是纠正市场失灵的重要举措,可以有效防止和降低经济领域的技术外部性对于国家层面的安全战略造成的威胁。综上所述,出口管制的理论逻辑表现为用政府的有形之手,弥补市场在维护国家安全战略方面的不足,克服市场失灵引发的安全威胁和竞争优势削减的风险。从技术输出国角度来看,市场失灵和高技术溢出导致的结果是"损己利人",即有利于输入国的技术创新,不利于本国保持竞争优势和维护国家安全。但出口管制则可以有效地实现"限人利己",即限制他国获得本国技术溢出带来的好处,同时有利于本国保持技术领先优势和有效地维护国家安全。

二、波特假说的理论推演及引用

新古典经济学认为严格的环境管制阻碍了生产率的提升,但是波特等学者则认为适当的环境管制可以促使企业进行更多的创新活动(Porter,1996)。波特假说包含两个方面的含义:一是环境管制程度必须得当,既不能过于严格,也不能非常宽松;二是管制政策可以激励企业从事创新活动,从而提高生产效率。

将波特假设的研究逻辑置于出口管制的研究架构时,可以发现两者具有诸多的共性:环境管制标准和出口管制标准都会增加目标产业的成本,倒逼目标产业实施技术革新。如此推演,既然适度的环境管制标准有利于提高企业生产力,那么,适度的出口管制标准是否有利于被管制国的相关产业提高技术创新能力呢? 尽管出口管制对被管制国的产业技术创新的负面影响显著存在,具体包括增加技术引进难度、延长技术研发周期、提升技术创新成本等,但是出口管制标准倒逼被管制国实施技术创新的激励也是非常显著的,尤其体现在严格的出口管制标准会迫使被管制国的高新产业加大自主研发力度、拓展从其他国家引进技术的渠道以及积极开展国际研发合作等。

波特假说深刻阐释了环境管制标准和企业生产效率之间的内在倒逼关联,而发达国家的出口管制标准与被管制国家相关产业的技术创新之间也存在此类倒逼机制。沿着上述分析逻辑,境外的出口管制标准不仅不能达到抑制本土高新产业技术进步的目的,反而倒逼本土的相关产业实施技术革新。所以,中国应该充分利用境外对华出口管制强度的变化,及时变更和修正技术创新战略,迫使少数发达国家放松对华出口管制。本书拟重点探明出口管制的技术创新效应的实现路径。

三、制度学派关于创新的观点

19 世纪末兴起的制度学派注意到市场经济本身的诸多缺陷,强调制度在经济活动中的重要性。后来的制度创新学派重点关注制度变量如何影响产业的技术创新。众所周知,好的制度鼓励社会资源用于生产、研发和创新等活动,而差的制度则诱使大量的寻租、剽窃等非生产或非创新性活动。

在世界经济全球化背景下,产业技术创新不仅受到本国制度的影响,还受到外国制度的冲击。本国的技术创新能力和技术革新速度在外国放松出口管制标准和加强出口管制标准两种情形下会存在显著差异。被管制国会依据管制强度的变化而选择不同的产业技术创新模式,进而获得不同的创新能力和效率。

第四节　出口管制标准的效应

一、出口管制标准的研究内容

国内外学者围绕出口管制标准着重探讨以下两个方面的问题:一是研究典型国家的出口管制标准及制度安排,主要涉及美国和欧盟等国家的高技术出口管制标准、中国和其他发展中国家的资源性产品出口管制标准。研究内容包括军用及两用物项的防扩散、资源性产品出口管制的合规性、大规模杀伤性武器的管制体系等;二是剖析出口管制标准的效果,本书聚焦于出口管制标准与贸易失衡、技术创新、技术领先优势、国家安全战略等关系的研究。

（一）出口管制标准的技术效应

国内外学者围绕出口管制标准的技术效应的研究主要包括创新效应和领先效应，前者主要关注严格的出口管制标准是促进还是抑制了技术创新，后者侧重研究发达国家是否能够通过提升出口管制标准保持其在国际上的技术领先优势。目前，国内外学者在两种效应认识上都存在诸多分歧。

1. 出口管制标准的技术创新效应

出口管制标准的技术创新效应从结果上来看既包括促进效应，也包括抑制效应，还有可能对技术创新不存在影响。此外，从对象上来看，出口管制标准既会对管制国的产业技术创新产生影响，也会对被管制国造成冲击，还可能波及第三国的产业技术创新。[①]

前文将出口管制标准对管制国自身的影响界定为反向技术创新效应。学者们基于水平创新和垂直创新两种理论，区分放松和加强出口管制标准对管制国的产业技术优势及创新能力的影响。基于垂直创新视角的研究表明，出口管制标准与产业技术优势存在"倒 U 型"关系（于阳等，2006）。基于水平创新理论的研究表明，产品价格固定时，适度出口管制标准有助于产业技术创新（张群卉，2012）。此外，严格的出口管制标准会导致管制国的高新产业失去巨大的国际市场份额，不利于生产和研发规模的扩张，从而对管制国的产业技术创新产生负面影响（周宝根，2006）。不当的出口管制标准还容易导致市场割裂，无法构建全球大市场，由此出现的有效需求不足可能成为高新产业再创新的重要阻碍。

以上研究从理论上剖析了出口管制标准对管制国自身技术创新能力的影响。在研究方法上主要通过假定加强出口管制标准引起交易成本的上升及不确定性的增加，并将这些成本纳入分析框架。现有研究至少可以从两方面进行拓展：一是出口管制标准对经济的影响并非仅仅局限于交易成本的增加及交易不确定性而导致的风险。现实中出口管制标准导致技术和产品溢出路径中断，违背技术创新的内在规律，由于限制出口而损害高新产业研发资金回收及再创新的热情等；二是目前就出口管制标准与产业技术创新的研究局限于理论上的探讨，未能结合典型产业进行经验论证。笔者认

---

① 从出口管制的影响对象视角，本书区分管制国、被管制国和第三方国家或地区等三种类型。

为可能的原因包括：一是出口管制标准强度如何量化是亟须解决的重要难题；二是如何过滤掉管制标准以外影响产业技术创新的因素。

从对被管制国的产业技术创新来看，外国的出口管制标准既可促进本土产业的技术创新，又可能抑制本土产业的创新能力，还有可能根本就不存在显著的关联。

从负面效应来看，由于过高的出口管制标准限制了高技术的国际转让，不利于发展中国家及落后国家的技术引进（童书兴，2003）。例如，1998年，少数发达国家对中国在国际上的商业通信卫星发射服务实施"国内法律和国际事实上的禁止政策"，限制了中国航空航天与国际交流合作的机会（Mineiro，2011）。此外，出口管制阻断外资企业对内资企业自主创新的压力传导，不利于内资企业增加创新的动力（王红领，2006）。提高自主创新能力的途径包括收购兼并拥有核心技术的海外企业，在海外科技资源密集的地区建立研发中心，与国外企业建立技术开发联盟，委托第三方专业研发和设计机构进行技术开发和产品设计等，以及利用科技全球化带来的机遇（江小娟，2004）。管制国严格的出口管制标准限制了被管制国高新产业的上述技术创新活动。

抑制效应还可以通过规模经济加以解释。严格的出口管制标准容易割裂市场而限制规模经济效应的发挥。尤其是当本国需求量小，难以维持国防工业的生存，而被管制国的市场空间较大，且与本国处于非敌对关系时，基于对本国国防工业的支持，管制国会实行较宽松的出口管制标准。反之，即使有较大的经济利益空间，国家安全利益始终优于规模经济需要。周宝根（2009）认为，高技术产业普遍具有规模经济特性。故而，严格的出口管制标准因抑制市场需求规模而不利于产业技术创新能力的提升。

从正面效应来看，较高的出口管制标准有利于减少被管制国对管制国的技术依赖。例如，部分发达国家针对商业卫星的出口管制间接激发了新兴国家的创新动力及出口热情，致使新兴国家对发达国家的技术依赖逐步减弱（Burris，2010）。此外，严格的出口管制标准可以通过限制技术溢出和产品溢出，进而倒逼被管制国的相关产业实施自主创新。事实证明，中国高新产业的创新主要来自于内部的研发投入（Sun，2010）。虽然严格的出口管制标准限制了技术的引进，但这正好避免了技术陷阱的发生。有研究表明，中国部分企业通过一次又一次技术引进，最终掉入技术依赖的陷阱，缺乏自主创新的动力(陈清泰,2006)。中国部分大型和中型高技术企业的创新对外资有很大的依赖性(范爱军,2006)。

出口管制标准对被管制国产业创新的影响路径可以从国际技术溢出和产品溢出效果来评判。如果进口溢出效果不显著,则管制国限制技术和产品的出口不会对被管制国的创新产生多大的影响。反之,则说明出口管制标准通过影响进口溢出效果进而对被管制国高新产业的技术创新产生显著影响。例如,李小平(2008)以经合组织(OECD)国家数据为样本研究发现,进口贸易对中国工业行业全要素生产率的影响并不显著。但谢建国(2009)认为,国际研发(R&D)通过进口贸易会对进口国全要素生产率产生显著影响,尽管这种影响存在临界效应(许和连,2005)。国际贸易对一国自主创新能力的影响不仅体现在促进研发投入的数量增加,而且还能够提升研发投入的效率(范红忠,2007)。

出口管制标准也可能对被管制国相关产业的技术创新不产生显著影响,原因如下:一是两国的经济联系不紧密,提高出口管制标准不能对被管制国的技术引进和创新产生影响;二是被管制国本身具有较强的技术研发能力,且对管制国的技术依赖程度较低,所以,当出口管制标准趋严时,被管制国仍然能够具有较强的研发实力。研究表明,当产业自主创新投入增长是技术创新最主要的决定因素时,外资投入及技术引进对产业的技术创新作用有限,此时,外国的出口管制标准对本国高新产业的自主创新能力只具有中性影响(张海洋,2008)。另一方面,既然外国直接投资(FDI)不能显著提升我国自主创新能力(张小蒂,2005),那么,因出口管制标准而导致的外资投资活动减少给本国高新产业的自主创新能力影响也不会很显著。

当将全要素生产率作为技术创新的指标时,出口管制标准对高新产业技术创新的影响可以用国际技术溢出对全要素生产率的影响加以刻画。Coe 和 Helpman(1995)在考察一国全要素生产率与国际技术溢出之间的关系时,选取 22 个发达国家 1970~1990 年的面板数据,研究发现,在选定的开放小国中,国外溢出比国内技术进步对生产率增长的作用更大,但在 G7(七国集团)国家中却相反。这说明小国更容易受到国外出口管制标准的影响。Coe、Helpman 和 Hoffmaister(1997)把分析范围扩展到了 77 个发达国家和发展中国家,结果发现,进口资本品大大影响发达国家向发展中国家的 R&D 溢出。Keller(2004)分析指出,大多数国家使用的技术至少有 90% 来自国外,这一事实凸显了进口驱动型技术溢出的显著作用。既然经验证据表明多数国家具有对外技术的依赖性,那么出口管制标准肯定会对这种依赖性大幅度削减。而减少对外技术依赖的结果可能倒逼自主创新,也可能导致技术引进或研发的停滞。

2. 出口管制标准的技术领先效应

出口管制的目的之一在于保持国际上的技术领先优势。当管制强度已经很大时,继续提升出口管制标准则不利于保持技术领先优势(李安方,2004)。但是,如果管制强度比最佳管制水平宽松时,加强出口管制则有利于扩大发达国家的技术领先优势(张群卉,2011)。可见,管制国通过出口管制来获得技术领先优势时,必须掌握好出口管制标准的强度,并适时做出调整。

(二)出口管制标准的非技术效应

目前,国内外关于出口管制标准的非技术效应的研究主要集中在安全效应、贸易效应和政策效应等方面。安全效应研究出口管制是否能够有效维护国家安全战略,代表性观点认为严格的出口管制标准是维护国家安全的重要法宝,但也有学者认为严格的过时的出口管制标准抑制了持续创新的活力,威胁了国际市场份额,进而冲击经济安全;贸易效应侧重研究过于严格的出口管制标准引起的贸易转移、贸易替代及双边贸易失衡等,包括管制国与被管制国之间的贸易平衡、管制措施致使世界贸易地理结构变化、被管制国之间的贸易创造及合作等;政策效应包括被管制国的报复性措施和管制同盟国的应对措施等,以及国家间的博弈和多样化的利益诉求迫使管制国适时调整出口管制标准。

1. 出口管制标准的安全效应

出口管制的首要目标在于维护国家安全,但其实施结果具有不确定性。一方面,通过严格限制大规模杀伤性武器及两用敏感物项的出口,可以有效地防扩散,防止敌对势力或竞争对手增强实力,从而达到维护国家安全的需要(Fitzgerald,2014;Cook,2016);另一方面,不合时宜的过时的出口管制标准会限制相关高新产业的发展,进而丧失竞争优势,最终有损于国家安全(Richardson,2013)。

2. 出口管制标准的贸易效应

出口管制标准的贸易效应的研究主要集中在贸易失衡问题上。中美贸易不平衡是一个被关注很久的国际话题。影响贸易平衡的因素既包括自然资源禀赋和经济发展水平,也包括制度安排等。

国内大部分学者认为中美贸易失衡的关键原因在于美方过于严格的出口管制标准。美国放松对华出口管制标准有利于缓解中美贸易不平衡,且两者存在长期稳定的均衡关系。美国强化对华歧视性的出口管制标准直接加剧双边贸易失衡。而美国放松出口管制标准将有利于中国引进先进技术,并缓解中美贸易不平衡问题(王勇,1996)。美国对华技术出口与其技术实力不对称,是造成双边贸易不平衡的主要原因(李志军,1998,1999)。无论从中美高技术产品贸易问题还是从具体产品分类来看,美国对华高技术产品贸易存在着出口管制标准错位问题,由此加剧了中美贸易失衡(沈国兵,2006)。根据美国普查局的高技术(ATP)分类标准,选取2005至2007年美国对华高技术产品贸易数据进行纵向比较,证实苛刻的出口管制标准加剧了中美贸易的不平衡(张波,2009)。美国对华高技术出口管制标准与中美贸易失衡存在长期稳定的均衡关系,且具有相互促进的"放大效应"(黄晓凤,2011)。用制成品的进口额来反映高技术出口管制的强度,实证分析发现,高技术的出口管制标准与中国的贸易顺差存在显著正向关系(张群卉、江海潮,2013)。

3. 出口管制标准的政策连锁效应

管制国提高出口管制标准会迫使被管制国采取报复性贸易措施,促使管制同盟国采取相应保护措施,诱使第三国实施投机性贸易措施。是否调整出口管制标准以及如何采取报复性措施主要取决于管制政策的利弊权衡。

(1)出口管制对管制国的利弊

严格的出口管制标准对管制国究竟是"利大于弊"还是"利小于弊",目前尚未形成统一定论。出口管制的目标既包括经济利益,也包括政治、军事和外交等利益。学者们在评判出口管制的得失时,往往出发点不同,而导致结论相差甚远。

坚持认为严格的出口管制标准对管制国具有负面影响的学者主要侧重于经济利益和外交利益。代表性的观点包括:发达国家过于严格的出口管制标准损害了其高新产业的经济利益,失去了大量就业机会和国际份额,致使国际竞争力大幅下降,恶化与盟友之间的合作关系等。冷战时期美国的出口管制效果以正面为主,发展至今则出现诸多负面效应(李安方,2004)。日本的出口管制不能有效阻止技术溢出(Marukawa,2013),同时还遭受比美国更大的出口损失(Richardson,2013)。少数学者认为严格的出口管制标准对管制国具有正面影响。美国出口管制对其本国而言,总体上利大于弊(赵冰,2008),但是,放松出口管制标准将更有利于其航空产业的发展(Burnett,2014)。

(2)出口管制标准对被管制国的利弊

被管制国大多是发展中国家或欠发达国家,也有少数发达国家因为所谓"敌对国家"或"潜在对手国"而遭受出口管制制裁。严格的出口管制标准对被管制国既存在负面冲击,也可能存在正面影响。出口管制阻碍了被管制国参与经济全球化的进程,降低资源利用效率(刘顺鸿,2007),造成额外的成本负担(Chunmei,2016)。相对于大规模产业而言,出口管制对中小规模产业的生产力的负面影响更大(Borocz,2014)。严格的出口管制标准对被管制国产生的积极作用表现在倒逼相关产业实施自主创新和减少对发达国家的依赖等。

(三) 中国出口管制标准问题

20世纪90年代后期,国内学者开始关注出口管制方面的研究,内容主要聚焦出口管制立法及稀土出口管制方面。由于中国出口管制标准尚处于逐步建立和完善的过程中,正经历从无到有的过程,还需要更多实践才能实现从有到优,所以,关于出口管制标准的优劣、宽严以及不同强度的标准所带来的影响等研究还不充分。

从出口管制立法及管制体系方面,学者们侧重与国外出口管制标准对比,进而探寻我国出口管制的差距及存在的问题,并提出诸多改进意见。李根信(2007)认为,中国的出口管制标准是以防扩散为核心,重在执行国际防扩散法制的要求,主张以和平手段实现防扩散目标,坚持维护防扩散机制和行动的合理性、公正性和非歧视性,且强调联合国的中心地位。程慧(2012)指出,中国的出口管制法律体系的建立始于20世纪90年代,在出口管制法颁布前,主要由各种单项法律、行政法规和部门规章三级法律体系组成,法律体系有待完善、机构间职能亟须统一、执法效果及效率有待加强等。祁欣和张威(2012)认为,我国出口管制应该从应对性管理向主动管理、从中央集权管理向中央与地方共同管理、从分散制管理向跨部门协调管理、从内部交流为主向加强国际对话转变。晏聪(2012)认为,中国的防扩散出口管制标准体系经历了严格控制、有限出口、出口激增、有限控制和全面参与阶段,在管理上具有行政管理向法制化转变、应对性管理到主动管理转变、政府控制为主向企业自律转变三大特点。

围绕稀土出口管制实践,学者们主要探讨中国稀土出口管制标准的合规性及影响。程慧(2011)指出,中国稀土管制具有重大的战略意义,具备世贸组织(WTO)规则的合规性。金通(2011)从理论上构建了稀土产业总经济价值函数,提出我国稀土出口管制配额的最优标准。姜辉(2015)指出,中国实施严格的稀土出口管制标准,从数量、价格和信息 3 个传导机制对国际稀土市场产生影响。

二、制度质量与产业技术创新

(一)制度质量的含义与衡量标准

1. 制度质量的含义

制度包括正式制度和非正式制度,具有生命周期和效率递减的显著特征。优质的制度对经济增长具有基础性的推动作用。制度质量的判断标准包括有效性、稳定性和一致性。

将制度变量引入经济增长和技术创新模型是制度经济学的重要贡献,拓展了传统经济学仅从成本(古典经济学)[①]、要素禀赋(新古典经济学)[②]、技术(内生增长理论)[③]、规模(新贸易理论)[④]等视角探寻经济运行规律的边界,便于从源头上剖析制度在资源配置中的基础性和决定性作用。

2. 制度质量的衡量标准

制度由于抽象和易变等原因而很难准确评价其质量。目前,学术界对制度质量的衡量标准不一。

(1)理论标准

从理论上来看,高质量制度的判断标准包括政府干预少、创新活跃、市

---

① 亚当·斯密的绝对优势理论和大卫·李嘉图的比较优势理论。

② 赫克歇尔和俄林的要素禀赋理论。

③ 内生增长模型包括罗默模型、卢卡斯模型和格鲁斯曼-赫普曼模型等。

④ 新贸易理论以保罗·克鲁格曼为代表。

场主导和维护大多数人的利益。总之,高质量的制度有利于促进生产性活动,并且能够极大地限制非生产性活动。生产性活动包括研发和创新等,而非生产性活动主要指投机和剽窃等。

(2)实践标准

从研究实践看,国内外学者主要采用代理变量衡量制度的质量。这些代理指标包括国际政治风险指数、经济自由度指数、全球治理指数、考夫曼指数、合约密集型指数、企业经营环境指数、全球腐败指数等(见表1-7)。

表1-7　制度质量的主要衡量指标

指标	发布机构或个人	构　成
国际政治风险指数	PRS集团	包括法律秩序、政府稳定性、官僚体系质量和腐败程度
经济自由度指数	《华尔街日报》美国传统基金会	划分为自由、比较自由、不太自由和受压制等四个等级
全球腐败指数	透明国际	包括清廉指数(CPI)和行贿指数(BPI)
考夫曼指数	考夫曼	包括选举政府的自由度、政府被推翻的可能性、政策制定质量及可信度等六个指标
合约密集型指数	克莱格	非现金货币与总货币供给之比

资料来源:作者整理得到。

合约密集型货币比率(CM)等于非现金货币与总货币供给之比,也就是(M2-C)/M2,其中M2指广义货币供应量,C指银行以外持有的现金。该指标可以较好地衡量一个国家的合约执行状况以及产权保护情况。该值越大,表明制度质量越好(Clague等,2006)。

考夫曼指数是考夫曼等人于2007年构建的政治治理指标体系。该体系包括六大子指标:表达与问责指标用来测量一国参与选举政府的自由程度,以及言论、出版、结社自由的程度;政治稳定性与无暴力指标用来衡量政府被非制宪手段或暴力手段推翻的可能性;政府效能指标用来衡量公共服务的质量及其是否受到政治压力,衡量政策制定和执行的质量,以及政府承诺执行这些政策的可信度;规制质量指标用来衡量政府制定及执行管制私人部门发展政策的能力;法治指标用来衡量社会居民对制度规则的信心和遵守程度,特别是确保合同执行的质量、司法体系的质量;控制腐败指标用来衡量公共权力被用于获取私人收益的程度。

全球腐败指数由透明国际组织自 1995 年以来每年公布,该指数由 CPI (清廉指数)和 BPI(行贿指数)构成。

经济自由度指数是由《华尔街日报》和美国传统基金会发布,目前共涵盖全球 155 个国家和地区。该指标将所选国家分为四个等级,分别为自由、比较自由、不太自由和受压制等。该值越高表明经济自由度越低。

国际政治风险指数(ICRG)由 PRS 集团每年公布,主要用来评估各国的政治、经济和金融风险,包括法律和秩序、政府稳定性、官僚体系质量和腐败程度等四个基本指标。该指标数值越大,表明制度质量越高(王海军,2012)。

大部分学者采用参数化的线性方法研究"制度质量与经济变量"之间的关系,但是,现实情况往往是非参数化非线性的关系,故而采用遗传规划算法更能够体现实证研究的实际需要(Diaz and Migeuz,2010)。国内部分学者尝试用其他的代理变量衡量制度质量。

由此可见,目前关于制度质量的衡量是既复杂又颇具争议的问题。从复杂性来看,制度涉及诸多领域,既有政治,也有经济和法律等,且可以根据不同的需要制定不同的衡量指标。此外,制度具有阶级性,并体现利益相关群体的利益诉求。所以,不同群体对同一制度往往持有不同甚至完全相左的看法。这就是为何难以对制度质量形成统一认识的根本原因。制度质量的衡量尚未形成统一标准的根本原因在于其复杂性和阶级性。

在实证研究中,可以用财政收入占生产总值的比重作为度量政府管制水平的代理变量(郭苏文、黄汉民,2012)。此外,还可以用罚没款收入占地区 GDP 的比值来表示产权保护力度(金祥荣等,2008)。出口管制标准强度的衡量可以借鉴类似的评价方法。一般而言,政府管制的领域越多,审批的项目越多,环节越复杂,则说明管制标准越严格。

3. 制度对经济活动的影响

20 世纪 70 年代中期以来,以诺斯为代表的新制度经济学派对新古典增长理论和内生增长理论进行了批判,提出"制度至关重要"的命题,将制度因素作为推动技术进步和经济增长的关键变量(North,1973;Acemoglu 等,2005)。制度质量决定企业家在生产性活动与非生产性活动中的资源配置,好的制度鼓励更多生产性的企业家活动,差的制度鼓励更多非生产性的企业家活动(Baumol,1990)。所以,各国政府的制度改革方向应该是鼓励将现有的企业家才能更多地投入到生产性活动领域,而不是聚焦旨在提高企业家数量的各种政府补贴。

(1)制度与创新

目前,关于制度与创新的研究主要聚焦在以下两个方面:一是探讨制度变迁与技术进步的关系;二是剖析制度设计与国际研发溢出。前者主要关注制度的变化如何与技术的革新实现动态协同演进,后者则更多侧重既成制度安排如何影响国际研发溢出效应。

制度变迁与技术进步的关系可以归纳为三种情形:一是以诺斯为代表的新制度经济学家主张的"制度变迁决定技术进步";二是以凡勃仑、阿里斯及康芒斯等学者为代表主张的"技术进步决定制度变迁";三是主张"技术进步与制度变迁相互决定论"。邓海滨(2010)构建包含制度因素的负二项式模型研究发现,影响技术创新的最关键的制度因素在于知识产权保护,且两者呈现倒 U 型的非线性关系,这说明知识产权的保护强度并非越严越好。当保护程度较低时,提高保护程度有利于技术创新,但当保护程度已经很严时,继续提高知识产权保护强度会阻碍技术的创新。邹国庆(2012)将制度纳入区域技术创新的分析框架,指出良好的制度结构所提供的激励能够有效地推动区域创新。

制度影响研发溢出效应的机制包括两类:一是制度影响引进国的吸收能力;二是制度影响溢出国的输出意愿。如果引进国制度完善,尤其是在专利保护有力、政策透明度高、政策稳定性强及政府腐败程度低的地区,技术领先国更愿意对其进行技术输出。葛小寒和陈凌(2009)基于吸收能力研究国际研发溢出的技术进步效应,发现制度质量是影响国际研发技术溢出效应的关键变量。邓海滨(2010)指出,制度对于东道国的研发溢出有重要影响,相对于制度质量较低的国家而言,制度质量较高的国家能从国际贸易中获得更多的研发技术溢出。陈刚(2010)利用非国有经济发展水平的综合指标衡量制度质量,发现研发技术溢出效率受制度因素的影响非常显著。产权制度相对完备地区的研发资本的溢出效率更高。邓海滨和廖进中(2010)在 Coe 和 Helpman 的国际研发模型基础上引入制度变量,考察了知识产权保护及市场化程度等对研发溢出的影响,得出制度质量较高的国家能够从国际贸易中获得更多的研发技术溢出的结论。

由此可见,制度对创新的影响通过以下两条路径发挥作用:一是直接作用,即合理设计的制度可以鼓励企业家创新的热情,尤其是引导社会资源更多地投入到创新性的生产活动中去;二是间接作用,即具有较好知识产权保护的制度能够更好地引进国外的技术,并能够确保原始创新者的持续创新热情,最大程度地抑制模仿、剽窃及盗版等严重挫伤原始创新者激情的行为发生。

(2)制度与资源诅咒

沿着传统的以"要素禀赋"和"要素投入"作为经济增长源泉的新古典经济理论、索罗增长模型及内生经济增长理论的分析架构,拥有丰富资源的国家应该获得比资源稀缺国家更快速的经济增长。然而,基于"荷兰病"和"贫困化增长"等诸多事实应运而生的"资源诅咒"学说对传统理论提出了严峻的挑战。当经济理论的发展再次处于"穷途末路"的窘境时,制度变量的引入无疑为经济学大厦开启了新的大门。从制度层面探寻资源诅咒的发生机制激发了经济学家们持续而广泛的研究热情。汪戎和朱翠萍(2008)研究指出,丰富资源更多地投入到生产性部门,进而促进经济增长,然而,当制度有利于攫取者时,丰裕资源常被用于非生产性活动,进而减少社会产出。郭建万和袁丽(2009)围绕资源诅咒假设,结合 1998~2005 年中国省级面板数据实证,发现自然资源丰裕对经济增长产生负面影响,即自然资源丰裕的地区并没有获得较快的经济增长。

通过整理制度与资源相关的文献著作不难发现,目前主要存在两派观点:一种观点认为资源禀赋促成了特定制度的形成;另一种观点认为不良的制度设计诱发资源诅咒,良好的制度安排可在一定程度上缓解甚至克服资源诅咒的发生。

丰富的自然资源会影响制度的形成,进而有利于经济增长。丰裕资源型国家或地区往往不由自主地围绕资源制定规则,引导要素投入到与资源相关产业,这不可避免地导致其他生产活动的萎缩。郭建万和袁丽(2009)用对外开放程度和企业市场化程度来衡量制度质量,研究发现自然资源丰裕阻碍了经济增长,并通过制度、人力资本以及创新等因素影响到经济增长,制度质量的提高能够一定程度减缓自然资源对经济增长的负作用。拥有丰裕自然资源的地区,其经济不发达的原因不在于资源本身的问题,而是资源开发及相关制度安排的问题。对于"资源诅咒"问题如果能够从"体制"

和"寻租"两方面着手提高制度质量,则资源诅咒问题可在一定程度上得到根治(齐义军,2011)。

另一方面,制度质量和自然资源丰富程度相互间存在互补效应。制度可以发挥好资源配置的作用。刘贞等(2000)从演化经济学视角剖析了"资源诅咒"的形成机制,突破传统的贸易条件论、"荷兰病"、资源寻租和腐败等束缚,认为制度设计不足是导致"资源诅咒"的重要原因。冯尧和张景华(2008)从理论上认为,自然资源可以扩大生产可能性边界,但是现实往往是自然资源越丰富的国家经济发展越缓慢。深入剖析制度与自然资源的关系后发现,偏向于消费者的制度容易造成资源浪费,进而阻碍经济发展。但是,偏向于生产者的制度安排能够使得丰富自然资源得到充分利用,最终有效地促进经济增长。祝树金等(2010)认为,好的制度有利于自然资源的使用效率和边际效用的提高。

综上所述,虽然市场在资源配置中的基础地位不可动摇,但是,制度对资源的配置作用不容忽视。当出现市场失灵时,制度在规范研发、生产和流通中的作用更为凸显。全面揭示制度与"资源诅咒"的关联有助于帮助资源丰裕国家摆脱依赖资源发展的路径依赖,通过合理的制度安排,顺利实现产业结构的升级及自主创新能力的提升。

(3)制度与对外直接投资

对外直接投资是当今世界经济的重要组成部分。影响对外直接投资的因素包括经济规模、经济发展水平、国际分工地位、区位优势及制度安排等。其中,制度安排对于对外直接投资的规模、流向及结构等具有显著影响。学术界有关对外直接投资的研究内容,主要包括发达国家的外国直接投资(FDI)以及发展中国家的对外直接投资(OFDI)。

①制度与FDI

东道国的制度质量对于吸引发达国家的对外直接投资具有显著正向作用。制度质量的提高会显著促进外商直接投资的流入(Kaufman et al,1999)。无效制度类似于对企业征税,降低了企业利润率(Aizenman and Spiegel,2006)。投资沉没成本是影响对外直接投资的关键因素。如果FDI的沉没成本较高,则企业家在决定是否对外直接投资时会对较差制度质量带来的不确定性非常敏感(Benassy et al,2007)。

此外,制度对于引进外资的绩效具有阶段性特征。邵军和徐康宁

(2008)发现,制度质量与外资增长效应之间存在着非线性的倒 U 型关系,即外资进入导致的增长效应在制度质量相对居中的国家最为显著,制度对创新的边际效应表现出明显的递减趋势。对于制度质量较低的国家,制度改进有利于降低交易成本,推动外资参与东道国经济分工,从而促进经济增长。但是,当制度质量达到一定高度之后,东道国内资部门的竞争能力在制度改进中得到提高,外资的相对优势降低,增长效应开始弱化。

最后,不同类型和方向的对外投资对于制度的反应存在显著差别。以发展中国家制度质量对跨国权益资本流动的影响为例,制度质量对权益资本流入呈显著正向影响,而对权益资本流出呈显著负向影响。胡国恒(2013)发现,相对技术密集的 FDI 具有很强的制度依赖性,而相对劳动密集的国际外包具有成本敏感性。在南北模型的分析框架下,南方制度质量向上竞争和要素成本向下竞争均导致国际生产的规模扩张。但前者形成可持续的交易效率优势并促进产业技术升级,后者形成不可持续的低成本优势且导致低端技术锁定。

②制度与 OFDI

随着中国综合国力不断增强及"走出去"步伐日益加快,更多的中国企业到国外进行直接投资,由此引发学术界对 OFDI 的广泛研究兴趣。从制度与 OFDI 的关系来看,学者们更多地关注东道国制度质量和制度距离等因素对 OFDI 区位、规模及绩效的影响。

东道国高质量的制度一般能够吸引更多的 OFDI,但也存在例外。张建红和周朝鸿(2010)围绕中国企业海外收购面临的制度障碍问题,发现东道国制度质量对收购成功率没有显著影响,但产业保护不利于收购的完成,此外,收购企业的国有制度性质会影响收购的成功率。胡彦宇和吴之雄(2011)区分正式制度和非正式制度来考察中国企业海外并购的制度障碍,发现正式性制度约束会通过产业保护对我国企业海外并购产生显著影响;非正式性制度约束不仅能单独影响企业海外并购的成功率,还通过并购经验对正式性制度约束产生调节作用。张中元(2013)考察了中国对 155 个经济体的 OFDI 数据,研究发现,中国的 OFDI 以资源能源寻求型和市场扩张型为主,且大部分流向发展中国家,东道国制度的改善显著提高中国的OFDI 的溢出。祁春凌和邹超(2013)利用经济自由度指数、全球政府治理指数及国家文化指数构建制度质量的综合指标,考察东道国制度质量及制度距离对我国 OFDI 区位分布的选择,发现东道国经济制度和法治制度质量越高越能吸引中国的投资。

东道国与母国的制度距离不利于 OFDI 的流动。邓明(2012)将东道国制度质量及东道国与中国之间的制度距离作为影响中国 OFDI 区位分布的关键因素,研究发现经济和法制制度对发展中国家吸收 OFDI 有显著正向作用,而对发达国家的影响不显著。由此可见,制度距离对 OFDI 有显著的负面影响。

综上所述,东道国的制度质量、东道国与母国之间的制度距离会影响 OFDI 的流量规模及流动方向。好的制度倾向于吸引更多的对外直接投资,而不完善的制度则由于风险过大或者交易成本较高而阻碍对外直接投资的流动。

(4)制度与贸易

将制度因素纳入国际贸易与分工的分析框架,极大地拓展了国际经济学的研究边界。重视制度在资源配置及国际分工中的作用,将有利于深入剖析具有相同资源禀赋和技术优势的国家或地区为什么呈现巨大的经济发展差距。围绕制度与贸易的命题,学者们主要探讨制度质量是否对贸易增长及流向产生显著影响、地区出口增长差异是否可以归因于制度质量差异、贸易是否对制度产生反作用等。

围绕制度对贸易增长的话题,学者们大多支持高质量的制度能够促进贸易增长的观点。潘镇(2006)将不良制度和制度距离作为隐性贸易成本的来源,构建包含制度质量的扩展引力模型,研究发现制度质量越差,双边贸易越不活跃,制度距离阻碍贸易扩张。制度质量变量中的市场规范程度、私有财产保护程序和货币政策的影响强度最大。而制度距离变量中的工资控制程度距离、货币政策距离和贸易政策距离的影响尤为突出。张杰和刘志彪(2009)从金融发展和合约实施两个层面评述了制度对贸易的影响,指出合约实施的效率与方式可以体现一国的制度质量及制度环境,金融发展水平也可以体现制度的完善程度,并证实制度对贸易的显著影响。

英国、美国、德国和日本等大国崛起中的制度安排对于贸易增长发挥了重要影响,提高制度质量的关键在于改善贸易政策的有效性和稳定性(黄汉民,郑先勇,2010)。郭苏文(2011)从法律制度、微观经济制度和宏观经济制度三个维度,借助经济自由度指数考察制度质量对贸易增长的影响,发现制度质量越高,则双边贸易增长就越快,稳定性是制度质量的主要指标之一。谢孟军(2013)借助引力模型研究发现,贸易伙伴的经济制度质量与中国的出口高度相关,经济制度质量越高的国家对中国的出口引力越大。

地区出口增长的差异可以归因于地区的制度差异吗?金祥荣等(2008)用 GDP 除以地区财政收入中罚没款收入作为司法制度和产权保护制度质量的替代变量,研究地方制度质量差异对企业生产效率和地区出口规模的影响,发现导致地区出口差异的制度变量主要表现为法律制度和知识产权保护制度,缩小地区制度差距有利于缓解地区出口不平衡问题。郭苏文和黄汉民(2011)借助财政收入占地区 GDP 的比重作为度量制度质量高低的指标(值越大表明制度越差,反之则越好),研究发现梯度推进的改革战略导致的地区间制度差异是我国省际出口差异化的重要原因。体现良好制度质量的金融深化、对外开放以及城市化率对我国对外贸易有显著的促进作用,而体现低制度质量的政府管制对我国对外贸易有显著的阻碍作用。该结论对于出口管制标准与贸易的技术溢出效应具有较好的启发。如果出口管制标准限制了贸易的开展,也就约束了贸易的技术溢出效应,从而不利于技术的创新。

一国的贸易对于其制度安排存在反作用吗?Antras、Levchenko 和 Acemoglu 探讨了贸易比较优势的制度来源,但文雁兵(2012)则用动态比较优势、比较优势陷阱和李嘉图比较优势等研究了制度质量的贸易来源,肯定了贸易对于制度设计及安排的反向作用。

以上分析不难发现,好的制度安排有利于降低交易成本和减少贸易的不确定性,高质量的制度对于贸易具有很大的吸引力。出口增长的差异在一定程度上可以从制度质量差异进行诠释。这一结论无疑对于改善制度质量以增进出口贸易具有十分重要的启示意义:一是要努力降低与贸易国家之间的制度距离,更多地采用国际惯例和国际标准,这是因为制度距离与贸易增长具有反向关系;二是要努力提高本国的制度质量,以此吸引更多的贸易流入。

(5)制度与经济增长

新古典经济学和新增长理论都强调技术进步对经济增长的显著影响,但是自以诺斯为代表的新制度经济学将制度引入经济增长的分析框架后,有关经济增长的研究边界得到了极大的拓展。交易费用的降低有利于经济增长,而降低交易费用的关键又得益于制度变迁。在学术界将制度内生于经济增长模型之后,由此引发了持久的有关经济增长的"技术决定论"与"制度决定论"之争。

制度影响经济增长的路径大致包括通过影响人均产出增长率、人均资本产出弹性、规模报酬、技术进步、资源配置效率、吸引外商直接投资等影响经济增长。张光南(2007)在研究制度、人均基础设施与经济增长的关系时发现,不同制度质量导致不同的资本边际产品,且制度通过冲击人均资本产出弹性进而影响基础设施对经济增长的贡献,以及影响经济增长的稳定状态。王泽填和卢二坡(2007)通过构造制度和技术内生的增长模型,指出制度质量对人均产出增长率具有正向作用,欠发达国家要获得"后发优势"必须首先改善制度环境和提高制度质量。杨友才(2008)认为,制度变迁对经济增长的均衡点和增长率产生两种截然相反的效应,即规模报酬递增效应和轨迹锁定效应,前者会促进经济显著增长,后者则致使经济处于停滞。制度变迁对经济增长是否具有显著影响,关键在于能否突破经济发展的路径依赖。孙志杰(2011)从制度与政策两方面剖析中国经济增长奇迹,指出产权保护和市场制度的改进有利于推动经济的持续增长。

当将制度稳定性作为单独变量进行研究时发现,制度稳定性对于吸引及保持经济稳定增长方面至关重要。郑先勇和胡纯(2010)认为,处理好制度稳定性和制度变迁的关系是发挥好外商直接投资对经济增长促进作用的前提条件。郭苏文和黄汉民(2010)对比分析了制度质量对发达国家和发展中国家经济增长的差异,研究发现,高质量的制度促进经济增长,不稳定的制度阻碍经济增长,对发展中国家经济增长产生显著影响的是制度稳定性。

制度质量差异是经济增长差异的重要原因吗?肖利平和郭熙保(2011)在研究中国省际经济的追赶型增长时发现,具有相似制度质量的地区内部存在俱乐部追赶态势,制度质量的提高有利于经济增长。东部地区利用较高的制度质量获得了较大的 FDI 溢出效应,而中西部地区虽然制度质量偏低,但是通过专利形式的自主研发亦能促进经济增长。郭苏文和黄汉民(2012)指出,我国地区间的非国有经济发展水平、对外开放程度、城市化率及市场化程度等制度差异是导致省际经济不平衡增长的主要原因。陈长江和高波(2012)认为,制度对经济增长的影响路径既包括制度通过对技术进步产生影响进而促进经济增长,还包括影响资源及要素的配置效率进而冲击经济增长。从我国的经验证据来看,我国东部地区制度的改进成功地推动了技术进步,但是西部地区制度的变迁则有利于要素配置效率的增进。

由于制度会随着技术变迁而改变,所以,经济增长反过来对制度形成及变迁产生冲击。王艾青(2008)认为,将制度作为解释变量引入生产函数具有不科学性,因为制度变迁是技术变迁的结果,并建议采用类似于索罗余值的办法,将资源配置制度、信用制度、产权制度、分配制度及企业制度作为经济制度的基本构成因素。

(6)制度与金融发展

金融发展的水平与制度的完善程度高度相关,部分学者直接用金融相关制度作为制度质量的代理变量。例如,克莱格(1995,2006)利用合约密集型货币比率度量制度质量。更多学者则围绕"制度对于金融发展至关重要"命题进行多角度研究。

在国外,Collier 等(2001)研究发现资本流入的波动性与制度质量高低呈反向关系,东道国制度质量越高,则资本流入的波动性越小,资本外逃往往与制度质量有关。Beatrice(2001)认为,苏联和东欧国家金融改革失败的主要原因在于制度质量低下。Papaioannou(2005)发现,东道国落后的制度履约水平是阻碍外国银行资本流入的主要障碍。Gelos(2009)研究发现,国际资本倾向流入透明度高和制度质量好的国家。

在国内,滑冬玲(2006)考察了转轨国家金融自由化的影响因素,结果发现相比初始条件、结构改革和宏观经济政策而言,制度对金融自由化的影响尤为显著。针对制度质量对利率市场化的影响,江春(2010)的研究证实,制度改革成功的国家在利率市场化方面能够得到较高的绩效,反之则较差。刘立安和傅强(2010)对比研究外资银行和本地银行盈利能力的差异时获得重要发现,即外资银行会根据制度质量的差异来决定融资的方式,尤其是当处于低制度质量条件下,本币升值时外资银行倾向于选择境外融资;在本币贬值时,外资银行倾向于选择境内融资。在高制度质量条件下,外资银行根据境内外相对融资成本选择经营方式。刘健(2012)运用赫克曼两阶段模型研究制度质量对双边金融资本贸易的影响,得出的结论为,母国与东道国的制度质量对金融资本投资决策和投资规模均具有显著的促进作用,制度质量更多从扩展边际而非集约边际影响双边资本贸易。

制度质量对金融开放效应的影响表现在制度影响资本流入水平、资本流入结构、金融发展和金融风险。万荃等(2012)用合约密集型货币比率和金融自由化比率作为制度质量的代理指标,以加拿大、瑞士和澳大利亚等影子货币国家和美国、法国和日本等主流国际货币国家为研究对象,研究表明产权制度质量和制度环境质量显著促进利率市场化的进程,其中制度的有效性和稳定性关乎利率市场化改革的绩效水平。提高制度质量可以提高资本收益率,降低交易成本和沉没成本,提高资本的配置效率,减少逆向选择和道德风险(邓敏,2013)。

可见,金融发展水平既是制度质量的主要表现,同时也显著地受制度质量的影响。无论是国际资本的流动规模,还是跨国投资的选址,均主要由东道国制度质量决定。不仅如此,制度质量还影响金融发展的效率,例如,制度的改进可以推动利率市场化进程,提高资本收益率,降低成本和风险等。现有研究较多地关注制度对金融发展的影响,而较少围绕金融发展对制度形成及制度变迁进行深入剖析。

(7)制度对其他经济活动的影响

制度会通过改善组织冗余而对企业绩效产生影响。例如,随着宏观制度和微观制度质量的改善,组织冗余对企业绩效的影响会随之减弱。处于转型期的企业必须拥有一定的冗余资源,以应对潜在的制度风险。与组织理论观点不同的是,代理理论认为组织冗余与企业绩效负相关(邹国庆,倪昌红,2010)。

制度会显著影响生产性活动和非生产性活动的分配比率。对 Baumol 理论的经验检验发现,好的制度会极大地增加生产性活动,而差的制度则导致大量寻租,激励企业家才能更多地投入到非生产性的活动中(李晓敏,2011)。

制度与企业成长具有显著相关性。国家制度质量的改善有利于促进企业的成长。例如,政府干预、金融约束与企业绩效负相关,公共服务、基础设施与企业绩效正相关,政府管制与企业绩效的关系不显著。

制度还显著影响智力回流和跨国并购。阻碍中国智力回流的重要因素在于制度,并存在明显的智力逃离现象,尤其是与发达国家文化制度、法律制度和经济制度差距越大,越会阻碍智力回流(许家云,2013)。李秀娥(2013)用国家风险国际指南(ICRG)的政治风险指标衡量制度质量,研究制度对中国跨国并购的影响机制,发现目标国正式制度质量显著影响中国企业跨国并购的比率。

综上所述,制度对经济的影响不仅范围广,而且程度深。纵览经济学走过的历程不难发现,对经济发展和贸易增长的影响因素之争历经了古典时期的"成本决定论"、新古典时期的"要素决定论"、内生增长理论时期的"技术决定论"、新贸易理论时期的"规模决定论"、新新贸易理论时期的"异质企业的效率决定论",直至强调制度至关重要的新制度经济时期的"制度决定论"。

现有国内外关于制度的研究虽然涉猎范围广且成果颇丰,但仍存在可改进、可商榷和可补充的地方:一是制度质量的度量标准亟须统一;二是现有研究更多在系统范围内考量制度质量对经济活动的影响,即使涉及系统外部的制度安排对本系统内部经济活动的冲击,也仅仅限于跨国投资、金融发展和贸易领域等方面,例如东道国制度对外资的吸引以及跨国并购的成功率等;三是关于制度与创新的研究过多集中于制度安排与国际研发溢出问题,较少涉及他国制度安排对本国产业技术创新命题的系统探讨。

(二) 产业技术创新与制度质量的关系

新制度经济学派将制度作为推动技术进步和经济增长的关键变量(North,1973;Acemoglu 等,2005)。制度质量决定了企业家在生产性与非生产性活动中的配置资源(Baumol,1990)。产业技术创新能力与制度质量存在显著的相关性。目前,国内外学者重点关注以下问题:一是制度变迁与产业技术进步的关系;二是制度设计与国际技术溢出的关系。前者主要研究制度的变化如何与产业技术革新实现动态协同演进,后者则更多地探讨既成制度安排如何影响到高新产业的国际技术溢出,进而间接地推动产业技术创新。

1. **产业技术创新的内涵**

产业技术创新包括自主创新、模仿创新和合作创新等。自主创新能力主要受研发投入的影响,模仿创新能力则强调技术溢出效应和吸收能力,合作创新能力则依赖产业的开放度。促进产业结构升级及提升产业核心竞争力的关键在于提升产业的自主创新能力。

学术界对于产业自主创新能力的界定各有侧重。一部分学者强调企业在创新活动中的主体作用。另外一部分学者则主张以知识创新为特色的自主知识产权在自主创新中的核心地位。还有学者将自主创新能力理解为综合能力,例如技术创新与制度创新的综合、原始创新与引进创新的综合、贯穿于整个产业链的创新能力的综合等。尽管如此,多数学者认同产业技术创新能力是一种综合能力的体现。产业创新能力是以市场为导向,以提高产业竞争力为目标,通过技术创新、制度创新、产品创新、流程创新、管理创新和市场创新的组合创新,创造出自主知识产权的产品并不断扩散传播,实现产业组织、产业结构、产业布局等量的提高和质的改变(管顺丰,2005)。高新产业围绕市场需求在经济区域内以企业为主体组织知识创新,并将知识转化为新工艺、新产品、新服务(王忠辉,支军,2007)。技术创新是一个系统,各类要素的有机结合,是各种能力的综合,与产业内的企业组织机构、产品结构等密切相关(胡海波,2012)。

学者们从不同视角对产业技术创新能力进行研究。张莉和金生(2009)提出,产业技术创新能力由产业创新资源、产业创新效益和产业创新扩散三个要素构成。创新资源作为创新活动的驱动力,也通过资源要素的流动和优化配置促进了创新扩散。创新成果扩散不仅有助于创新活动产生创新效益,更是直接通过技术转移和产业化加快创新收益的实现。创新效益则通过增加创新资源数量和提升创新资源的结构来完成创新的循环过程。产业技术创新能力的形成模式包括原始创新、集成创新和引进吸收消化再创新(兰飞,2009)。原始创新是通过科学实验和理论研究探索事物的现象、结构、运动及其相互作用规律。引进消化吸收再创新是指产业创新主体通过有重点、有选择地引进、购买国外已成熟的先进科学技术成果,并在使用过程中,通过消化吸收进行并进一步创新。集成创新是指创新的融合,是技术融合的进一步延伸。胡海波(2010)将产业创新能力理解为技术创新能力和制度创新能力两个层面,是以创新能力为核心,由创新主体、创新网络和创新环境共同构成的动态系统。产业技术创新能力与国外产业创新系统类似,创新主体不仅包括企业,还包括大学、科研单位、政府等,表现为合作、协同和集成创新。产业技术创新的目标在于推动产业结构优化和升级,提升产业群体的竞争力。

2. 影响产业技术创新能力的因素

不同产业的技术创新能力存在较大差异。不同地区的产业技术创新能力也有不同的表现。不同时期的同一产业具有不同的技术创新能力。可见,影响产业技术创新能力的因素有很多。

(1)研发投入与产业技术创新能力

研发投入与产业创新的关系历来备受关注。研发投入是进行技术创新的前提与基础,被认为是进行技术创新的重要决定因素。实施创新的概率依赖于投资总量(Smolny,2003),创新活动与固定资产投资存在一定的竞争性(Oerlimans,2005;Skuras,2008)。一国处于工业化前阶段时,研发经费占GDP的比例不足1%,以技术引进和仿制为主;在工业化第一阶段时,研发经费占GDP的比例越过1%且不超过2%,此时以技术消化、吸收、改进为主;在进入工业化第二阶段或工业化后阶段时,研发经费占GDP的比例超过2%,此时,以自主创新为主(张于喆,2006)。

学者们围绕研发投入与产业技术创新的关系不断寻求经验证据。通过对美国500强企业数据的回归结果发现,多年前的研发投入与多年后的专利授权量之间存在线性关系,这表明专利产出相对于研发投入具有一定的滞后性(Scherer,1965)。支持研发投入的创新滞后效应的学者还包括Hauman(1984)、朱平芳和徐伟民(2005)等。研发投入对于产业技术创新具有决定作用(Trajuenberg,Jaffe,1997;Anneloes,Hesen,2004;范江忠,2007)。Furman(2002)等人的研究表明,仅研发投入就能够解释经济合作与发展组织国家之间技术创新能力差异的90%。我国1998～2005年各省市研发投入与发明专利申请数的研究结果显示,各地区研发经费内部支出对发明专利申请数量存在显著影响(陈广汉,蓝宝江,2007),且研发投入越多则专利数量越多(范丽娜,2005;李志刚,2006;朱月仙,方曙,2006),两者存在长期稳定的均衡关系(刘和东,梁东黎,2006;陈春晖,曾德明,2009)。

高新产业技术创新能力与区域经济发展水平存在显著的相关关系。人力及财力投入、高新产业本身的规模是决定技术创新能力的关键因素(张建升,2012)。当将技术引进和自主研发进行对比后发现,前者只能获得较为先进的技术,但是后者则能掌握核心和关键的技术。依靠自主创新是突破核心技术的关键,是发展战略性新兴产业的主要举措,单纯依赖技术引进和模仿不能真正掌握核心技术(纪晶华,许正良,2013)。

(2)技术溢出与产业技术创新能力

技术溢出包括高技术产品进口溢出和直接的技术进口溢出,前者属于产品贸易,后者属于技术贸易。产品溢出的主要途径包括对进口产品的模仿、逆向工程和"进口中学"等。直接进口技术也是获得先进技术的途径之一。此外,通过引进 FDI 也可以获得外国公司对本土产业的技术溢出效应。学者们对于外国技术溢出是否显著促进本土产业技术创新能力命题尚存在诸多争议。支持正面影响的学者认为,国外技术溢出可以缩短研发周期,降低研发投入成本,迅速提高生产能力,进而带动自主研发能力的提升。支持负面影响的学者则注意到了技术引进国对输出国的"技术依赖陷阱",由于过度依赖技术溢出而滋生自主创新的惰性,进而损害技术创新能力;还有少部分学者认为产业技术创新能力的关键在于内部因素,外部技术溢出作用不显著。

观点一:外国技术溢出显著促进本土产业的技术创新能力。许和连和胡晓华(2011)研究了国际技术溢出对一国或一个地区自主创新能力的影响,结果表明外商直接投资通过行业间溢出渠道,显著促进了我国高新产业技术创新能力的提高,而行业内的溢出效果不明显。进口贸易为我国高新产业带来了先进技术和中间产品,从而增强了技术创新能力。牛泽东等(2011)在格里利谢斯-贾菲知识生产函数的基础上构建计量模型,采用 GMM 方法分析 FDI 的技术溢出与我国高新技术产业技术创新能力之间的关系。结果表明,在本土企业具有一定的吸收能力的前提下,外资企业的研发活动对我国高新产业的技术创新能力产生正的溢出效应。

观点二:外国技术溢出对本土产业技术创新能力影响不显著。庞莹和丁苇(2009)比较了我国引资政策调整阶段和完善阶段 FDI 对高新产业技术创新的不同影响。研究发现,国外 FDI 对高新产业的技术溢出效应并不显著。赵红(2010)将专利作为产业技术创新能力的指标,构建以人力资本投入、研发投入、外商直接投资及高新产业平均规模为自变量的柯布-道格拉斯生产函数,发现 FDI 的溢出效应并不显著。少数学者采用二分法剖析贸易溢出对技术创新的影响。例如,龚艳萍和陈燕(2008)将产业内贸易对技术创新能力的影响区分为正面和负面两种,认为 FDI 的溢出效应主要包括技术聚合效应、竞争效应、关联效应、人员流动效应和研发效应等。

(3)开放度与产业技术创新能力

产业技术创新离不开国际市场和海外资源。现代经济的显著特征就是全球化和一体化趋势更加明显。开放贸易和市场是一个国家获得外部资源和技术的重要途径。当将产业技术创新的影响因素从系统内部转向系统外部后,学者们注意到具有不同开放程度的地区其产业技术创新能力存在显著差异。研究表明,专利的数量与贸易的开放度之间存在积极的关系,企业对国外市场的开放度与其创新活动之间存在倒 U 型非线性关系(张杰,2008)。

(4)生产规模与产业技术创新能力

长期以来,有关生产规模与技术创新的关系存在"U 型"与"倒 U 型"关系之争。研究表明,出口贸易能增加企业规模,从而增加技术创新所能获得的规模报酬(Krugman,1979)。对中国制造业的企业样本研究发现,企业规模是影响技术创新的关键因素,对于规模越大的企业,其出口对于技术创新的促进作用越明显,对于规模越小的企业,其出口对于技术创新反而具有抑制作用(康志勇,2011)。所以,出口管制标准通过抑制贸易规模,限制高新产业的技术创新的规模经济效应,进而影响到产业的扩张及持续创新(周宝根,2009)。对比国内需求和国际需求对技术创新能力的影响,供给方面的因素及企业吸收能力对技术创新的影响占据绝对主导地位(Woerter,2010)。张建升(2012)指出,产出规模和研发投入强度是影响产业技术创新的主要因素,从地区创新能力来看,我国呈现东高西低逐步降低的梯度分布格局。

(5)制度与产业技术创新能力

制度对创新的影响主要体现在以下两方面:一是现有制度安排是否有利于鼓励原始创新;二是制度安排是否能够保证创新者获得足够的收益。前者主要表现为制度是否有利于引导资源投向生产性活动,而不是投向非生产性活动,例如投机、寻租等。后者主要表现为专利保护等制度是否能够确保研发者获得足够的创新收益,尤其是知识发明引起的正外部性能够很好地内部化到价格中,提升原始创新者继续创新的积极性。

制度创新是产业技术创新能力提升的关键,因为核心技术无法通过引进而获得,制度安排可以保证创新资源优化配置,促进持续创新能力的提升,提高自主创新的产出增长率。我国应该在借鉴美、日、德、法、韩等国创新的科技、资金投入、人才等制度安排的基础上,推动制度创新(何菊莲,张轲,2010)。关税政策对技术创新存在导向作用,国家应针对有利于自主研发的关键材料、零部件及整机设备的进口给予特殊的优惠关税,通过优惠进口制度安排提升自主创新能力(王巍,2011)。

（6）产业积聚与技术创新能力

产业在一定地域内的聚集和融合使得企业间关于思想交流、信息传播以及技术学习的交易费用大大降低，这有利于企业最大限度地获取技术外溢。产业积聚水平的高低对技术创新的效果具有重要影响。彭中文（2013）用区位熵度量产业积聚，基于创新生产函数构建产业集聚与研发投入产出模型，研究发现产业积聚对高新产业的创新产出能力存在正向影响。

（7）其他影响产业技术创新的因素

企业组织结构、经营年限、地理位置等因素都会影响产业的技术创新能力。例如，知识溢出对技术创新能力存在显著影响，知识溢出效应随着距离的增加而减少（Keller，1998）。此外，企业组织结构是企业创新能力的关键指标。研究表明，跨国公司的子公司往往比国内企业更具有创新能力，这是因为跨国公司能够方便获得国际技术转移（Antras Pol，2003）。制约我国技术创新能力的四大因素包括：创新人才、科技投入、科技体制以及知识产权保护等（陈泉江，2008）。知识溢出更容易发生在交通便捷、思想交流更为方便的地区之间（Parent，Riou，2005）。知识的净流出不利于本地的技术创新能力，净流入则有利于提升本地的技术创新能力（陈继勇等，2010）。企业经营出口时间越长，越能够获得"出口中学"效应，企业出口经验对技术创新具有显著影响（刘秀玲，2011）。

3. 技术创新能力的测度指标体系

技术创新能力是经济区域内以企业为主体的创新组织围绕市场需求进行知识创新，并将新知识转化为新产品、新工艺或新服务的综合能力。技术创新能力决定着企业在市场上的竞争实力。

目前，关于技术创新能力的测度指标比较多。支军（2007）用网络创新能力、管理创新能力和创新环境等指标测度产业技创新能力。陈林杰（2008）将技术创新能力指标细分为主指标和分指标，主指标包括支持性指标和基础性指标。支持性指标包括国民经济实力、经济国际化程度、政府产业政策、金融环境、国民素质与收入、社会性基础设施。基础性指标包括企业管理水平、科学技术开发、产业内基础设施、知识信息、产业吸收投资、产业特征要素。张莉与和金生（2009）从资源能力、效益能力和扩散能力等3个一级指标测度技术创新能力。其中，资源能力包括研发人员投入、发明专利授权、研发机构数量和科研设备投入等。效益能力包括产业利润率、新产品产值率、产业市场占有份额、产业增加值率、产业出口比例等。扩散能力包括技术改造投入、技术转移投入、产业技术水平、政府支持力度、消化吸收再创新等二级指标。佟岩和王伟光(2009)从创新资源投入、创新管理、创新产出能力、自主研发能力等4个一级指标测度汽车产业的技术创新能力。

围绕高新产业技术创新能力的测度,学者们构建了多种指标体系和测度方法。胡海波(2010)构建技术创新能力和制度创新能力两个一级指标,前者包括投入能力和产出能力两个二级指标,后者用产业制度创新能力指数测度,最后将技术和制度创新能力指数相乘得到产业综合创新能力指数,以强调"技术和制度的互助"。张目(2010)采用潜在技术创新资源、技术创新活动、技术创新产出能力和技术创新环境等4个一级评价指标,运用改进TOPSIS方法,结果发现2003至2007年,我国高新产业按照技术创新能力大小排序依次为电子及通信设备制造业、航空航天器制造业、医疗设备及仪器仪表制造业、医药制造业、电子计算机及办公设备制造业。李后卿(2012)在评价四川省优势产业技术创新能力时,构建了创新投入水平、创新产出水平和创新管理水平等3个一级指标,得出了电子信息产业技术创新能力最强,生物、医药及化工等产业创新能力较差的结论。孙早(2012)采用主营业务利润率和净资产收益率作为战略性新兴产业技术创新绩效的代理变量,构建包括直接、间接、内生和外生等四大类一级指标,将企业作为创新主体,研究了战略性新兴产业的技术创新能力。

综上所述,测度产业技术创新的投入指标主要包括全要素生产率(Coe和Helpman,1995)和研发支出,测度产业技术创新的产出指标主要包括专利数、新产品销售占总销售额的比率、新产品销售数量等。当专利转化率及专利推广率较差时,专利数就不能很好地度量技术创新能力。在经济增长模型中,学者们采用中间投入品以及最终消费品的种类增加来测度产业的技术创新能力。此外,科技论文数、技术市场合同成交数和技术市场成交额等也用来衡量技术创新的产出能力。

4. 技术创新能力的研究方法

当前,研究技术创新能力的方法主要有因子分析法、熵值法、灰色关联分析法、聚类分析法、主成分分析法、层次分析法、线性加权法、模糊理论方法和可行的广义二乘法等。

(1)因子分析法

因子分析法是用少数几个不相关、信息不重叠的公共因子,去研究多个具有复杂关系原始指标的一种多元统计分析方法。根据专业知识和指标的独特含义,对公共因子予以命名。在该分析中,因子的实际意义较明确,可以合理解释被评价对象。一般在进行因子分析之前,先对数据进行无量纲化处理和标准化处理。

标准化处理主要克服各测量指标在性质和尺度的差异,使得数据具备更强的可比性,且变量渐进遵从正态分布 $N(0,1)$,数据标准化处理的方法通常包括"最小—最大标准化""log 函数转换标准化"和"按小数定标标准化"等。标准化处理的公式类似于无量纲化处理公式。按小数定标标准化的关键在于移动数据的小数点位置来进行标准化。

因子分析法的运用较为常见。郭春(2009)运用该方法比较我国不同省市的技术创新能力,研究发现广东省、江苏省和上海市高技术创新能力最强,浙江省、北京市、天津市、福建省和山东省等省市创新能力一般,其他省的高新产业的技术创新能力均较低。张贵(2011)利用因子分析法研究得出,提升高新产业技术创新能力的关键是提升产业链的创新能力,影响产业链创新的因素主要包括支撑创新的基础资源、投入、产出和环境等。郑若谷(2011)指出,基础环境较弱、创新的投入产出率较低是影响我国制造业技术创新能力的重要因素,不同制造业之间的技术创新能力存在较大的差异。

(2)熵值法

熵值法是客观赋权法的一种,其基本思想就是依据熵的概念和性质,把各种指标的信息量化,进而得到指标的权重系统。它是一种根据各项指标观测值所提供的信息大小来确定指标权重的方法。信息量越大,不确定性就越小,熵也就越小;信息量越小,不确定性越大,熵也越大。胡海波(2010)运用熵值法检验了江西省高新产业的技术创新能力,发现在技术创新和制度创新的共同作用下,江西省"十五"期间高新产业的技术创新能力取得显著进步。

(3)灰色关联分析方法

灰色关联分析的实质就是利用各方案与最优方案之间的关联度大小,将评价对象进行比较排序。该方法是一种定性与定量分析相结合的综合评价方法,它可以较好地解决评价指标难以准确量化和统计的问题,可以排除人为因素带来的影响,使评价结果更加客观准确。

学者们运用灰色关联法实证检验我国高新产业的技术创新能力。李森和刘胥(2007)基于灰色关联分析法,发现我国 14 个制造业的技术创新能力较弱,主要原因在于研发投入的力度不够。具体到产业来看,航空航天制造业、电子及通信设备制造业的创新能力较好,但是电子计算机及办公设备制造业的总体创新能力不佳。王祥(2008)运用灰色关联法研究中国航天产业1996 至 2005 年技术创新能力的变化趋势发现,1996 至 1998 年的技术创新能力下降,1999 至 2001 年的技术创新能力有所回升,2002 年至 2005 年的技术创新能力得到较大提高。张洪涛(2008)运用灰色单层和多层次评价模型,对安徽省高新产业的技术创新能力进行实证研究发现,安徽省技术创新能力较强的产业主要是国家划定的高技术产业,指出高新产业的结构有待优化。杨楠(2012)运用灰色关联分析法比较河南高新产业的技术创新能力发现,医药制造业技术创新能力最强,其次为电子及通信设备制造业,而导致这些产业具有突出创新能力的主因在于这些产业具有较强的创新实施能力、投入能力、产出能力和核心能力等。屈超和王路勤(2013)基于灰色关联法,研究发现,2007 至 2011 年北京和上海软件产业技术创新能力最强,苏州和深圳创新能力一般,杭州、南京、大连、武汉、无锡和西安创新能力较差。

(4)聚类分析法

聚类分析最基本的原理是测量研究目标之间的相似性,根据相似的程度目标进行分类。测量研究目标之间相似性的方法有两种:一是两目标之间的距离;二是两目标的关联系数。前者的计算公式为:$d_{ij}^2 = \sum\limits_{p=1}^{m}(x_{ip} - x_{jp})^2$,其中,$d_{ij}$ 为目标 i 与 j 之间的距离,x_{ip} 和 x_{jp} 分别为变量的对应值。后者常用关系系数表示,公式如下:

$$c_{ij} = \frac{\sum\limits_{i=1}^{m}(x_{ki} - \overline{x}_i)(x_{kj} - \overline{x}_j)}{\sum\left[\left(\sum\limits_{i=1}^{m}(x_{ki} - \overline{x}_i)^2\right)\left(\sum\limits_{i=1}^{m}(x_{kj} - \overline{x}_j)^2\right)\right]^{+}}$$

胡顺东(2009)利用聚类分析法对我国汽车产业进行实证分析,并将各省汽车产业的技术创新能力由强到弱进行排序,研究发现上海市、北京市、吉林省、广东省等汽车产业技术创新能力最强,重庆市、安徽省和陕西省等次之,辽宁省、江苏省和湖北省等最弱。

(5)主成分分析法

主成分分析是设法将原来众多具有一定相关性指标重新组合成一组新的互相无关的综合指标来代替原来的指标。通过正交变换将一组可能存在相关性的变量转换为一组线性不相关的变量,转换后的这组变量叫主成分。该方法是考察多个变量间相关性的一种多元统计方法,研究如何通过少数几个主成分来揭示多个变量间的内部结构,即从原始变量中导出少数几个主成分,使它们尽可能多地保留原始变量的信息,且彼此间互不相关。孙浩(2006)运用主成分方法对我国汽车产业技术创新能力进行对比研究发现,上海、北京、天津等地的汽车产业创新能力较强,安徽、陕西和黑龙江等地的汽车产业只具有中等创新能力,福建、山东和浙江等地的汽车产业技术创新能力最弱。在我国中部六省中,技术创新能力由高到低依次是湖北、河南、湖南、安徽、山西和江西。

(6)层次分析法

层次分析法的优点是能够利用较少的定量信息使决策的思维过程数学化,能够将多目标、多准则或无结构特性的复杂决策问题变得简便易行。具体做法是将总目标分解为多个目标,进而继续分解成若干层次,在确定指标权重的基础上,经过无量纲化处理后运用线性加权法确定二级指标,再运用乘法评价模型得出最终的综合指数(张莉,金生,2009)。

(7)模糊理论方法

模糊理论侧重用数学模型来描述模糊信息。陈林杰(2008)运用模糊理论建立了产业技术创新能力评价模型,实证检验中国房地产业的创新能力水平。结果发现,受政策、土地、资本和人力等影响,该产业的技术创新能力较弱。

4.产业技术进步与制度设计

制度变迁决定技术进步(诺斯)[①],还是技术进步决定制度变迁(凡勃仑、阿里斯、康芒斯等)[②],或者技术进步与制度变迁相互决定,目前尚未形成一致的观点。实证研究表明,知识产权保护制度与产业技术创新呈现"倒U型"关系(邓海滨,2010),而良好的产业制度可以促进区域创新(邹国庆,2012)。

5.制度安排与产业技术溢出

制度影响技术溢出的机制主要包括两类:一是制度限制引进国的吸收

---

① 参见美国经济学家道格拉斯·C·诺思的制度变迁理论。

② 凡勃仑等认为物质环境决定制度,制度是以往过程的产物,与过去的制度环境相适应,但是技术却是在不断地变化中。

能力;二是制度阻碍领先国的输出意愿。如果东道国制度完善,尤其是在专利保护有力、政策透明度高、政策稳定性强及政府腐败程度低的地区,技术领先国更愿意对其输出技术。实证研究表明,制度质量显著影响国际技术溢出(葛小寒,2009),制度质量越高的国家则更容易获得外部的产业技术溢出(邓海滨,2010)。产权制度占优的地区吸收外部技术的效率更高(陈刚,2010)。

6. 产业制度质量与贸易增长

将制度因素纳入国际贸易与分工的分析框架后,国际经济学的研究边界得到进一步拓展。重视制度在资源配置及国际分工中的作用,将有利于深入剖析具有相同资源禀赋和技术优势的国家或地区之间为什么呈现巨大的经济发展差距。围绕制度与贸易的命题,学者们主要探讨制度变量是否对贸易增长及流向产生显著影响、地区出口增长差异是否可以归因于制度差异、贸易是否对制度产生反作用等。

围绕产业制度对贸易增长的话题,学者们大多支持高质量的制度能够促进贸易增长的观点。制度质量对双边贸易至关重要(潘镇,2015)。合约实施的效率是制度质量的重要体现(张杰,刘志彪,2009)。贸易的增长受产业政策的有效性和稳定性的制约(黄汉民、郑先勇,2010)。制度质量较高的地区的贸易增长较快(谢孟军,2013)。

贸易对产业制度安排存在反作用,即贸易的增长会推动产业制度的变迁。一国的贸易比较优势除了传统的资源禀赋优势和区位优势之外,还可以来自于产业制度优势(文雁兵,2012)。

上述研究表明,高质量的产业制度有利于降低交易成本和促进贸易增长。该发现对于改善制度质量和增加出口贸易具有十分重要的意义:一是要努力降低与贸易国家之间的制度距离,更多地采用国际规则和国际标准,充分发挥制度距离与贸易增长的相互作用机制;二是要努力提高本国的产业制度质量,这样才能吸引更多的资源流入。

综上所述,产业制度对技术创新的影响主要通过以下两条路径发挥作用:一是直接作用,合理设计的制度可以鼓励企业家的创新热情,尤其是引导社会资源更多地投入到创新性的生产活动中去;二是间接作用,具有较好知识产权保护的产业制度能够更好地引进国外的技术,并能够确保原始创新者的持续创新热情,抑制模仿、剽窃及盗版等严重挫伤原始创新者激情的行为发生。

管制国的出口管制标准作为外部变量通过限制高技术和产品的溢出，从直接和间接两个方面影响被管制国相关产业的技术创新活动。从直接影响来看，严格的出口管制标准提高了产业技术引进的成本，限制先进技术的流动，减少双方的贸易额；从间接影响来看，严格的出口管制标准倒逼被管制国在关键产业领域的自主研发和创新，迫使被管制国从其他渠道引进国际先进技术，加强同管制国以外的其他发达国家的技术合作等。

三、标准的技术创新效应

(一) 标准的内涵

标准是对重复性事物和概念所做的统一规定，以科学技术和实践经验的结合成果为基础，经有关方面协商一致，由主管机构批准，以特定形式发布作为共同遵守的准则和依据。不同机构从不同的角度对标准进行了定义，如表 1-8 所示。

表 1-8　标准的定义

序号	文件或组织	内　容
1	GB/T 20000.1—2014《标准化工作指南 第 1 部分：标准化和相关活动的通用术语》	通过标准化活动，按照规定的程序经协商一致制定，为各种活动或其结果提供规则、指南或特性，供共同使用和重复使用的一种文件
2	GB/T 3935.1—83	标准是对重复性事物和概念所做的统一规定，它以科学、技术和实践经验的综合为基础，经过有关方面协商一致，由主管机构批准，以特定的形式发布，作为共同遵守的准则和依据
3	GB/T 3935.1—1996《标准化和有关领域的通用术语 第一部分：基本术语》	为在一定范围内获得最佳秩序，对活动或其结果规定共同的和重复使用的规则、导则或特性的文件。该文件经协商一致制定并经一个公认机构的批准。它以科学、技术和实践经验的综合成果为基础，以促进最佳社会效益为目的
4	国际标准化组织（ISO）	标准是由一个公认的机构制定和批准的文件。它对活动或活动的结果规定了规则、导则或特殊值，供共同和反复使用，以实现在预定领域内最佳秩序的效果

资料来源：作者整理得到。

（二）标准的分类

标准的制定和类型按使用范围划分有国际标准、区域标准、国家标准、专业标准、地方标准、企业标准；按内容划分有基础标准、产品标准、辅助产品标准、原材料标准、方法标准；按成熟程度划分有法定标准、推荐标准、试行标准、标准草案；按照标准化对象划分有技术标准、管理标准和工作标准。技术标准是指对标准化领域中需要协调统一的技术事项所制定的标准，包括基础标准、产品标准、工艺标准、检测试验方法标准，以及安全、卫生、环保标准等。管理标准是对标准化领域中需要协调统一的管理事项所制定的标准。工作标准是对工作的责任、权利、范围、质量要求、程序、效果、检查方法、考核办法所制定的标准。

1. 国家标准

国家标准分为强制性国家标准和推荐性国家标准。强制性国家标准由国务院有关行政主管部门依据职责提出、组织起草、征求意见和技术审查，由国务院标准化行政主管部门负责立项、编号和对外通报。强制性国家标准由国务院批准发布或授权发布。对保障人身健康和生命财产安全、国家安全、生态环境安全以及满足经济社会管理基本需要的技术要求，应当制定强制性国家标准。推荐性国家标准由国务院标准化行政主管部门制定。对于满足基础通用、与强制性国家标准配套、对各有关行业起引领作用等需要的技术要求，可以制定推荐性国家标准。

中国国家标准代号分为 GB 和 GB/T。国家标准的编号由国家标准的代号、国家标准发布的顺序号和国家标准发布的年号（发布年份）构成。GB代号国家标准含有强制性条文及推荐性条文。强制性条文是保障人体健康、人身、财产安全的标准和法律及行政法规规定强制执行的国家标准。推荐性条文是指在生产、检验、使用等领域通过经济手段或市场调节而自愿采用的国家标准。推荐性条文一经接受并采用，或各方商定同意纳入经济合同中，就成为各方必须共同遵守的技术依据，具有法律上的约束性。

2. 行业标准

行业标准是对没有国家标准而又需要在全国某个行业范围内统一的技术要求所制定的标准。行业标准不得与有关国家标准相抵触。有关行业标准之间应保持协调、统一，不得重复。行业标准在相应的国家标准实施后，即行废止。行业标准由行业标准归口部门统一管理。行业标准由国务院有关行政主管部门制定,并报国务院标准化行政主管部门备案。当同一内容的国家标准公布后,则该内容的行业标准即行废止。行业标准的归口部门及其所管理的行业标准范围,由国务院有关行政主管部门提出申请报告,国务院标准化行政主管部门审查确定,并公布该行业的行业标准代号。

行业标准分为强制性标准和推荐性标准。强制性行业标准包括:药品行业标准、兽药行业标准、农药行业标准、食品卫生行业标准;工农业产品及产品生产、储运和使用中的安全、卫生行业标准;工程建设的质量、安全、卫生行业标准;重要的涉及技术衔接的技术术语、符号、代号(含代码)、文件格式和制图方法行业标准;互换配合行业标准;行业范围内需要控制的产品通用试验方法、检验方法和重要的工农业产品行业标准。

3. 地方标准

地方标准是由地方(省、自治区、直辖市)标准化主管机构或专业主管部门批准和发布,适用于某一地区范围内的统一标准。在 1988 年以前,我国标准化体系中还没有地方标准,但其客观上已经存在,例如,在环境保护、工程建设、医药卫生等领域由有关部门制定的一批地方一级的标准,分别由城乡建设环境保护部、国家计委和卫生部管理。另外,在全国现有的将近 10 万个地方企业标准中,有一部分属于地方性标准。

制定地方标准一般有利于发挥地区优势,有利于提高地方产品的质量和竞争能力,同时也使标准更符合地方实际,有利于标准的贯彻执行。但地方标准的范围要从严控制,凡有国家标准、专业(部)标准的不能制定地方标准,军工产品、机车、船舶等也不宜制定地方标准。省、自治区、直辖市标准化行政主管部门制定的工业产品的安全、卫生要求的地方标准,在本行政区域内是强制性标准。

地方标准的涵盖范围包括:工业产品的安全、卫生要求;药品、兽药、食品卫生、环境保护、节约能源、种子等法律、法规规定的要求;其他法律、法规规定的要求。制定地方标准的项目就以上述范围而又没有国家标准、行业标准的项目为限。负责制定地方标准的单位是省、自治区、直辖市的标准化行政主管部门。

4. 企业标准

企业标准是在企业范围内需要协调、统一的技术要求、管理要求和工作要求所制定的标准,是企业组织生产、经营活动的依据。国家鼓励企业自行制定严于国家标准或者行业标准的企业标准。企业标准由企业制定,由企业法人代表或法人代表授权的主管领导批准、发布。企业标准一般以"Q"为代号开头。

依据《中华人民共和国标准化法》《中华人民共和国标准化法实施条例》《企业标准化管理办法》等相关规定,需要实施企业标准化管理和制定企业标准的企业,应按照系列法律法规的要求进行管理和应用。企业标准虽然是我国标准体系中最低层次的标准,但这不是从标准的技术水平的高低来划分的。

《中华人民共和国标准化法》规定:企业生产的产品没有国家标准和行业标准的,应当制定企业标准,作为组织生产的依据。已有国家标准或者行业标准的,国家鼓励企业制定严于国家标准或者行业标准的企业标准,在企业内部适用。

企业标准有以下几种:企业生产的产品,没有国家标准、行业标准和地方标准的,制定企业产品标准;为提高产品质量和技术进步,制定的严于国家标准、行业标准或地方标准的企业产品标准;对国家标准、行业标准的选择或补充的标准;工艺、工装、半成品和方法标准;生产、经营活动中的管理标准和工作标准。

(三) 标准的制定

制定标准一般指制定一项新标准,是指制定过去没有而现在需要进行制定的标准。标准是根据生产发展的需要和科学技术发展的需要及其水平来制定的,因而它反映了当前的生产技术水平。制定一类标准的工作量最大,工作要求最高,所用的时间也较多。一个新标准制定后,由标准批准机关给一个标准编号,同时标明分类号,以表明该标准的专业隶属和制定年代。

国际标准由国际标准化组织(ISO)理事会审查,ISO 理事会接纳国际标准并由中央秘书处颁布;国家标准在中国由国务院标准化行政主管部门制定,行业标准由国务院有关行政主管部门制定,企业生产的产品没有国家标准和行业标准的,应当制定企业标准,作为组织生产的依据,并报有关部门备案。法律对标准的制定另有规定的依照法律的规定执行。制定标准应当有利于合理利用国家资源,推广科学技术成果,提高经济效益,保障安全和人民身体健康,保护消费者的利益,保护环境,有利于产品的通用互换及标准的协调配套等。

标准制定的基本原理包括统一原理、简化原理、协调原理和最优化原理。例如,统一原理就是为了保证事物发展所必需的秩序和效率,对事物的形成、功能或其他特性确定适合于一定时期和一定条件的一致规范。标准制定和立项必须满足以下条件:符合国家现行的法律法规和标准化工作的有关规定;符合国家标准的立项范围和指导原则;市场和企业急需,符合国家产业发展政策,对提高经济效益和社会效益有推动作用;政府急需,对规范市场秩序有推动作用;符合国家采用国际标准或国外先进标准的政策;同现行国家标准没有交叉;属于申报单位的业务范围;提交国家标准草案;完成期限不超过三年。

(四) 标准与技术创新的关系

标准的技术创新效应主要包括两类:一类是主张标准可以促进技术的创新;另一类则认为标准不利于技术的创新。随着以技术标准为导向的技术创新快速发展,占领标准的制高点已经逐渐成为跨国企业组织产业分工、取得国际竞争优势的重要手段。由于技术标准的重要性逐步凸显,越来越多的企业通过加入国际技术标准联盟来提升技术创新能力和获取技术领先优势。

标准有利于技术创新的原因在于以下几点:①技术标准是提供创新知识的载体。从知识论的角度来看,技术标准的本质就是知识,知识是人类对于客观世界的本质和规律性的认识。技术标准是一种具有良好共享性的社会知识资本,而且具有某种由于市场作用带来的强制性,因为企业不追随市场上实行的标准就会被挤出市场。②技术标准化是积累创新成果的载体。技术创新是突破或质变,甚至是对以往的扬弃和否定。新的变化用新的标准来体现。③技术标准是提高创新效率的载体。从技术标准的制定过程来看,标准的制定过程就是追求一致性的过程,目标就是提高经济活动的效率。技术标准在这里又给创新者准备了一个载体,可以最大程度地提高技术和产品的创新效率。④技术标准是扩散创新成果的载体。标准化的产品和零件、材料,易于形成较大的需求量,为实现集中专业化生产准备必要条件(邢素军,2010)。⑤技术标准是分工创新的动力机制。因为即使大规模企业也无法提供满足生产的所有技术,所以,企业将独立创新分解为多企业的局部创新,多家企业同步创新,然后相互构成一个完整的产业整体(曾德明,彭盾,2008)。

标准阻碍技术创新的观点,主要立足于过于严格的标准和不合时宜的标准两个方面。首先,过于严格的标准会增加科技水平较弱的公司的采纳难度,使得广大企业被排除在标准之外,从而减少了市场上加入科研行列的潜在参与者,科研行为被少数几个高端企业所垄断。其次,不合时宜的标准对于产业生命周期的影响和技术创新周期的影响往往是负面的。例如,在产业的培育初期,就不宜发布过多的、过高的行业标准而自固手脚,而是要允许和鼓励多家企业多种形式的创新活动。技术标准不利于产业技术创新的原因表现为在标准锁定效应下企业存在技术创新惰性(陶爱萍,沙文兵,2009)。

四、国内外研究总结性评述

出口管制不完全等同于禁止出口,亦不等同于出口制裁。从经济属性来看,出口管制显著地增加了契约不确定性和交易成本。[①] 本书将出口管制标准划分为三种类型:第一种为全面控制型出口管制。这类政策主要针对专有核心技术,即管制国所独有而其他国家不具备。此时,管制国对其他所有国家都进行出口限制。第二种为国别歧视型出口管制。这类政策的对象主要为一般高新技术,允许对部分国家(主要针对友好国家或盟国)自由出口,但是对其他国家(敌对国家或竞争对手国家)则采取严格的出口限制。第三种为企业歧视型出口管制。这类政策允许对取得"授权合格用户"出口相关高技术,但对没有取得授权的企业则严格限制。例如,尽管管制国对被管制国普遍实施严格的出口管制,但是对于被管制国境内的少数企业(包括外资企业),只要这些企业能够申请到授权合格用户的最终资质,仍然可以从管制国进口部分高技术产品。

---

① 2018年4月,美国政府再次对中兴通讯实施出口禁令。美国出口管制政策增加了中美贸易的不确定性和交易风险。

(一) 出口管制文献述评

美国始终将出口管制作为维护其国家安全及实现外交战略的工具(Rajeswari,2014)。其他发达国家亦是如此。例如,加拿大等国越来越执行类似于美国的出口管制,但其管制体系更为简化(Boscariol,2010)。由于各国的经济实力和政府治理能力存在较大差异(Stinnett,2011),所以,美、英、日等在对发展中国家的出口管制的执行方面存在较大差异(Pryor,2016)。

从研究内容来看,国内外学者关于出口管制的研究多集中在出口管制的效应和评价方面。从是否对技术产生影响的角度,可将出口管制效应划分为技术效应和非技术效应,前者包括技术创新和技术领先效应,后者包括安全效应、贸易效应和政策连锁效应等。从出口管制的必要性来看,学者们主要研究两个问题:一是战略性资源的出口管制与WTO的合规性问题,尤其关注稀土出口管制;二是发达国家出口管制的局限性及改进对策等。

在稀土出口管制评价方面,中国优化稀土配额有利于实现长期价值最大化(金通,2011),而实施出口管制可以促使稀土市场价格的理性回归(曾先峰,2012)。考虑到价格弹性时,稀土出口管制效应包括长期和短期两种(杜凤莲等,2014)。从全球市场来看,中国实施的稀土出口管制从数量、价格和信息等三个传导机制对国际稀土价格产生影响(姜辉,2015)。

在发达国家出口管制评价方面,英国政府和产业界普遍认为美国出口管制体系存在严重缺陷(Ito,2011)。世界多极化趋势迫使美国不再像冷战时期对待盟友和敌国那样采取明显的歧视性管制(Le,2011)。鉴于商业需求是推动技术发展的主要动力,发达国家应该简化出口管制流程和释放出口竞争活力(Wendt,2011)。由于出口管制同盟国之间的经济和技术的差异,发达国家有必要建立更加统一的出口管制体系、充分的信息共享和紧密的技术合作(Alavi,2016),并通过管制机构的改革提高出口管制的执行力(Bartlett,2016)。

从对待出口管制的立场来看,学术界存在两种截然不同的观点:一部分学者基于国家安全、技术优势和防扩散等需要,极力主张加强出口管制标准;另一部分学者基于贸易利益和产业安全视角,呼吁针对特定的产品或技术在合适的时机放松出口管制标准。持有这种观点的学者认为,提升国际市场占有率有助于推动国内的技术革新速度,通过谋求产业安全和技术领先优势有利于维护国家安全。学术界和产业界广泛认为,发达国家现有出口管制体系落后于外贸发展实践,亟须结合技术和经济发展实践进行调整。

综上所述,现有文献虽然探讨了出口管制的技术创新效应,但仍存在一些改进之处。一方面,绝大部分的研究聚焦于出口管制对管制国的产业技术创新的影响,但是对被管制国的产业技术创新活动冲击的研究尚不充分;另一方面,较少对出口管制标准的技术创新效应的实现路径进行剖析。如果已有的关于出口管制的文献关注出口管制标准"是否具有"创新效应,那么本书的边际贡献则体现在尝试从理论机理层面阐释出口管制标准"如何产生"创新效应。探明境外出口管制对本土产业技术创新的实现路径具有较强的理论和现实意义:一方面为后续学术上的经验检验提供理论支撑;另一方面可为中国调整技术创新战略和应对外国出口管制提供参考。

(二) 产业技术创新文献述评

1. 制度是影响产业技术创新的关键变量

产业技术创新受到多种因素的影响。长期以来,研发资本的投入和科技人才的培养始终是影响产业技术创新的关键因素。各国研发资源禀赋差异能够很好地解释经济增长的巨大差距。但是,随着经济社会的演化发展,具有相同资源禀赋的国家在经济发展上呈现较大的差异,尤其是完全不具备资源禀赋优势的国家可能比资源丰富国家的经济发展水平更高,日本和韩国就是典型代表。如何解释这种明显的"反比较优势"的经济发展现象成为摆在经济学家面前的重要命题。于是,制度的差异被正式纳入发展经济学的分析框架。制度质量的高低被认为是影响产业技术创新的关键变量。

制度是一种特殊的资源,具体表现如下:一是制度可以激发技术创新的活力。例如,宽松的产业政策可以鼓励实业家全身心投入生产性活动,严格的专利保护制度可以促使发明家致力于技术创新,稳定的产业政策可以减少生产和投资活动的不确定性。二是制度可以有效地调配资源。制度本身不是资源,但是高质量的制度可以有效地实现各种资源的优化配置。例如,产业发展规划可以为研发主体提供明确的资源配置方向,产业配套政策可以为资本和人才的积聚提供制度保障,产业布局结构影响着各类创新资源的配置比例等。

2. 制度影响产业技术创新的主要路径

制度影响产业技术创新的路径主要有两条:一是技术溢出路径。本土产业如果能够较方便地获得外国的技术溢出,则可以极大地提高研发效率。众多研究表明,如果要更容易获得外部的技术溢出,则应该努力提高本土的制度质量,具体包括产权保护制度、专利制度、投资制度和政策透明度等。二是贸易溢出路径。本国通过进口高技术产品,然后进行模仿创新,可以实现产业技术快速进步。学者们普遍证实了贸易溢出效应的存在性、制度质量与贸易增长的正相关性,以及贸易对产业技术创新的重要作用。

综上所述,围绕制度与创新的关系,学者们侧重于本国的制度安排如何影响本国的产业技术创新。制度对于产业技术创新的影响可以分为直接和间接两种。直接效应体现为合理的制度安排可以引导有限的资源流入最重要的创新活动中;间接效应表现为东道国合理的制度安排能够获得更多国外的技术溢出,从而推动本国的技术进步。直接效应反映了内部制度安排对内部经济活动的影响,而间接效应说明内部制度安排对外部经济活动存在影响。事实上,外部制度安排对内部产业的技术创新活动也存在显著的影响。当前,国内外学者围绕外国针对本国的出口管制如何影响本国的产业技术创新问题研究较少。

(三)标准的技术创新效应文献评述

标准对技术创新存在正向和负向两种效应。大部分学者认为,标准能够提供统一的参数和规格设置,便于各创新主体相互共享和借鉴,有利于规模化生产,从而能够对技术创新起到正向推动作用。但是,许多学者都注意到了标准化过程中产生的"锁定效应",包括对参数的锁定、工艺的锁定、结构的锁定和流程的锁定等。大多数企业就锁定的范围从事科技创新活动,缺乏到锁定范围之外的领域进行探索,从而不利于更大领域和更大范围的创新活动的开展。

(四)本研究与已有文献的联系及贡献

1. 本研究对"波特假说"进行了拓展

随着新制度经济学的兴起,众多的学者掀起了探讨制度与经济关系的研究热潮,众多研究命题中就包括"国外的环境管制如何影响出口导向型企业的技术创新"。有关环境管制的研究突破了将影响经济活动因素局限于系统内部的不足,着力于从系统外部探寻影响本国企业技术创新的相关变量。"波特假说"揭示了环境管制和技术创新的内在关联,深刻诠释了产业制度对于技术创新的重要意义。本书将"波特假说"的分析架构进行拓展，将其运用于出口管制标准的效果评判，旨在揭示外部的制度安排对本国高新产业的技术创新活动是否产生影响。

"波特假说"具有丰富的实践基础和广泛的现实意义。一方面，众多研究表明，国外苛刻的环境管制标准倒逼出口导向型企业实施技术创新，这与"波特假说"非常吻合；另一方面，因环境管制标准而导致的成本增加，促使国内以低价出口取胜的广大企业清醒地认识到转型升级的紧迫性。出口国为了满足进口国的环境管制标准，不得不提升技术研发能力，从而获得除价格以外的竞争优势。利用环境管制削弱外国出口企业的竞争实力是管制国所期望的，但由此引发被管制国奋发图强并实现技术升级却是意料之外。环境管制标准的技术创新效应与出口管制标准的技术创新效应之间存在诸多的共性。

沿着系统外部的制度安排如何对系统内部的经济活动产生影响这一命题，可将"环境管制标准对企业技术创新的影响"的分析范式用于"出口管制标准对产业技术创新的影响"的研究。这种延展具有可行性。首先，无论是环境管制标准还是出口管制标准都是作为外部变量，最终归结于外部变量如何对本国经济活动产生影响；其次，两者都立足于技术创新活动，都注重研究本土的创新能力如何随着外部制度的变化而改变；最后，目标国的技术进步都是因管制标准而导致的非预期结果，即管制国实际上是不希望出现这种结果的。但是，出口管制标准和环境管制标准对于技术创新的作用路径亦存在显著差别。首先，环境管制标准旨在限制进口，而出口管制标准旨在通过限制出口来抑制技术外溢；其次，环境管制对象大多与环境保护及生态平衡有关，而出口管制的对象多为敏感或两用物项等；最后，技术创新效应的实现路径完全相反。环境管制标准推动技术进步的路径表现为"过严的环境管制标准导致出口受限—为增加出口而主动改进技术—出口企业实现技术创新和产业结构升级"。出口管制标准的技术创新效应的实现路径为"过严的出口管制标准导致不能进口—提高自主研发以摆脱对国外的技术依赖—减少从国外的高技术产品的进口"。

2. 本研究进一步丰富了出口管制标准的技术效应

已有文献在研究出口管制标准的技术效应时主要侧重技术领先效应和技术创新效应，解答的科学问题包括出口管制是否能够保持技术领先优势，以及出口管制是促进还是抑制管制实施国的产业技术创新能力。研究的视角大多聚焦于发达国家,例如美国、日本和欧美等国家和地区。本书在以下两个方面进行了拓展。

在探讨出口管制标准的技术效应时,对研究视角进行了反转,即不再关注出口管制标准对管制国的产业技术创新的影响,而重点探讨对被管制国的相关产业的技术创新的冲击。前文将第一种界定为反向技术效应,而将第二种界定为正向技术效应。

在出口管制标准技术效应的研究深度上更进一步,即已有研究主要探究出口管制标准是否对产业技术创新产生影响,而本书不仅关注技术效应的存在性,而且还重点研究其实现路径,并从技术创新模式选择、技术引进路径和创新资源配置等三条路径探讨外国出口管制标准"是否"以及"如何"对本国高新产业的技术创新产生影响。

五、出口管制标准的研究意义

(一) 理论意义

制度在技术创新活动中发挥着至关重要的作用。旧制度经济学派和新制度经济学派均重视制度质量对于经济活动的显著影响。优质的制度会促使更多资源投入生产性活动,而劣质的制度则鼓励投机、寻租、攫取他人财富等非生产性活动。"波特假说"指出,"恰当的环境管制标准可以激发被管制企业的技术创新"。如果将上述研究范式应用于出口管制标准,是否存在"境外高技术出口管制标准可以激发本土被管制的产业实施技术创新"。[①]

这种从环境管制标准到出口管制标准的"由此及彼"的推论至少存在以下几方面的合理性。首先,无论是环境管制还是出口管制都会对相关产业的经济活动造成额外的成本,前者提高了企业的排污成本及环境治理成本,而后者则直接增加了产业的技术引进难度及成本;其次,在企业微观层面的创新激励方面,严格的环境管制标准会敦促企业进行生产工艺的革新,在产业中观层面的创新驱动方面,境外严格的出口管制标准会推动本土产业萌生奋发图强的潜在激励;最后,环境管制标准和出口管制标准均增加经营活动的不确定性。无论环境管制政策还是出口管制政策均会随着时间的推移或者经济大环境的变化而不断改变,这必然增加生产和经营活动的不

---

① Jaffe 和 Palmer 将波特假说划分为"弱式""狭义"和"强式"三种类型。

确定风险。

可见,将出口管制标准与产业技术创新置于同一分析框架,既是对波特假说的应用和拓展,也可在理论上丰富出口管制效应的研究边界,为产业技术创新理论探寻新的解释变量。

(二) 现实意义

中国正处于民族复兴和经济崛起的关键时期,亟须打破少数西方发达国家的技术封锁,以提升高新产业的技术创新能力。所以,探究外国对华出口管制的技术创新效应的实现路径,对于中国有效应对外国出口管制和加快技术赶超具有十分重要的现实意义。

首先,跨越外国高技术出口管制的障碍和推动高新产业的自主创新能力的提升是产业转型升级的必由之路,更是发展战略性新兴产业急需突破的瓶颈。探究出口管制标准的技术创新效应的实现路径,目的在于借助西方国家在对华高技术出口管制标准上可能存在的松动,开辟新的替代性技术引进通道,或通过自主创新能力的提升迫使发达国家放松出口管制,进而从国外获得更多的技术溢出。

其次,出口管制标准强度的变化必然会影响技术溢出路径以及技术引进成本的改变。不难发现,中国能否正确处理"技术引进"和"自主研发"的关系事关经济增长的效率,具体原因如下。

以国外放松高技术出口管制标准为例,由于管制标准较松,所以技术引进的成本相对较低,自主研发带来的大量沉淀成本和成功的不确定性会推动更多的资源用于技术引进。一旦国外重新加强出口管制,则引进国由于存在严重的技术依赖,从而致使谈判能力急剧下降,输出国会借机抬高价格,此时,该国具有自主研发的激励。长期技术引进致使自主研发基础设施较差,研发人才储备不足,鼓励研发的制度落后等,由此导致自主研发成本巨大和周期漫长。巨大的技术差距和严重的技术依赖为管制国实施高技术出口管制增加了谈判筹码。发达国家凭借出口管制向发展中国家攫取更多的经济、政治、军事和外交等利益。

以国外加强高技术出口管制标准为例,技术引进的成本因管制而快速上升,致使被管制国相关产业实施自主研发更具效率。于是,被管制国积极制定完备的鼓励研发及创新的制度,将创新资源更多地投入到相关高技术研发领域,自主研发能力由此大幅提高。但是,当被管制国自主研发能力显著改善时,由于技术差距的缩小,或者替代技术的出现,抑或出现出口管制失效,管制国的原有管制标准越来越滞后,此时,放松或调整出口管制标准成为必然趋势。在长期形成的自主研发的惯性驱动下,被管制国容易忽视管制强度调整带来的技术溢出松动,从而错失利用外部技术溢出提升自主研发效率的时机。

综上所述,过度技术依赖容易被他国控制,不利于构建自主研发体系,而过度自主研发则容易忽视对外国技术溢出的吸收,不利于提升技术创新效率。中国究竟是更多依赖自主研发,还是更多依靠技术引进,归根结底涉及"经济利益"和"非经济利益"的取舍与博弈。如果更多关注研发成本和技术时效,则必然倾向选择技术引进;如果更多考虑长远发展战略,则需要鼓励自主研发。但是,当高新产业受到有限理性和信息不充分制约时,国家需要适时引导相关产业根据长远发展目标的需要制定有利于"技术引进"和"自主创新"的协调发展机制。例如,在外国放松出口管制时,给本土相关产业提供研发补贴,而在国外加强出口管制时,除了鼓励原始创新和自主创新外,更要制定技术引进的便利化政策安排,或者直接给予技术引进补助等。

可见,研究管制国的出口管制标准对被管制国的产业技术创新的影响,有利于被管制国科学制定研发鼓励政策、优化技术投入资源和提高技术引进效率,从而为构建针对少数发达国家的反制措施和促进高新产业的健康发展提供政策建议。

第二章 出口管制标准对产业技术创新的作用机理

本章基于管制国出口管制动机与被管制国高新产业技术创新能力持续提升等现象,运用市场失灵、波特假说和制度经济学关于创新的诸多论断,从理论上剖析管制国出口管制标准变动如何对被管制国高新产业的技术创新产生影响。运用动态博弈模型和纳什均衡解模拟出口管制标准波动和产业技术创新投入之间的动态演进关系。从倒逼、引导、抑制和管制失效等四种情形剖析出口管制标准对产业技术创新的影响机制。

第一节 出口管制标准调整与产业技术创新成果

一、中国技术创新的标志性成果

少数发达国家长期对华实施严格的高技术出口管制标准。该政策未能真正阻止我国在若干高技术领域取得巨大突破。20世纪六七十年代,我国"两弹一星"科技成果就是在外国对华严格的高技术封锁期间取得的。近年来,我国在载人航天、高铁和导航等领域的技术突破也是在遭受少数发达国家对华严格歧视性技术出口管制背景下取得的。我国在高新产业的标志性技术创新成果不断增多(见图2-1)。

我国的高新产业尽管长期遭受严格的出口管制标准限制,但其技术创新能力仍然得到显著增强。尽管如此,中国的技术创新效率及革新速度还是因为管制国苛刻的出口管制标准而受到巨大影响。例如,2013年我国虽

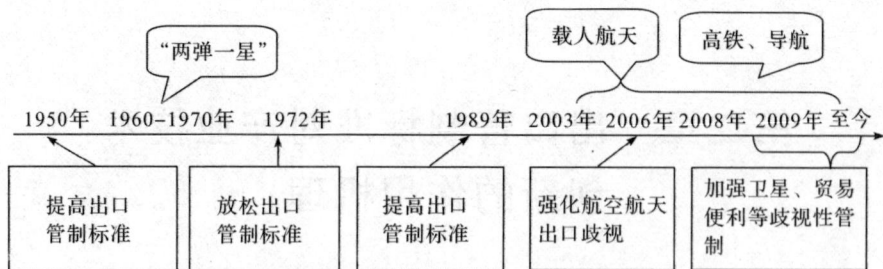

图 2-1 我国遭受的出口管制与高新产业标志性成果

然独立掌握月球软着陆技术,但该成果与美国 1964 年发射"徘徊者"6 号相差 50 年,与苏联 1976 年发射"月球"24 号相距 38 年。

二、出口管制标准与技术需求缺口

管制国出口管制虽然不能阻止被管制国高新产业技术进步的步伐,但是加剧了被管制国对高新技术的需求缺口。我国同其他广大的发展中国家及落后国家一样,在经济复苏和国家振兴之际,急需引进大量先进技术和关键设备。外国苛刻的技术出口管制标准阻断了国际技术向我国溢出的通道。我国从大国向强国迈进的过程中,与国外的技术关系已经发生了根本性转变。如果将改革开放初期的技术关系定义为以市场换技术的"依附关系",那么,当前则更多地体现为以产业链分工获得技术溢出的"合作关系"。随着我国在高科技领域的研发能力的逐步增强,这种关系必将逐步演化为技术上的"竞争关系"。我国经济越发达、技术创新能力越强,则越难从发达国家获得高新技术。届时,我国迫切引进技术与管制国严格管制技术输出的矛盾将愈演愈烈。

如何在外国对华高技术出口管制标准日趋严格、本土经济高速发展对高技术需求日益迫切、国内创新资源相对匮乏、高新产业技术创新能力相对不足等多重约束下,探明出口管制标准的产业技术创新效应的实现路径,规避外国出口管制给本土高新产业技术创新造成的负面效应,发挥出口管制标准倒逼高新产业技术创新的逆向激励,成为我国实施技术追赶和超越进程中亟须破解的科学问题。

第二节　出口管制标准与产业技术创新的动态演进

一、出口管制标准与产业技术创新的关系

(一) 管制国内部的动态演进

管制国内部在调整出口管制标准时,主要考虑预期管制目标的达成情况。出口管制标准往往不能达成预期目标,具体原因如下:一是管制标准过时。被管制国通过技术模仿或自主研发等,掌握了先进的技术,从而使得原有的管制标准滞后于现实的技术水平,管制国不得不调高管制标准;二是技术领先优势受到挑战。严格的出口管制标准抑制了高新产业再创新的活力和动力,缺乏产业化和规模化的生产优势,使得管制国逐步丧失在国际上的技术领先优势。如果以维护国家安全为主旨的出口管制损害了经济安全,而经济安全又反过来危及国家安全时,原有的出口管制标准就需要进行调整。

(二) 管制国与被管制国之间的动态演进

随着时间的推移,限制出口的物项可能调至允许出口的范畴。事实上,出口管制标准的波动既取决于国际政治关系演变,又受到管制国与被管制国之间经济和技术差距的影响。当国际关系趋于缓和,放松出口管制标准成为大势所趋,反之则提升出口管制标准。此外,当管制国与被管制国之间技术差距过大或过小时,出口管制标准就趋于严格,原因如下:一是技术差距较大时,技术领先国可通过严格的出口管制标准迫使被管制国做出让步,以技术换取更多的资源或更大的市场;二是当技术差距较小时,保持技术领先优势成为管制国追求的首要战略目标,此时针对敏感和核心技术的出口管制标准就非常严格。

境外出口管制标准随着本土产业技术创新能力的变化而呈现"严格—宽松—严格"的演进路径。当本土产业技术创新能力较弱时,技术领先国和引进国属于"依附关系",此时出口管制标准很严,管制国通过提高技术输出门槛从被管制国获得更多的资源和市场利益。但当技术落后国不断缩小技术差距,领先国与引进国之间的关系由此转为"合作关系"时,领先国放松管

制标准有利于共享技术成果。而当落后国通过"技术追赶"实现"技术超越"时,"合作关系"演变为"竞争关系",原技术领先国会不遗余力地通过"技术遏制"或"技术封锁"来提升高技术出口管制标准。

上述演进路径蕴含着出口管制标准与产业技术创新之间的"双倒逼"机制:一方面,管制国严格的出口管制标准会激发被管制国高新产业的研发热情,从而倒逼高新产业实施自主创新;另一方面,被管制国的技术革新会倒逼管制国调整出口管制标准。例如,由于我国计算机运行速度不断提高,西方发达国家原有的电脑出口管制标准已经过时,所以,自2001年开始部分发达国家逐步放宽对华电脑出口管制标准。

二、出口管制标准与产业技术创新的博弈

(一) 管制国的出口管制标准决策模型

管制国实施出口管制的目标之一就是保持竞争优势,进而追求长期的经济利益。但出口管制往往损害了高新产业的当期经济利益。假定被管制产业的当期收益函数为

$$e = Q \cdot D \qquad (2-1)$$

式(2-1)中,Q表示出口数量,是管制标准强度的减函数。管制标准强度可以用(1-Q)或者$1/Q$表示。D表示技术差距,是管制标准强度的增函数。未来的总收益函数E可以表述为

$$E = \int_{t=0}^{T} Q \cdot D \cdot e^{-rt} \, dt \qquad (2-2)$$

将总收益最大化,可以得到管制国的出口管制标准的决策函数为

$$\max_Q E = \max_Q \int_{t=0}^{T} Q \cdot D \cdot e^{-rt} \, dt \qquad (2-3)$$

式(2-3)表明管制国为了保持一定的竞争优势和实现收益最大化,可以有两种决策:一是提升技术领先水平,拉大两国技术差距;二是控制对被管制国高技术出口数量Q。竞争优势的外在表现为价格优势,内在表现为技术差距。D是对被管制国高技术出口量Q的减函数,也是进口国自主研发能力R的减函数,故函数形式为

$$D=D(R,Q) \quad \frac{\partial D}{\partial Q}<0, \frac{\partial D}{\partial R}<0 \qquad (2-4)$$

式(2-4)中,R 是研发投入 I 的增函数,出口管制标准强度的减函数,或是 Q 的增函数,具体函数为

$$R=R(I,Q), \frac{\partial R}{\partial I}>0, \frac{\partial R}{\partial Q}>0 \qquad (2-5)$$

(二)被管制国的产业技术创新模型

被管制国在某项高新产业的创新成本由进口成本和自主研发成本构成。

$$c=k \cdot Q \cdot D+I \qquad (2-6)$$

式(2-6)中,k 为贸易成本,即进口带来的贸易损失。被管制国高新产业的技术创新的总成本函数为

$$C = \int_{t=0}^{T} (k \cdot Q \cdot D+I) \cdot e^{-rt} \mathrm{d}t \qquad (2-7)$$

被管制国高新产业技术创新的决策函数可表述为

$$\min_{I} C = \min_{I} \int_{t=0}^{T} (k \cdot Q \cdot D+I) \cdot e^{-rt} \mathrm{d}t \qquad (2-8)$$

式(2-8)表明在出口管制背景下,被管制国通过调整研发强度,控制科研投入 I,在提升自主研发能力的同时,实现技术创新成本的最小化。

自主研发能力函数为 $R=R(I,Q)$,当仅考虑研发投入变量,则可简化为

$$R = R(I) = \int_{t=0}^{T} f(I,t) \mathrm{d}t \qquad (2-9)$$

此外,假设研发投入具有边际递增产出

$$R = R(I) = \int_{t=0}^{T} I(t)^2 \mathrm{d}t \qquad (2-10)$$

(三)管制国与被管制国的博弈模型

通过如上分析,可构建管制国出口管制标准与被管制国高新产业技术

创新的下列博弈：管制国对被管制国实施严格的出口管制标准，控制出口数量，以保持竞争优势和实现收益最大化。被管制国依据管制国出口管制标准强度的变化，调整科研投入强度，实现产业技术创新的成本最小化。

管制国的决策函数为

$$\max_Q E = \max_Q \int_{t=0}^{T} Q \cdot D \cdot e^{-rt} \, \mathrm{d}t \qquad (2-11)$$

被管制国的决策函数为

$$\min_I C = \min_I \int_{t=0}^{T} (k \cdot Q \cdot D + I) \cdot e^{-rt} \, \mathrm{d}t \qquad (2-12)$$

两国的技术差距函数可以用以下几种形式表述。

$$D = D(R, Q) = (1-R) \times (1-Q)$$

$$D = D(R, Q) = \frac{(1-Q)}{R}$$

$$D = D(R, Q) = \frac{(1-R)}{Q}$$

$$D = D(R, Q) = \frac{1}{RQ} \qquad (2-13)$$

又由于 $R = I^2 \times Q$，将其代入式（2-13），可得

$$D = (1-R) \times (1-Q) = (1 - I^2 \times Q) \times (1-Q) \qquad (2-14)$$

管制国的决策函数改写为

$$\max_Q E = \max_Q \int_{t=0}^{T} Q \cdot D \cdot e^{-rt} \, \mathrm{d}t$$
$$= \max_Q \int_{t=0}^{T} Q \cdot (1 - Q \cdot I^2) \cdot (1-Q) \cdot e^{-rt} \, \mathrm{d}t \qquad (2-15)$$

被管制国的决策函数改写为

$$\min_I C = \min_I \int_{t=0}^{T} (Q \cdot D + I) \cdot e^{-rt} \, \mathrm{d}t$$
$$= \min_I \int_{t=0}^{T} \left[k \cdot Q \cdot (1 - Q \cdot I^2) \cdot (1-Q) + I \right] \cdot e^{-rt} \, \mathrm{d}t$$

$$(2-16)$$

1. 管制国出口管制标准数量保持不变

由于假设出口管制标准数量 Q 不随时间变化，即 $\dfrac{\mathrm{d}Q}{\mathrm{d}t}=0$，将管制国和被管制国的决策函数进行如下转化。

管制国的决策函数为

$$\max_Q E = \max_Q \int_{t=0}^{T} Q \cdot (1 - Q \cdot I^2) \cdot (1 - Q) \cdot e^{-rt}\,\mathrm{d}t$$

$$= \max_Q Q \cdot (1 - Q) \int_{t=0}^{T} (1 - Q \cdot I^2) \cdot e^{-rt}\,\mathrm{d}t$$

（2-17）

被管制国的决策函数为

$$\min_I C = \min_I \int_{t=0}^{T} \big[k \cdot Q \cdot (1 - Q \cdot I^2) \cdot (1 - Q) + I \big] \cdot e^{-rt}\,\mathrm{d}t$$

$$= \min_I Q \cdot (1 - Q) \int_{t=0}^{T} k \cdot (1 - Q \cdot I^2) \cdot e^{-rt}\,\mathrm{d}t + \int_{t=0}^{T} I \cdot e^{-rt}\,\mathrm{d}t$$

（2-18）

上述模型涉及积分和函数动态，求解相当困难，所以需要进一步简化。

2. 被管制国产业研发投入保持不变

当被管制国的产业研发投入 I 不随时间变化时，即 $\dfrac{\mathrm{d}I}{\mathrm{d}t}=0$，被管制国和管制国的决策函数可重写如下。

管制国的决策函数为

$$\max_Q E = \max_Q \int_{t=0}^{T} Q \cdot (1 - Q \cdot I^2) \cdot (1 - Q) \cdot e^{-rt}\,\mathrm{d}t$$

$$= \max_Q \big[Q \cdot (1 - Q \cdot I^2) \cdot (1 - Q) \big] \int_{t=0}^{T} e^{-rt}\,\mathrm{d}t$$

（2-19）

由于决策变量不随时间变化，$\int_{t=0}^{T} e^{-rt}\,\mathrm{d}t$ 可看作常数，接下来可以对决策函数做优化分析。

$$\frac{dE}{dQ} = \frac{d\left[Q \cdot (1 - Q \cdot I^2) \cdot (1 - Q)\right] \int_{t=0}^{T} e^{-rt} dt}{dQ}$$

$$= \frac{d\left[Q - Q \cdot (1 + I^2) + Q^3 I^2\right] \int_{t=0}^{T} e^{-rt} dt}{dQ} \tag{2-20}$$

$$= \left[1 - 2Q \cdot (1 + I^2) + 2Q^2 I^2\right] \int_{t=0}^{T} e^{-rt} dt$$

最优点为 $\dfrac{dE}{dQ} = 0$，可得 $1 - 2Q \cdot (1 + I^2) + 2Q^2 I^2 = 0$，从而求得

$$Q = \frac{(1 + I^2) \pm \sqrt{(1 + I^2)^2 - 2I^2}}{2I^2} \tag{2-21}$$

舍弃无经济意义的解，得到管制国出口管制标准强度(Q)与被管制国高新产业自主研发投入力度(I)的关系如图 2-2 所示。

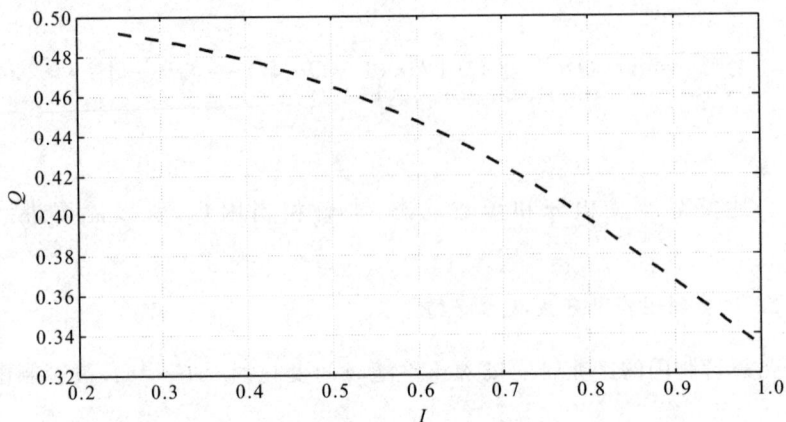

图 2-2　出口管制标准强度对研发投入的反应

图 2-2 说明随着被管制国高新产业的自主研发投入的加大，管制国对被管制国出口管制标准会更加严格。当被管制国在前沿技术领域不断取得突破时，与被管制国在国际市场上关于市场份额的争夺和技术制高点的抢占将日趋激烈，管制国就会更加强化对被管制国歧视性的出口管制。

被管制国高新产业的决策函数为

$$\min_{I} C = \min_{I} \int_{t=0}^{T} \left[k \cdot Q \cdot (1 - Q \cdot I^2) \cdot (1 - Q) + I\right] \cdot e^{-rt} dt$$

$$= \min_I \left[k \cdot Q \cdot (1 - Q \cdot I^2) \cdot (1 - Q) + I \right] \int_{t=0}^{T} e^{-rt} \, \mathrm{d}t \tag{2-22}$$

$$\frac{\mathrm{d}C}{\mathrm{d}I} = \frac{\mathrm{d} \left[k \cdot Q \cdot (1 - Q \cdot I^2) \cdot (1 - Q) + I \right] \int_{t=0}^{T} e^{-rt} \, \mathrm{d}t}{\mathrm{d}I}$$

$$= \frac{\mathrm{d} \left[k \cdot (Q - Q^2) \cdot (1 - Q \cdot I^2) + I \right] \int_{t=0}^{T} e^{-rt} \, \mathrm{d}t}{\mathrm{d}I} \tag{2-23}$$

$$= \left[-k \cdot (Q - Q^2) \cdot 2Q \cdot I + 1 \right] \int_{t=0}^{T} e^{-rt} \, \mathrm{d}t$$

最优点 $\dfrac{\mathrm{d}C}{\mathrm{d}I} = 0$ 时，可得 $k \cdot (Q - Q^2) \cdot 2Q \cdot I + 1 = 0$，求解可得

$$I = \frac{1}{k \cdot (Q - Q^2) \cdot 2Q} \tag{2-24}$$

式（2-24）表明，被管制国高新产业自主研发投入力度（I）和管制国出口管制标准强度（Q）相关（见图 2-3）。

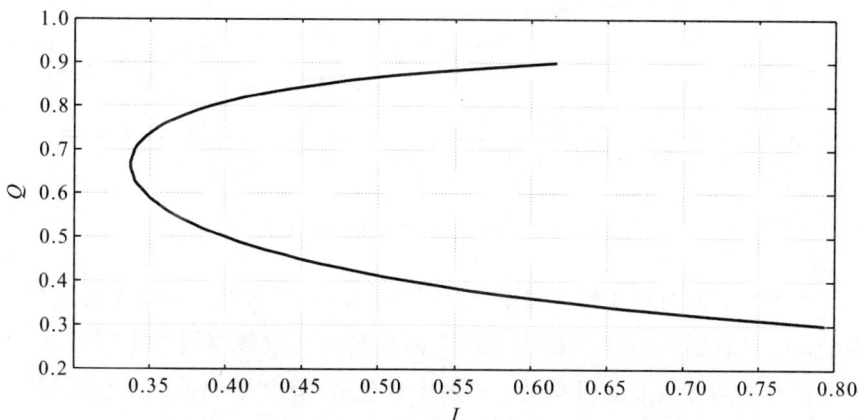

图 2-3 产业研发投入对出口管制标准强度的反应

图 2-3 表明，管制国出口管制标准强度较大情形下，被管制国高新产业为了提升技术水平，需要加大自主研发投入。而当管制强度较小，进口量很大，被管制国从经济安全的角度考虑也要加大研发力度。在管制国严格管制和宽松管制两种标准之间，被管制国高新产业始终存在一个最低的研发

投入点。

由此可见,管制国的出口管制标准与被管制国的高新产业的自主研发是一个动态博弈的过程。管制国根据被管制国高新产业的研发力度来决定出口管制的标准,而被管制国高新产业则根据管制国出口管制的标准来决定研发投入力度。双方博弈存在如下的纳什均衡。

$$\begin{cases} Q = \dfrac{(1+I^2) - \sqrt{(1+I^2)^2 - 2I^2}}{2I^2} \\ I = \dfrac{1}{2Q(Q-Q^2)} \end{cases} \quad (2-25)$$

方程组(2-25)的解即为博弈的纳什均衡,图2-4的交点即为纳什均衡点。

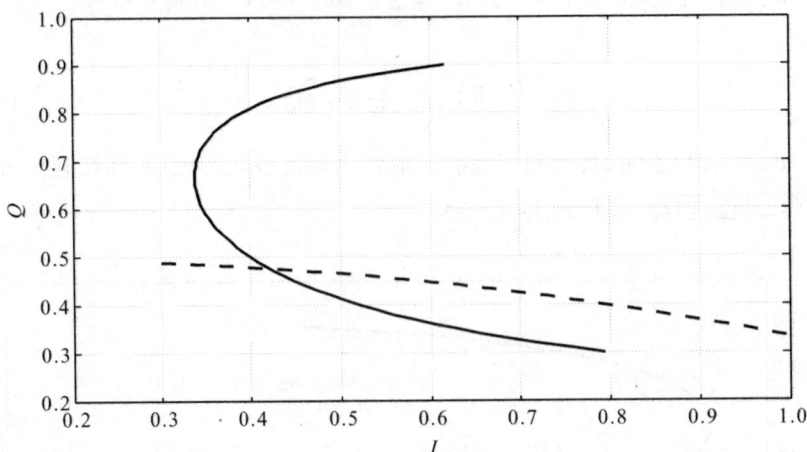

图 2 - 4　出口管制博弈的纳什均衡

上述博弈分析至少蕴含以下几个结论:第一,管制国出口管制标准的调整会冲击被管制国高新产业研发投入的数量。当被管制国在不同行业、不同区位和不同方式上的研发投入量发生变化时,就会影响到技术创新模式、技术引进路径和资源配置方式;第二,被管制国研发投入水平会反过来冲击管制国的出口管制标准。被管制国研发投入水平较高时,对应的管制国出口管制水平可能较严,也可能较松;第三,对于被管制国而言,过高的研发投入和过低的技术或产品进口不利于提高研发效率。对于管制国而言,过低或过高的管制标准都将激发被管制国加大研发投入力度。所以,两国都在寻求最优的博弈均衡点。

三、动态博弈模型的应用与拓展

在上述模型中,管制国的调控变量为高技术出口量或出口管制标准强度(Q),被管制国的应对策略变量为研发投入水平(I)。可见,管制国出口管制和被管制国高新产业技术创新的最终结果演变为出口管制标准强度(Q)和研发投入力度(I)的博弈。

(一)出口管制标准强度/出口量(Q)的决定

管制国调整出口管制强度最直接的表现就是控制高技术出口量(Q),具体手段包括限制许可证发放的数量,增列高技术出口管制项目清单,加大技术输出的难度,提高敏感物项输出的违约处罚力度等。

1. Q 趋于零的情形

当管制国高技术出口量为零时,此时,出口管制标准是最严的。出现这种情形一般都是基于特定的历史背景。例如,在战争期间,交战国之间往往相互实施全面高技术封锁和禁运。在这个阶段,任何一个国家都很难从对方国家获得高新技术和产品。本书将这类管制标准界定为全面控制型出口管制。

2. Q 逐步增加的情形

Q 的增加表明出口管制标准趋于放松。这种情形往往出现在两国关系缓和时期。随着外交关系的缓和与改善,两国民间的贸易和技术交流活动逐步解冻和活跃,在高技术领域的相互出口明显增加。尽管如此,技术领先国仍然在关键领域和核心技术上保持谨慎和管制。

外国增加本土高技术出口具有特定的目的。一是满足外资企业参与竞争的需要。这类企业要获得显著竞争优势,就必须依赖母国的独特技术领先优势,所以,这类高技术仅仅限于外资企业内部的跨国转移。二是符合跨国公司的利益诉求。从全球价值链和国际分工视角来看,跨国企业必须将特定的高新技术布局于东道国境内的分公司或子公司。虽然外国对本土的高技术出口 Q 大幅度增加,但是本土企业获得的技术溢出非常有限,这是因为发达国家采用最终用途和用户制度将本土的国有或内资企业等排除在外。只有外资企业或盟友国家的企业能够获得来自管制国充分的技术输出。本书将这种类型的出口管制标准界定为企业歧视型出口管制。

3. Q 逐步下降的情形

Q 的下降表明出口管制标准趋于严格。近年来,随着新兴经济体的国力崛起和技术创新能力提升,少数发达国家越来越强化对这些发展中国家的歧视型管制措施,不仅在卫星等航天领域严格禁止与被管制国家合作,还在诸多贸易便利措施方面将被管制国家排除在外。与此同时,少数发达国家对其盟国或友好国家则放宽出口管制标准。本书将这种类型的管制标准界定为国别歧视型出口管制。

(二) 高新产业研发投入(I)的决定

被管制国高新产业依据管制国的出口管制强度对研发投入(I)做出适时调整。第一,总量规模的调整。具体表现为,当放松(加强)出口管制标准时,被管制国高新产业降低(增加)研发投入规模,加大(减少)高技术的引进规模。第二,投入结构的调整。具体表现为,对研发投入方向、区位及方式等做出及时变更。

1. 研发投入(I)的方向属性-技术创新模式

研发投入的方向受到创新战略的影响,而一国创新战略又受到特定历史条件的制约。当管制国对被管制国采取全面控制型出口管制标准时,被管制国高新产业很难从管制国获得关键技术或设备的进口。这必然倒逼被管制国的高新产业将研发投入的方向聚焦于自主研发为主要特征的内部依赖型创新模式。用于"从外国的技术引进"或"与外国的科研合作"的资本量必然只占很小的比重。所以,研发投入(I)的方向决定被管制国的高新产业的技术创新是属于内部依赖模式还是外部依赖模式。由于内部依赖模式和外部依赖模式的创新效率存在差异,所以,出口管制标准潜在地影响到技术创新模式的选择,进而冲击高新产业的技术创新效率。

2. 研发投入(I)的区位属性-技术引进路径

并非所有技术发达国家都实施与管制国同等严厉程度的高技术出口管制措施。所以,被管制国的高新产业可以避开管制国的出口管制壁垒,从管制相对宽松的国家或地区引进技术。此外,管制标准越宽松,则被管制国的高新产业将更多的资本用于从该国或地区引进高新技术或产品。在遭受出口管制时,被管制国研发资本(I)投入的区位选择日趋多样化,即技术引进路径更加多样性。管制国出口管制标准的变化不仅引起被管制国技术引进路径数量的增多,而且还致使技术引进路径的构成发生变化,最终出现显著的路径漂移。

3. 研发投入(I)的方式选择–创新资源配置

科研资本以何种方式投入到创新实践受到企业性质的影响。管制国对具有国际化背景的产业和本土产业实施歧视性的出口管制标准待遇,前者更容易获得最终用户和用途证明,后者则受到管制国歧视性的管制。由于出口管制的限制,享有管制国优惠管制待遇的产业更具有全球范围配置创新资源的能力,所以,在研发投入方式上可将更多的资本用于技术引进和消化吸收。而遭受管制国歧视管制标准待遇的本土化越强的高新产业则将研发资本更多地投入技术改造和购买国内技术。可见,管制国出口管制标准的变化会冲击被管制国境内不同性质的产业在创新资源配置上呈现差异。

接下来,本书将分别从创新模式、引进路径和资源配置等三个维度分析管制国不同的出口管制标准对被管制国的高新产业技术创新的影响路径。

第三节　出口管制标准对产业技术创新的影响路径

一、产业技术创新效应的作用机制

境外出口管制对本土产业技术创新存在正面、负面和零和等三种影响。这些影响可以在不同的作用机制下得以实现。归纳来看,出口管制的技术创新效应的实现机制主要包括倒逼机制、引导机制、抑制机制和管制失效等四个层面。

从倒逼机制来看,境外针对本土的出口管制往往会激发本土产业奋发图强,进而促进产业技术创新能力的提升。例如,境外出口管制标准越严,则本土相关产业自主研发的激励越大,从而越有可能实现更快速度的技术进步。

从引导机制来看,技术革新往往遵循一定的逻辑规律和潜在路径,技术领先国在科学道路上的探索轨迹,可以作为技术落后国家科技进步的方向。管制国设置的管制清单及技术标准,虽然能够为管制当局提供清晰的操作指南,但是不可避免地为被管制国家提供科研投入指南及重大科研攻关的方向。可见,发达国家在某个领域加强管制,被管制国家就重点扶持在该领域的技术创新,从而少走弯路。

从抑制机制来看,管制国加强或放松管制标准均有可能阻碍被管制国产业技术研发能力的提升。从放松出口管制标准的视角来看,技术落后国家由于很容易从发达国家获得先进技术,故而引进技术相比自主研发更具成本优势,被管制国加大对技术领先国的技术依赖,最终疏于自主研发体系的构建。从加强出口管制标准的视角来看,被管制国不能很方便地引进国外技术,从而对其技术创新具有较强的抑制效应。

从管制失效来看,管制联盟成员国并非都严格遵守共同的管制协议,一旦某个或某几个实施国打破管制规定,私自向被管制国输出受限技术,则被管制国的产业技术创新能力会得到显著提升。[①] 另外,即使管制联盟成员国不存在背叛,也会推动替代技术的研发和扩散。一旦被管制技术发生扩散,或者替代技术开始出现,则原有的高技术出口管制措施便失去效用。

二、产业技术创新效应的实现路径

出口管制标准的产业技术创新效应的实现路径主要体现在改变技术创新模式、扭曲技术引进路径、改变技术创新资源配置等,最终影响被管制国的高新产业的技术创新效率。

(一) 全面控制型出口管制与产业技术创新模式选择

高新产业的技术创新模式包括自主、模仿和合作创新等。技术创新模式的选择受到经济发展所处阶段的制约。[②] 例如,韩国在其经济复苏阶段就选择典型的"从模仿到创新"的技术战略(Kim,1997)。此外,基础研究能力和内外部制度安排对产业技术创新模式的选择也具有重要影响。

1. 自主创新和模仿创新结合阶段

当经济发展落后、基础研究能力较弱时,管制国严格的高技术出口管制推动被管制国选择自主创新和模仿创新结合的方式,原因在于国内外技术差距过大使得学习和吸收能力有限,进而模仿外国技术的难度加大,此时,加大自主研发力度有助于建立基础科研平台和培养技术人才。例如,发展

---

① 诺贝尔经济学奖获得者乔治·施蒂格勒提出的"政府管制俘虏理论"可以很好地解释出口管制失效情形。
② 参见阿伯纳赛与厄多伯克的技术创新动态模型(U-A 模型)。

中国家在崛起之初,由于西方国家实施严格技术封锁,发展中国家唯有大力推进自主研发才可以满足技术需求。

2. 模仿创新转向合作创新阶段

当经济逐步复苏后,基础研究能力得到较大提高,发展中国家开始由模仿创新向合作创新转变。这是因为:一方面,基础研究能力的提升缩小了国内外技术的差距,使得学习和模仿国外技术更加容易;另一方面,开放经济条件下,外国的技术和产品溢出相对变得容易。发展中国家在融入全球化过程中,技术领先国适度放宽出口管制标准,"以技术换资源"和"环境污染产业大转移"推动西方国家大量 FDI 进入发展中国家。此时,模仿创新和合作创新在发展中国家高新产业中占据重要地位。

3. 合作创新回归自主创新阶段

当发展中国家的经济实力逐步增强以及国内外技术差距逐步缩小时,自主创新又占据主导地位。此时,国际技术关系由"技术依赖""技术合作"转向"技术竞争"。国际高端技术产品竞争激烈,亟需提升自主研发水平(毛蕴诗,2006)。

综上所述,管制国出口管制标准波动潜在地影响着被管制国的高新产业的技术创新模式的选择。在放松管制期,模仿创新和合作创新的模式成为首选。在加强管制期,被管制国的高新产业被逼走上自主创新之路。

(二) 国别歧视型出口管制与产业技术引进路径选择

管制国出口管制标准推动被管制国高新产业的技术引进路径在空间上具有多维性,在形式上具有多样性,在程序上具有复杂性。被管制国的高新产业的技术引进路径不断地随管制国出口管制标准波动而做出适应性调整,表现为在不同历史时期具有不同的路径。

1. 1949 至 1990 年的技术引进路径

基于"一边倒"和"巴统对华技术封锁"的背景,中国在 1950 至 1959 年间的技术引进路径主要来源于苏联和东欧国家。[①] 1960 至 1971 年中国开始从日本、英国、法国、意大利和联邦德国等引进技术。1972 至 1988 年中国引进西方先进技术的步伐加快。1989 年少数西方发达国家重新加强对华出口管制,

---

① "一边倒"是指新中国在国际斗争中坚定地站在以苏联为首的社会主义阵营一边。

该政策极大地影响了我国的引进技术的速度和规模。

2. 1991 至 1999 年间的技术引进路径

从技术引进合同数量来看,中国技术引进的主要来源地依次是美国、日本、德国、意大利、法国和英国等,其中德国、意大利、法国和英国在中国高新产业引进技术的份额逐步下降。

3. 2005 至 2011 年的技术引进路径

从技术引进的合同数量占比来看,日本是中国最大的技术引进来源国,在此期间的平均比值高达 24.03%,远超过美国的 15.99% 和德国的 11.61%。韩国超越法国、英国和意大利成为重要对华技术输出国。

从技术引进的合同金额占比来看,美国、日本和德国居前三位,所占比例的均值依次为 22.50%、18.57% 和 14.29%。其中,美国的比值呈现逐年上升趋势,而日本和德国的比值不断下降。

从单个技术的合同规模来看,中国自韩国引进的单项技术规模最大。此外,中国自美国引进的单项技术规模亦大于自日本引进的技术合同规模。

综上所述,受出口管制标准变动的影响,外国对华技术溢出的路径发生了显著的漂移,表现为:新中国成立初期中国的技术引进主要依赖苏联;20 世纪 60 年代转向日本及少数欧洲国家;20 世纪末除了传统的美、日、欧等地区外,香港成为内地重要的技术来源地;进入 21 世纪以来,美国虽仍为中国主要的技术引进国,但是来自欧洲国家及日本等国的技术不断对美国技术形成冲击,韩国与中国的技术贸易得到较快增长。在出口管制的法律效力方面,由于美国既强调对本土相关技术和产品的出口限制,又主张对所辖技术和人的域外管辖权,故而延长并扭曲了中国技术引进的路径:一是地理路径上由美国向其他国家或地区漂移;二是形式路径上表现为由"直接技术输出"转变为"间接技术溢出";三是程序路径上耗时更多,受许可证申请、最终用途说明、最终用户证明等多种政策性文件的限制,完成技术引进所历经的程序更加复杂。

(三) 企业歧视型出口管制与产业技术创新资源配置

产业技术创新效率受制于模式选择和资源配置。创新资源主要包括研发资本、科研人员和知识存量等。管制国出口管制标准通过改变被管制国高新产业的创新资源配置,进而影响产业技术创新能力的提升。

1. 研发资本结构

当管制国加强出口管制时,被管制国的高新产业用于研发投入的资本趋于增加,而用于技术引进的资本趋于下降。反之,管制国放松管制会推动被管制国相关产业在资本配置时更多地倾向于技术引进而不是自主研发。此外,具有不同管制标准强度的产业在资本投入结构上也存在显著差异,表现为被严格管制的产业会将较大比重的资本投入到改造研发,而将较小比重的资本用于技术引进。被放松管制的产业倾向于将较小比重的资本用于改造研发,而将较大比重的资本用于技术引进。例如,2012 年,我国被外国管制最严的航空航天产业的技术改造与技术引进资本之比达到 54.55,而医药制造产业的比值为 18.69,其他管制相对宽松的医疗、计算机和电子通信设备等产业的比值仅为 6.67、6.40 和 2.32。可见,不同管制强度下产业的资本投入结构存在显著差异。

2. 人力资源结构

管制国出口管制标准潜在影响着被管制国高新产业对国内和国外科技人才的配置结构。当管制趋松时,聘用外国技术人才或者与国外科技人员开展合作创新成为可能,故而适当增加外国技术人员在技术创新中的比重有利于提高技术创新效率。当管制趋严时,被管制国高新产业的技术创新主要依赖国内科技人才的培养和投入。由于管制国严格限制其国内掌握前沿技术的科技人员赴被管制国从事科研活动或与被管制国科研人员进行跨国科研合作,所以,被管制国高新产业要么完全依赖国内科技人员,要么转向与管制国以外的其他国家开展技术合作。当管制国处于技术领先地位时,由管制国与被管制国之间的技术合作转向被管制国同其他国家的技术合作,这是技术创新战略中的最优策略向次优策略的转变。

3. 知识存量规模

现有知识存量规模越大,则研发资本和科技人才的边际产出越大,从而越有利于技术创新。管制国出口管制对被管制国高新产业知识存量的增速存在潜在的负面冲击。无论是基础研究领域还是应用研究领域,如果能够及时地获得国外最新技术溢出,则被管制国知识存量的增速将加快。但是管制国长期以来的严格管制政策,不仅限制了管制国本土对被管制国的技术溢出,还阻碍了其他发达国家对被管制国的技术输出,从而极大地抑制了被管制国的高新产业知识存量的积累速度。

第三章 出口管制标准与产业 技术创新模式

真正的核心技术和前沿技术必须依靠自主研发,而不能寄希望于从国外引进。这是因为发达国家为了保持技术领先优势,必然对这类技术实施全面的封锁和控制。鉴于当前学术界针对出口管制标准对技术创新模式选择的研究既没有从理论上进行梳理,亦未能结合典型数据或案例进行经验论证,本章借鉴贸易自由度指数(Baldwin,2003),选取美国对华高技术出口额占其对世界总出口额的比重作为出口管制强度的代理变量,收集五大类典型高新产业的技术创新数据,构建面板数据模型。以航空航天产业作为全面控制型的代表产业,而以其他四类作为非全面控制型的代表产业,对比研究两种不同出口管制类型下的产业技术创新模式的差异。

第一节 全面控制型出口管制标准

一、全面控制型出口管制的对象

由于各国技术禀赋存在显著差异,所以技术领先国会千方百计地阻止技术溢出,以保持其在国际市场上持续和绝对的竞争优势。全面控制型出口管制就是绝对禁止出口本国具有领先优势的技术和产品,目的在于独享技术创新成果和垄断优势。可见,该类型的出口管制最严、管制范围最广、对贸易的影响也最大。

本章界定的全面控制型出口管制不同于"全面管制"。全面管制的范畴包括所有未列入清单内的潜在危害物项(韩露,2015)。本书侧重国别和地区的管制范畴,强调在特定时期对特定对象实施严格的出口管制标准。

（一）针对特殊物项的管制标准

该类型管制标准主要涉及前沿性的重大技术创新成果，以及威胁全球共同安全的物项。核武器就是全面控制型出口管制的典型物项。此外，部分前沿性的技术创新成果如果外溢，则容易对技术领先国的现有技术或国际竞争优势造成灾难性后果，此时，政府当局就会选择全面禁止输出的管制政策。

（二）针对特殊国家的管制标准

该类管制标准主要发生在特定时期，针对特殊的国家。例如，美国于1920 年至 1934 年间多次对苏联实施禁运政策。1962 年美国针对古巴实施全面封锁。1951 年美国针对我国和朝鲜实施全面禁运和封锁。

可见，全面控制型出口管制具有以下几个特点：一是具有特定的区域范围，即针对特定国家或地区实施的全面监管，这主要由两国间的政治、军事和外交关系来决定；二是具有特定的时间范围，即该政策具有时效性，随着时间的推移，全面控制型出口管制会得到调整或者取消。

二、全面控制型出口管制的动因

当世界竞争格局或技术优势发生逆转时，全面控制型出口管制便失去了存在的必要。该类出口管制调整的动因主要包括政治、经济和技术等方面。

（一）政治关系的缓和

两国间政治关系由敌对国家变为非敌对国家时，全面控制型出口管制就会适时调整。例如，随着美古关系的缓和，2016 年美国逐步放弃对古巴的全面控制型出口管制，鼓励适当的经济交流和合作。[①]

（二）经济形势的改变

出口管制在追求特定的政治和外交利益时，牺牲了较大的经济利益。由于经济危机期间增加就业成为执政党的首要任务，所以每当面临经济危机时，管制国就适度放松出口管制标准，以期达到刺激出口和提高就业率的

---

① 美国自 1962 年开始对古巴实施全面禁运。

目的。

(三) 技术优势的变化

全面控制型出口管制的目标之一在于保持技术领先优势。但是,当外国一旦掌握某项核心技术或者替代技术时,对原有的技术实施全面控制不再具有战略意义。所以,管制国往往会根据他国技术进步的情况,适时调整其出口管制清单。

第二节　产业技术创新模式的分类及影响因素

双元性创新理论将技术创新划分为渐进式挖掘创新和突破式探索创新(March,1991)。[①] 本章尝试将企业微观层面的双元性创新理论应用于高新产业中观层面的创新活动研究,并将创新模式划分为内部和外部依赖两种类型。前者具有风险大、成本高和耗时久的特征,适用于遭受严格管制的产业,而后者以引进模仿为主导,适用于宽松管制的产业。不同技术的创新模式具有不同的创新效率。高新产业选择适合的技术创新模式能够降低研发成本和提高效率。所以,技术创新模式的选择对于高新产业尤为重要。

一、产业技术创新模式的分类

产业技术创新模式从演进过程可分为科技引导、需求推动和系统集成(彭纪生,2000),从合作程度可分为自主创新、模仿创新和合作创新,从环保视角可分为低碳和非低碳两种,从复杂度可分为单一和多元两种。实践证明,非低碳技术创新模式在缺乏政府监管时往往占据主导地位(胡洪曙,2012),而多元模式更有助于增进研发效率(Veugelers,1997;翟瑞瑞,2016)。

二、产业技术创新模式的影响因素

(一) 发展阶段

由于不同时期的内部条件和外部条件存在显著差异,所以,处于不同

---

① James March 于 1991 年在 *Organization Science* 杂志发表的"组织学习中的探索与开发"论文是双元性研究领域的代表性文献。

发展阶段和经济周期的产业应该选择最为适合的技术创新模式。韩国高新产业的"模仿-创新"模式(李春花,2009)和日本高新产业的"模仿-反刍"模式(郑雨,2006)适应了当时的发展阶段。此外,由于不同产业的生命周期要求选择与之相适应的创新模式,所以高新产业应该根据不同阶段做出不同的资源配置方案(Sullivan,2000),尤其要顺应国家宏观创新战略发展趋势(梁琦,1998),充分考虑公司治理能力(Mary,2000)和产业集群水平(赵骅,2015)等因素。

(二)技术性质

产业技术创新的风险和难度决定创新模式的选择。技术创新的不确定性越高则应该选择外部创新模式(崔远淼,2005)。技术创新难度越大则应该选择合作创新模式(陈月梅,2013)。如果某项技术具有保密、专用、侵权风险大等特性,则宜采用内部创新模式。

(三)企业性质

企业规模、性质、优势决定创新模式选择。例如,企业规模越大,则自主创新倾向越强(安亚娜,2013)。企业贡献水平(赵骅等,2015)、技术能力(唐春晖,2006)和网络强弱关系(蔡宁,2008)等也影响技术创新模式的选择。

(四)国家差异

产业技术创新模式由其国情决定。例如,由于国情的差异,美国和日本高新产业分别选择"科学—技术—生产"和"生产—技术—科学"的创新模式(蔡兵,2001)。

(五)开放程度

产业的开放程度决定技术创新模式的选择。封闭阶段、过渡时期和开放环境下的产业分别选择独立模式、自主与模仿结合模式、集群模式。我国在研发全球化背景下应该选择集群创新模式(冯德连,2007)。

(六)要素禀赋

要素禀赋结构决定产业技术创新模式的选择。由于各国要素分布不均,所以不能简单采用"比较优势战略"(林毅夫,2003)或逆比较优势战略(郭克沙,2010)。具体而言,在要素禀赋结构较低的地区应该借助技术引进来助推产业技术创新。

第三节　出口管制标准与产业技术创新模式的关系

一、创新模式与技术类型的匹配

在没有遭受外国出口管制时,本国高新产业可参照效率最优标准配置创新资源。但是,在出口管制背景下,技术引进受到限制,本国被管制产业不得不调整创新模式,进而致使效率和能力受损。

产业技术创新模式分为内部依赖和外部依赖两种类型,所以,可以从内部和外部两个层面构建产业技术创新的效用函数 $A = f(\alpha IR, \beta ER)$,函数中的 A 表示技术创新产出,IR 和 ER 分别表示内部和外部资源投入。本书用管制国对被管制国高技术产品出口占其在该产品对世界总出口的比值来衡量出口管制强度(EC),该值越小说明出口管制标准越严,反之则越宽松。由于产业技术进步是由内部创新和外部引进共同作用的结果(唐未兵等,2014),所以,系数 α 和 β 的和等于1。α 值是出口管制强度(EC)的单调递减函数,即出口管制强度越大(EC 值越小),则 α 值越大,说明被管制国用于自主研发和吸收国内技术溢出的创新资源投入越多,此时高新产业以内部依赖型创新模式为主。反之,当管制国放松出口管制时,β 变得更大,被管制国高新产业的创新转为外部依赖型主导模式。

仅仅探明管制国出口管制标准如何影响被管制国的技术创新模式,还不能够判断出口管制标准是抑制还是促进被管制国高新产业的技术创新。接下来从成熟技术和前沿技术两个层面比较内部和外部依赖型创新模式的效率差异。

(一)成熟技术

由于技术引进对高新产业的推动作用日趋凸显(储德银,张同斌,2013),所以,被管制国通过引进国外成熟技术能够更快地实现技术追赶。具体的内在机理如下:假定 $MA_{IR} = \Delta A / \Delta IR$,$MA_{ER} = \Delta A / \Delta ER$,其中 ΔA 表示技术创新产出增量,ΔIR 和 ΔER 分别代表内部和外部依赖型模式下的创新资源投入增量。当管制国实施严格的出口管制标准时,被管制国的高新产业的技术引进难度和成本加大,从而不得不将原本用于技术引进的经费转作内部研发投入经费,或者将增量创新资源更多地投入到内部依赖型创新模式。假定所转移的资源量为 ΔR,由此产生的影响如下:一方面,减少外部依赖造成的技术创新产出损失为 MA_{ER};另一方面,增加内部依赖获得的技术创新收益为 MA_{IR},所以,管制国出口管制标准对被管制国高新产业的技术创新能力的总体影响为 $\Delta A = MA_{IR} - MA_{ER}$。由于假定成熟技术的 MA_{IR} 小于 MA_{ER},所以 ΔA 最终为负值,这说明管制国的出口管制标准对被管制国高新产业具有负向的技术创新效应。

(二)前沿技术

在某些前沿技术领域,自主研发更容易实现技术的追赶和超越。这是因为,当管制国在关键的前沿技术领域加强出口管制时,该政策会倒逼被管制国相关产业加大自主研发投入力度,此时,被管制国的高新产业倾向于选择内部依赖型主导的技术创新模式。如果出现 MA_{IR} 大于 MA_{ER} 的情形,则出口管制标准的技术创新效应 ΔA 最终为正值。此时,管制国出口管制标准对被管制国高新产业具有显著的正向技术创新效应。

综上所述,出口管制标准的技术创新效应的实现路径可以概述为"出口管制标准强度变化—技术创新模式选择—创新效率差异—技术创新能力改变"。出口管制标准的产业技术创新效应依赖两个条件:一是出口管制标准能够影响到产业技术创新模式选择;二是不同的技术创新模式具有显著的效率差异。

二、产业技术创新模式的选择

管制国出口管制标准作为外生变量冲击被管制国高新产业的技术创新模式的选择。出口管制标准强度的变化会推动高新产业在内部和外部依赖模式之间进行适时调整。本书借鉴柯布-道格拉斯生产函数(C-D 函数)来描述产业技术创新模式。C-D 函数将投入和产出的关系用方程式表示为

$$Y = A(t)L^{\alpha}K^{\beta}\mu \qquad (3-1)$$

式(3-1)中,Y、L 和 K 分别表示产出、劳动和资本,A 表示技术进步(瓦里安、周洪等,2002)。假定技术创新是研发投入的增函数,即研发投入越多则技术进步越快。又因为内部和外部因素共同推动产业技术创新,则技术函数可表述为

$$G_A = \alpha G_A^d + \beta G_A^f \tag{3-2}$$

式(3-2)中,G_A 表示高新产业的总体技术进步率,G_A^d 和 G_A^f 分别代表内部和外部技术进步率,α 和 β 分别表示内部和外部贡献因子,其和等于 1。对于完全封闭的经济而言,β 值等于零,这表明产业技术进步完全依赖内部研发。对于非封闭经济,α 和 β 的取值范围大于零小于 1。

假定出口管制标准强度变化影响产业技术创新模式选择,所以 α 和 β 值会随着管制强度的波动相应调整,且被管制产业与非被管制产业的 α 和 β 值会存在显著差别,详见式(3-3)。

$$\alpha > \beta,\text{当 } c_t > c^*$$
$$\alpha < \beta,\text{当 } c_t < c^*$$
$$\frac{d_\alpha}{d_{c_t}} > 0, \frac{d_\beta}{d_{c_t}} < 0, \text{当} \frac{d_c}{d_t} > 0$$
$$\frac{d_\alpha}{d_{c_t}} < 0, \frac{d_\beta}{d_{c_t}} > 0, \text{当} \frac{d_c}{d_t} < 0 \tag{3-3}$$

式(3-3)表明,当出口管制标准强度大于某个临界值 c^* 时,产业创新动力主要来自于内部,此时内部依赖模式占主导。出口管制较松时,高新产业以外部依赖型创新模式为主。出口管制标准强度发生变化时,内外部因子呈现截然相反的变化趋势。具体而言,当出口管制趋严(松)时,高新产业由外部(内部)依赖型模式转向内部(外部)依赖型创新模式。

在全面控制型出口管制标准下,c_t 值远远大于 c^*,α 和 β 分别趋于增加和下降,此时,高新产业的技术创新主要依赖内部资源驱动。这种情形多发生在管制国对华技术封锁时期。由于无法获得发达国家的技术溢出,发展中国家在该产业的技术创新主要依靠自主研发。当前,航空航天产业就是发达国家实施全面出口管制的重点产业之一。管制国不仅限制相关产业和技术对被管制国的输出,还限制与被管制国的航空航天科技人员开展国际合作和交流。

第四节 产业技术创新模式选择效应的实证检验

沿着"出口管制标准—创新模式—效率差异—创新能力"的思路,分两步进行论证。第一步,考察管制国出口管制标准对被管制国产业技术创新模式的影响；第二步，比较内部依赖型模式和外部依赖型模式的技术创新效率差异。基本的研究逻辑如下：如果管制国提升出口管制标准引起被管制国高新产业由外部依赖型模式向内部依赖型模式转变，且内部依赖型模式的创新效率显著低于外部依赖型模式的创新效率，则管制国出口管制标准对被管制国相关产业具有负向的技术创新效应，反之则存在正向的促进作用。

一、高新产业的出口管制标准强度

本书用管制国对被管制国高技术产品出口额占其该类产品对世界总出口额的比重度量出口管制标准强度。在选择高技术产品样本时遵循两条标准：一是参照高新技术产品目录（2006）所列技术水平等级；二是在每个产业中选择管制国出口最多的几类产品，在统计分析中采用 UNCOMTRADE 数据库 HS 编码 4 分位数据进行计量（见图 3－1）。[①]

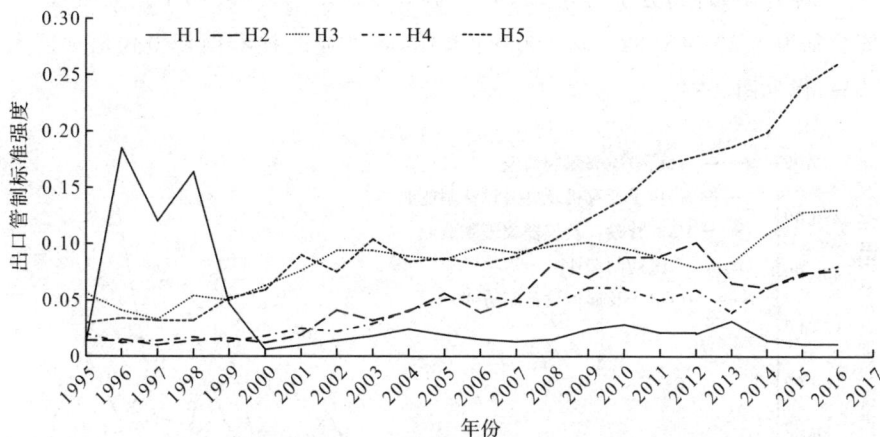

图 3－1　美国对华出口管制标准强度演变趋势

图 3－1 纵轴为出口管制标准强度，用美国在某产业的对华出口额占该产业对世界总出口额的百分比表示。该值越小表明出口管制标准越严。美国在航空航天（H1）产业对华出口管制程度最为严格，在医疗设备（H5）、医药制造（H2）、电子通信（H4）和电子计算机及办公用品设备（H3）等产业的

---

① H1 选择 8411 和 8402；H2 选取 2933 和 3002；H3 选取 8471 和 8517；H4 选取 8526 和 8528；H5 选取 9018 和 9012。

管制相对宽松。1996 至 1998 年,美国对华航空航天出口额占其在该产业对世界出口总额的比重分别为 18.5％、12％和 16.4％。但是自 2000 年开始,该比重始终维持在 3％以下水平。基于上述分析,将航空航天产业作为管制国对华"全面控制型"出口管制产业的典型代表,而将其他四类作为"非全面控制型"出口管制的代表产业。

二、高新产业的技术创新模式演变

当将产业技术创新的动力区分为内部和外部时,可以用产业内部研发与技术引进之比来衡量其技术创新模式的类型,如果该比值越大,则表明该产业以内部依赖型为主,反之则以外部依赖型为主。

2002 年以前,我国五大类高新产业的技术创新模式差异不显著,内部和外部的驱动力相差不大。内部研发与外部引进之比值低于 3.3。H2、H5 和 H1 三个产业最高,分别为 3.29、3.08 和 3.01。H3 和 H4 两个产业接近,比值分别为 1.29 和 1.92。自 2003 年开始,各产业的技术创新模式出现巨大差异,详见图 3－2。

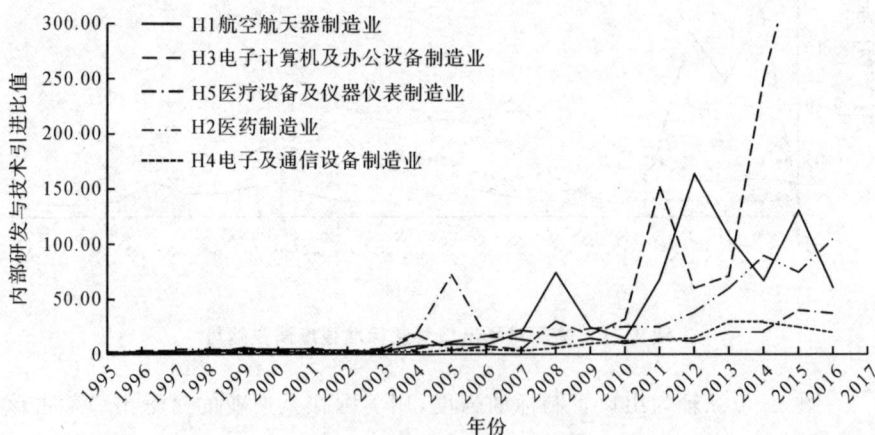

图 3－2 我国高新产业技术创新模式走势

从图 3－2 可以看出,中国高新产业的技术创新模式具有两个特征:一是各产业的曲线总体上都呈现上升态势,这表明内部依赖型模式更加明显。从技术创新驱动力来看,内部驱动力增强,而外部驱动力减弱。二是各产业的创新模式波动差异逐步凸显。例如,各产业 2002 年以前的曲线波动平缓且相对聚拢,这表明技术创新驱动力的结构上差异不大。但是,2003 年以后,各产业的曲线不仅波动频繁,而且差距逐步拉大。遭受严格出口管制的航空航天和电子产业的创新模式波动最大,内部依赖程度比其他产业更强。

上述分析可以发现,我国高新产业的技术创新模式于 2003 年前后发生了根本逆转。如果将 2002 年前的技术创新模式界定为"内部和外部双力平衡驱动模式",那么,2003 年以后则表现为"内主外辅的偏力驱动模式"。由"平衡驱动"转向"偏力驱动"是内部经济转型和外部出口管制共同作用的结果。

三、模型构建与实证检验

(一)模型构建

1. 五类产业的综合模型

管制国出口管制标准的技术创新效应可以通过影响被管制国高新产业的技术创新模式来实现,即管制国抬高出口管制标准时,被管制国高新产业倾向于选择内部依赖型创新模式,而当管制国降低出口管制标准时,被管制国高新产业倾向于选择外部依赖型创新模式。接下来从内部和外部两个层面构建出口管制的产业技术创新效应模型。

首先,出口管制标准强度与高新产业的外部依赖程度负相关,即出口管制标准越严,则外部依赖程度越弱,此时主要依靠自主研发。反之,则具有较高的外部依赖性,此时技术引进占据主导地位。自主研发和技术引进对新产品创新的影响因地区吸收能力的不同而存在显著差异(肖利平,谢丹阳,2016)。高新产业用于自主研发和技术引进的资本主要来自于重置投资或新增投资,与其当年价总产值(TPV)及新产品出口销售收入(NEV)正相关。高新产业的总产值越大,则再投资的基数就越大,从国外引进技术的实力就越雄厚。此外,NEV 的规模体现了高新产业的开放程度和与国外的联系强度。该值越大表明引进技术的需求越强,对外部资源的依赖程度越大。基于上述关系,笔者采用高新产业的技术引进经费支出占其总研发投资额(I)的比值,即外部资源依赖程度(ERI),来描述外部依赖型创新模式,引入高新产业的当年价总产值及其新产品出口销售收入作为控制变量,构建如下模型:

$$ERI_{it} = \alpha_0 + \alpha_1 EC_{it} + \alpha_2 TPV_{it} + \alpha_3 NEV_{it} + \varepsilon_{it} \qquad (3-4)$$

需要对上述模型进行两方面的检验：一是检验出口管制标准强度(EC)与外部依赖模式(ERI)之间的关系，即正向、负向或者无关；二是检验出口管制标准强度变量的系数大小，并考察出口管制标准在多大程度上决定着高新产业选择外部依赖型技术创新模式。

其次，出口管制标准强度与高新产业的内部依赖程度正相关，即出口管制越严，则内部依赖程度越强，此时倒逼自主创新。高新产业的新产品产值(NPV)的增加有助于研发经费内部支出的增长。在竞争程度高的产业加强知识产权保护可以激励研发投入（宗庆庆等，2015）。竞争程度受到企业数量的影响，而企业数量对创新效率有不显著的负向影响（韩晶，2010）。在竞争压力和示范效应的共同作用下，企业数量密集的高新产业具有更大的研发投入动力。综合上述分析，笔者采用高新产业的研发经费内部支出占其总研发投资额(I)的比值，即内部资源依赖程度(IRI)，来描述内部依赖型创新模式，同时引入高新技术企业数量(HEN)及其新产品产值(NPV)作为控制变量，构建如下模型：

$$IRI_{it} = \beta_0 + \beta_1 EC_{it} + \beta_2 HEN_{it} + \beta_3 \beta NPV_{it} + \varepsilon_{it} \qquad (3-5)$$

影响高新产业选择内部依赖型创新模式的因素有很多。从国际视角来看，出口管制标准阻碍了高新产业吸收外国技术溢出，被迫转向自主研发。上述模型需要证实管制国出口管制标准是否与高新产业选择内部依赖型创新模式显著相关。从国内视角来看，同类企业的数量和新产品产值都会影响研发投入强度，所以在模型中将其作为控制变量。

2. 航空航天产业的检验模型

由于航空航天产业是全面控制型出口管制的代表性产业，所以笔者将航空航天产业单独进行检验，在与其他产业进行对比的基础上，揭示全面控制型出口管制标准如何倒逼被管制的产业选择内部依赖型的技术创新模式，而舍弃外部依赖型的技术创新模式。

笔者借鉴贸易自由度指数（Baldwin，2003）来衡量航空航天产业的出口管制的强度。出口管制越严，则贸易越不自由。公式如式(3-6)所示。

$$\emptyset_{CA} = \tau_{AC}^{1-\sigma} \qquad (3-6)$$

式(3-6)中,σ 为产品间的替代弹性(值大于1)。τ 为贸易成本。$\varnothing_{CA}$ 表示 C 和 A 两地区的贸易自由度,其值介于0(全面保护)和1(完全自由)之间。Head 和 Mayer(2004)将贸易自由度的测算模型设定为

$$\varnothing_{AC}=\sqrt{\frac{m_{CA}m_{AC}}{m_{CC}m_{AA}}} \qquad (3-7)$$

式(3-7)中,m_{CA},m_{AC} 分别表示 $C(A)$ 地区从 $A(C)$ 地区的进口量。m_{CC}(m_{AA})表示 $C(A)$ 地区总产出减总出口。出口管制标准主要影响被管制国(管制国)自管制国(被管制国)航空航天产业的进口量、管制国和被管制国对世界总出口量(x_{AW} 和 x_{CW})。笔者对式(3-7)进行调整,得到出口管制标准强度指数(Export control intensity,EC)。

$$EC=\sqrt{\frac{m_{CA}m_{AC}}{x_{AW}x_{CW}}} \qquad (3-8)$$

EC 的值越小表明出口管制标准越严,反之则越宽松。

如果航空航天产业偏向内部依赖型技术创新模式,则内部研发支出远大于外部技术引进支出。

所以,产业的技术创新模式(Technology Innovation Model,TIM)可以表示为

$$TIM=\frac{IR}{ER} \qquad (3-9)$$

式(3-9)中,IR 表示内部研发,ER 表示外部技术引进。TIM 值越大表明越趋近于内部依赖型模式,TIM 值越小表明越接近于外部依赖型模式。产业技术创新模式除了受到管制国出口管制标准强度(AEC)的影响外,还受到专利申请数(PAT)、当年价总产值(TPV)和购买国内技术经费(PDT)等的影响。其中,AEC 是来自外部的冲击,PAT、TPV 和 PDT 是来自于内部的冲击。然后,利用向量自回归方法研究出口管制标准强度及其他因素对技术创新模式的冲击效应。

(二) 实证检验

1. 产业技术创新能力变化趋势

衡量产业技术创新能力的指标主要包括专利申请数和研发投入水平

等(支军,王忠辉,2007)。笔者利用所选产业的研发经费内部支出(K_{it})、科研人员折合全时当量(L_{it})、专利申请数(PAT_{it})等指标测度中国高新产业的技术创新能力。先用公式 $x_{it} = x/\overline{x}$(x 为观测值,$\overline{x}$ 为均值)消除所选指标的量纲差异,然后再求均值。该值越大表明技术创新能力越强。依据上述方法测得 1995 年至 2016 年所选产业的技术创新能力变化趋势(见图 3-3)。

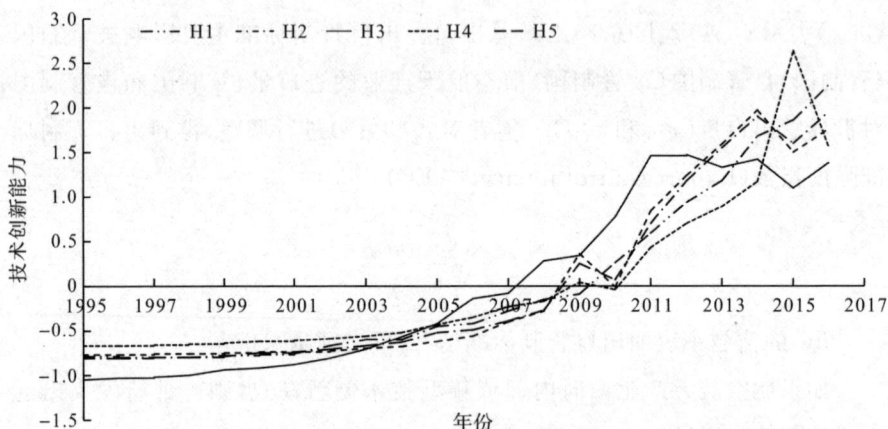

图 3-3 我国五类高新产业技术创新能力变化趋势

从图 3-3 可以看出,尽管遭受管制国严格管制,我国被管制产业的技术创新能力均稳步提升。其中,2014 年以前,电子计算机(H2)和航空航天产业(H1)的技术创新能力提升最为显著。2014 年以来,电子通信产业(H4)的技术创新能力快速提升,逐步超越其他四大产业。

2. 变量的描述性统计

笔者以出口管制标准强度(EC)作为自变量,以外部依赖程度(ERI)和内部依赖程度(IRI)作为因变量,同时引入高新产业的总产值(TPV)、企业数量(HEN)、新产品的出口额(NEV)和销售额(NPV)等作为控制变量。[①] 在估计模型之前先对各变量进行描述性统计,结果如表 3-1 所示。

---

① 因变量和控制变量的相关数据来自于历年《中国高技术产业统计年鉴》,自变量的相关数据来自于联合国商品贸易数据库。

表 3-1　变量的描述性统计

变量	均值	中间值	最大值	最小值	标准差	偏度	峰度
ERI	0.049 276	0.020 7	0.297 4	0.001 1	0.062 342	2.053 533	7.688 917
IRI	0.162 976	0.149 3	0.515 4	0.029 8	0.105 188	0.961 482	3.528 404
EC	0.061 558	0.052	0.199	0.006	0.044 718	1.100 739	3.961 964
TPV	9 110.446	3 241.3	67 584.2	286.41	12 930.7	2.444 199	9.649 532
NEV	8 950 752	1 341 698	98 398 647	21 101	18 013 044	2.729 089	10.874 71
HEN	3 763.474	3 341	13 973	148	3 537.797	1.149 755	3.883 074
NPV	21 909 753	6 391 332	223 221 172	283 725	37 652 233	3.2432 44	15.128 45

3. 回归模型的设定

(1)确定影响形式的 Hausman 检验

针对式(3-4)给出的模型进行 Hausman 检验,结果如表 3-2 所示。

表 3-2　外部依赖模型形式的检验结果

相关随机效应-豪斯曼检验			
面板:M1			
截面随机效应检验			
检验结果	卡方检验值	自由度	概率值
横截面随机	31.442 841	3	0.000 0

从表 3-2 的检验结果可以看出,Hausman 检验的统计量为 31.44,相伴概率小于 0.05 的显著性水平,拒绝影响形式为随机效应的原假设。所以,模型(3-4)应该采用固定效应模型。

针对式(3-5)给出的模型进行 Hausman 检验,结果如表 3-3 所示。

表 3-3　内部依赖模型形式的检验结果

相关随机效应-豪斯曼检验			
面板:M2			
截面随机效应检验			
检验结果	卡方检验值	自由度	概率值
横截面随机	5.744 064	3	0.124 7

从表3-3的检验结果可以看出,Hausman检验的统计量为5.74,相伴概率大于0.05的显著性水平,不能拒绝影响形式为随机效应的原假设。所以,模型(3-5)应该采用随机效应模型。

(2)确定模型形式的F检验

常用的面板数据模型有变系数、变截距和不变参数等三种类型。在模型的设定时经常使用协方差分析法进行检验,具体假设如下:

$$H_1: \qquad\qquad \beta_1 = \beta_2 = \Lambda = \beta_N \qquad\qquad (3-10)$$

$$H_2: \qquad \alpha_1 = \alpha_2 = \Lambda = \alpha_N, \beta_1 = \beta_2 = \Lambda = \beta_N \qquad (3-11)$$

如果接受假设H_2,则认为样本数据符合不变参数模型,无须进行进一步的检验。如果拒绝假设H_2,则需检验假设H_1。如果接受H_1,则认为样本数据符合变截距模型,反之拒绝H_1,则认为样本数据符合变参数模型。

协方差分析检验的统计量为F统计量。S_1、S_2和S_3分别为变参数、变截距和不变参数模型的残差平方和。

$$F_2 = \frac{(S_3 - S_1)/[(N-1)(k+1)]}{\dfrac{S_1}{(NT - N(k+1))}} \sim F[(N-1)(k+1), N(T-k-1)]$$

$$(3-12)$$

在假设H_2下检验统计量F_2服从相应自由度下的F分布。若计算所得到的统计量F_2的值不小于给定置信度下的相应临界值,则拒绝假设H_2,继续检验假设H_1。反之,接受H_2则认为样本数据符合不变参数模型。

在假设H_1下检验统计量F_1:

$$F_1 = \frac{(S_2 - S_1)/[(N-1)k]}{\dfrac{S_1}{(NT - N(k+1))}} \sim F[(N-1)k, N(T-k-1)] \quad (3-13)$$

若计算所得到的统计量F_1的值不小于给定置信度下的相应临界值,则拒绝假设H_1。如果接受H_1,则认为样本数据符合变截距模型,反之拒绝H_1,则认为样本数据符合变参数模型。

针对式(3-4)给出的模型,在变参数、变截距和不变参数模型的回归统计量里得到相应的残差平方和为$S_1 = 0.120\ 902$、$S_2 = 0.126\ 138$、$S_3 = 0.341\ 595$。计算F统计量,其中$N=5$、$k=3$、$T=21$,得到的两个F统计量

分别为

$$F_1 = ((S_2 - S_1)/12)/(S_1/85) = 0.306$$

$$F_2 = ((S_3 - S_1)/16)/(S_1/85) = 9.69$$

在给定 5% 的显著性水平下得到相应的临界值为：$F(16,85) = 1.45$，$F(12,85) = 1.87$。由于 $F_2 > 1.45$，所以拒绝 H_2；又因为 $F_1 < 1.87$，所以不能拒绝 H_1。因此，模型（3－4）应采用变截距的形式。

针对模型（3－5），在变参数、变截距和不变参数模型的回归统计量里得到相应的残差平方和为 $S_1 = 0.262\,817$、$S_2 = 0.313\,298$、$S_3 = 0.581\,888$。计算 F 统计量，其中 $N = 5$、$k = 3$、$T = 21$，得到的两个 F 统计量分别为：

$$F_1 = ((S_2 - S_1)/12)/(S_1/85) = 1.36$$

$$F_2 = ((S_3 - S_1)/16)/(S_1/85) = 6.45$$

在给定 5% 的显著性水平下得到相应的临界值为：$F(12,85) = 1.87$，$F(16,85) = 1.45$。由于 $F_2 > 1.45$，所以拒绝 H_2；又因为 $F_1 < 1.87$，所以不能拒绝 H_1。由此得知模型（3－5）应采用变截距的形式。模型（3－4）和（3－5）的最终设定形式为

$$ERI_{it} = \alpha_i + r_t + \alpha_1 EC_{it} + \alpha_2 TPV_{it} + \alpha_3 NEV_{it} + \varepsilon_{it} \qquad (3-14)$$

$$IRI_{it} = \beta_i + \gamma_t + \beta_1 EC_{it} + \beta_2 HEN_{it} + \beta_3 NPV_{it} + \varepsilon_{it} \qquad (3-15)$$

（3）出口管制标准与外部依赖型创新模式

笔者对式（3－14）给出的模型进行检验发现，美国出口管制标准对我国高新产业的外部依赖模式的影响不显著。此外，TPV 通过 0.01 的显著性水平检验，这说明产业发展规模越大，对技术引进和外部技术溢出的需求程度越高。最后，作为控制变量的新产品出口额（NEV）对外部依赖程度（ERI）也具有显著性影响，但其相关系数为负数。检验结果如表 3－4 所示。

表 3－4　外部依赖型创新模式检验结果

因变量：ERI?
方法：混合最小二乘法
日期：06/04/18　时间：15:22
样本区间：1996～2016
包含观察值：21

横截面:5					
总观测值:105					
变量	系数	标准误差	t 统计量	F 统计量	Prob.
C	0.027 318	0.009 930	2.751	125	0.007 4
EC?	0.112 957	0.113 519	0.995	048	0.322 8
TPV?	2.83E-06	1.13E-06	2.507	285	0.014 3
NEV?	−1.84E-09	6.25E-10	−2.944	634	0.004 3

固定效果(交叉)				
_H1—C	_H2—C	_H3—C	_H4—C	_H5—C
0.013 928	−0.045 883	0.045 402	0.006 243	−0.019 689

固定效应(周期)			
1996—C	0.047 156	2007—C	−0.013 604
1997—C	0.086 321	2008—C	−0.031 880
1998—C	0.025 183	2009—C	−0.039 393
1999—C	0.025 676	2010—C	−0.040 435
2000—C	0.074 064	2011—C	−0.043 572
2001—C	0.071 846	2012—C	−0.048 859
2002—C	0.077 388	2013—C	−0.051 803
2003—C	0.041 519	2014—C	−0.049 701
2004—C	0.001 931	2015—C	−0.053 244
2005—C	−0.007 484	2016—C	−0.055 547
2006—C	−0.015 562		

效应说明			
固定横截面(虚拟变量)			
固定周期(虚拟变量)			
R 平方	0.672 294	因变量均值	0.044 852
调整后的可决系数	0.557 384	因变量标准差	0.060 836
S. E. 回归	0.040 474	赤池信息量准则	−3.353 127
残差平方和	0.126 138	施瓦兹准则	−2.645 405

（续表）

对数似然	204.039 2	汉南-奎因准则	−3.066 344
F 统计量	5.850 611	D. W 统计量	0.768 499
概率(F-统计)	0.000 000		

从表 3-4 可以看出，美国出口管制标准波动与我国高新产业的外部依赖型创新模式的相关性不大，这是因为在长期遭受严格出口管制的背景下，相关产业的技术创新模式趋于稳定，对外部资源的依赖程度已经很小，所以，出口管制标准强度的较小变化不能引起产业对外部资源依赖程度的显著变化。

（4）出口管制标准与内部依赖型创新模式

通过对式(3-15)给出的模型进行检验发现，美国出口管制标准强度与我国高新产业的内部依赖型创新模式具有较强的相关性，即美国加强对华出口管制时（EC 值变小），我国高新产业对内部资源的依赖程度增加（IRI 值变大），内部依赖型创新模式越来越显著。此外，高新产业的企业数量（HEN）和新产品产值（NPV）也对内部依赖程度（IRI）具有显著影响，具体估计结果如表 3-5 所示。

表 3-5　内部依赖型创新模式检验结果

因变量：IRI?				
检验方法：混合 EGL（双向随机效应）				
日期：06/04/18　时间：15：24				
样本区间：1996～2016				
观测值：21				
横截面：5				
总观察值：105				
分量方差的 Seamy 和 Arora 估计				
变量	系数	标准误差	t 统计量	F 统计量	概率
C	0.191 526	0.033 543	5.709	779	0.000 0
EC?	−0.286 310	0.139 893	−2.046	644	0.043 3
HEN?	−5.76E−06	4.50E−06	−1.280	853	0.203 2

(续表)

变量	系数	标准误差	t 统计量	F 统计量	概率
NPV?	4.29E−10	2.12E−10	2.019	576	0.046 1
随机效应(交叉)					
_H1—C	_H2—C	_H3—C	_H4—C	_H5—C	
0.115633	−0.087 377	0.033 656	−0.018 404	−0.043 508	
随机效应(周期)					
1996—C	−0.021 186		2007—C	0.003 299	
1997—C	−0.008 281		2008—C	0.003 893	
1998—C	−0.004 653		2009—C	0.005 025	
1999—C	−0.008 803		2010—C	−0.004 567	
2000—C	−0.003 610		2011—C	−0.004 227	
2001—C	0.002 934		2012—C	−0.005 147	
2002—C	−0.004 104		2013—C	0.016 854	
2003—C	0.003 164		2014—C	0.022 583	
2004—C	0.005 853		2015—C	−0.005 247	
2005—C	0.005 117		2016—C	−0.002 598	
2006—C	0.003 701				
效应说明					
				截面效应在误	
			标准差	差项的百分比	
横截面随机			0.063 978	0.570 3	
周期随机			0.015 700	0.034 3	
异质性随机			0.053 271	0.395 4	
无加权统计					
R 平方	0.212 289		因变量均值	0.161 804	
残差平方和	0.861 772		D.W 统计量	0.411 954	

由表 3−5 可知,高新产业的企业数量对内部依赖型创新模式的影响不显著。出口管制标准强度(EC)对内部依赖型创新模式(IRI)的影响通过了显著性检验,且两者呈现负向关系。这说明出口管制标准越严(EC 值越小),我国高新产业的内部依赖型创新模式越显著(IRI 值越大)。此外,新产

品产值(NPV)对内部依赖型创新模式(IRI)的影响也通过了显著性检验,且两者为正向关系。这说明新产品产值的增加有助于内部依赖型模式的技术创新水平的提升。

(5)两种不同技术创新模式的效率对比

笔者用单位创新资源投入(R)获得的专利申请数(PAT)来测度不同模式下的技术创新效率(TIE),具体公式为 $TIE = PAT/R$,其中 $TIE_{IR} = PAT/IR, TIE_{ER} = PAT/ER$。$ER$ 和 IR 分别用技术引进经费支出和研发经费内部支出表示。用 TIE_{IR} 与 TIE_{ER} 的比值衡量两种模式的效率比,如果比值大于(小于)1,说明内部依赖型模式的创新效率高于(低于)外部依赖型模式的创新效率。依据上述方法测得我国五类高新产业的内外部模式的创新效率比值,如图 3-4 所示。

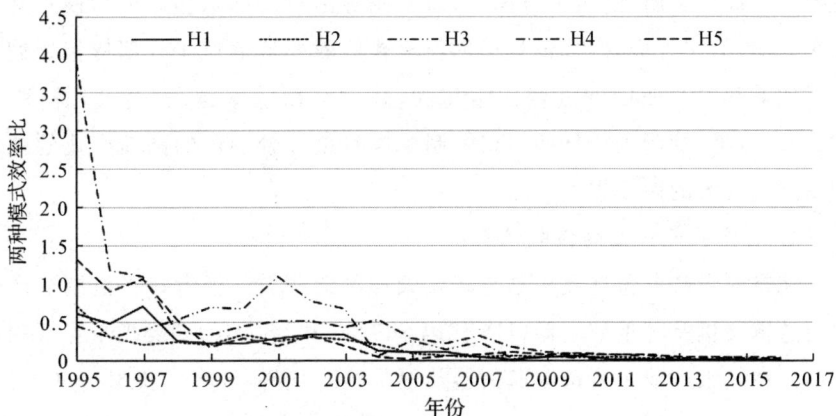

图 3-4　我国五类高新产业两种模式的创新效率比值

从图 3-4 可以看出,两种模式的效率比值大于 1 的情形仅出现在以下几个时间段:一是 1995 年至 1997 年的电子通信产业(H4),其内外部模式的创新效率比值分别为 3.91、1.18 和 1.09;二是 2001 年的电子计算机及办公设备产业(H3),其内外部模式的创新效率比值为 1.09;三是 1995 年和 1997 年的医疗设备产业(H5),其内外部模式的创新效率比值为 1.32 和1.07。我国高新产业在其他年份的内部依赖型模式的创新效率远远低于外部依赖型模式的创新效率,且两者的差距有逐步扩大的趋势。

(6)研究结论

上述研究表明,管制国出口管制标准的变化对被管制国高新产业的内部依赖型创新模式存在显著影响,但对外部依赖型创新模式的影响未能通过显著性检验。由于被管制国高新产业在技术引进经费支出上和研发内部经费支出均得到了大幅增长,所以,管制国出口管制标准并没有引发内部和外部创新模式下的存量创新资源的大规模替代,但是促使被管制国高新产业在增量创新资源的投入方向上出现偏向,即更偏向投入到内部依赖型创新模式中去,而减少外部依赖型模式的资源投入比率。以航空航天产业为例,我国研发内部经费支出与技术引进经费支出的比值在 1995 年为 1.62,截至 2014 年该比值达到 66.88。

由于发展中国家尚处于技术追赶时期,如果能够从发达国家引进相关高新技术或产品,则能够极大地提升创新效率,但是因为遭受发达国家严格的高技术出口管制标准,致使发展中国家丧失了许多吸收外国技术溢出的机会。正如前文所证实:一方面,出口管制标准对内部依赖型创新模式具有显著影响;另一方面,内部依赖型创新模式的效率普遍低于外部依赖型创新模式的效率。产业中的外资比重越大,技术创新效率越高(肖文,林高榜,2014)。可见,管制国严格的出口管制标准致使被管制国的高新产业的技术创新遭受巨大的效率损失。

4. 航空航天产业的检验结果

航空航天产业包括飞机制造和航天器制造两类。笔者在飞机制造产业主要选取飞机及其他航空器(HS 代码 880230 和 880240)两类被重点管制的产品。在航天产业主要选取航天器及卫星(HS 代码 880250 和 880260)两类被重点管制的产品。利用公式 $EC = \sqrt{\dfrac{m_{CA} m_{AC}}{x_{AW} x_{CW}}}$ 测得美国对华航空航天产业出口管制标准强度,如表 3 - 6 所示。

表 3 - 6 美国对中国航空航天产业的出口管制标准强度

年份	1995	1996	1997—2006	2007	2008	2009—2014
飞机制造	0.004 1	0.006	0	0.085 3	0.001 5	0
航天器制造	0	0	0	0	0	0

资料来源:作者计算得到。

表 3 - 6 中的值越小,表明美国对华出口管制的程度越严。在大部分年份里,美国对华飞机和航天器制造的出口管制强度都为零或趋近于零,这说

明美国对华实施全面控制型的出口管制,中国在航空航天领域获得的技术或产品溢出非常有限。

1995 至 2014 年美国在航天器制造业的年均出口额高达约 5 亿美元,但对中国的出口几乎为零,仅仅在 1997 年对华出口约 2200 万美元,其他各年均未出口。2009 年以来,美国强化对华卫星及航天领域的出口歧视,在禁止对华出口的同时且加大对盟国出口。[①] 例如,2013 年和 2014 年美国航天产业的出口规模高达 9.5 亿美元和 8.4 亿美元。

在遭受外国全面控制型出口管制标准下,我国的航空航天产业在技术创新模式上进行了深刻的变革。利用前文构建的公式($TIM = IR/ER$)测得航空航天产业的技术创新模式走势,如表 3-7 所示。

表 3-7　我国航空航天产业的技术创新模式走势

年份	1995	1996	1997	1998	1999	2000	2001	2002	2003	2004	2005
TIM	1.62	2.09	1.42	3.81	4.54	4.63	3.52	3.01	2.94	7.54	9.15
年份	2006	2007	2008	2009	2010	2011	2012	2013	2014	2015	2016
TIM	9.05	19.47	73.98	24.67	14.3	68.01	163.71	107.13	66.88	130.48	60.72

资料来源:作者计算得到。

表 3-7 中 TIM 值由航空航天产业的内部研发与技术引进的比值计算得到,该值越大,表明内部依赖型创新模式更加明显。从表 3-7 可以看出,我国航空航天产业的技术创新越来越依靠内部动力的驱动。

考虑到利用重点管制产品样本测得的管制国出口管制标准强度数据大多数年份为零,缺乏充分的变异,所以在进行脉冲响应分析时,采用美国对华航空航天出口占其在该产业对世界总出口的比例作为度量出口管制强度(AEC)的工具。各变量的描述性统计如表 3-8 所示。

在进行向量自回归分析前,对部分变量进行如下处理:首先,由于 AEC 变量值偏小,所以将其乘以 100;其次,对 PAT、PDT 和 TPV 取对数值。经检验选择滞后 1 期,得到如下脉冲响应结果:从长期趋势来看,TIM 与 AEC 呈反向关系,而与 TPV、PAT 和 PDT 呈正向关系。AEC 值越小,则 TIM

---

① 2014 年美国放松部分卫星及部件的出口管制,将其从军品清单转为商业管制清单。

表 3 - 8　变量的描述性统计

变量	均值	中间值	最大值	最小值	标准差	偏度	峰度
TIM	29.573 50	8.295 000	163.71	1.42	44.049 98	1.816 367	5.489 411
AEC	0.04	0.019 5	0.185	0.006	0.052 034	2.011 375	5.481 228
PAT	1 156.75	305	5 375	69	1 584.254	1.490 511	4.051 306
PDT	13 974.50	8 689	103 159	761	22 299.28	3.410 358	14.221 09
TPV	1 044.648	674.015 0	3 027.6	268.97	871.845 1	1.120 477	3.028 380

值越大。由于 AEC 值越小表明美国对华出口管制标准越严格,而 TIM 值越大,表明产业技术创新的内部依赖模式越明显。所以,出口管制标准强度的加大会推动产业技术创新向内部依赖型模式转变。专利申请的数量越多,说明航空航天产业的自主创新意识更强。如果该产业购买国内技术越多,则对外国技术的依赖就越小。航空航天产业的总产值越大,则进行内部研发的实力就越雄厚。由此可见,PAT、TPV 和 PDT 的增长都有利于内部依赖型技术创新模式的形成。脉冲响应趋势如图 3 - 5 所示。

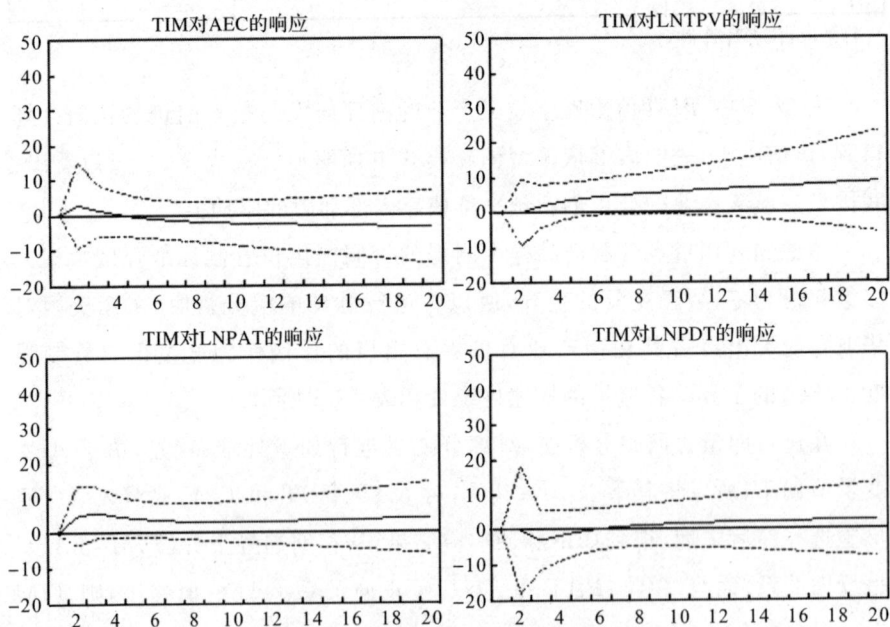

图 3 - 5　产业技术创新模式的脉冲响应

图 3-5 表明美国对我国航空航天产业实施的严格出口管制标准促使该产业逐步偏向内部依赖型的技术创新模式。由于航空航天领域包含诸多国际前沿领先技术,所以我国在该产业领域不得不依赖自主创新。

四、产业技术创新模式效应总结

本章依据双元性创新理论将被管制国高新产业的技术创新模式划分为内部依赖型和外部依赖型两种,剖析了实施全面控制型出口管制标准的原因,以及管制国历次调整全面控制型出口管制标准的动因。归纳了现有的技术创新模式种类,从时间阶段、技术性质、企业性质、国家差异、开放程度和要素禀赋等层面剖析了制约产业技术创新模式选择的相关因素。基于管制国的全面控制型出口管制标准的背景,构建出口管制标准与内外部依赖型创新模式的关系模型,选取五类高新产业的数据,实证检验出口管制引发的技术创新模式选择效应。具体研究结论如下。

1. 我国高新产业的技术创新能力得到大幅度提升

自 1995 年以来,以专利数、科研资本以及科研人员投入三个指标综合测算的产业技术创新能力得到显著增强。尤其是自 2012 年以来,医疗设备(H5)和航空航天(H1)产业的技术创新能力提升最快。

2. 加强出口管制标准对外部依赖型技术创新模式缺乏显著影响

在长期的严格出口管制标准下,外国出口管制标准强度的微小变化不能影响我国选择外部依赖型的技术创新模式。倘若外国能够完全放松高技术出口管制,则放松管制与选择外部依赖型技术创新模式之间存在高度相关性。

3. 加强出口管制对内部依赖型技术创新模式具有显著影响

实证结果表明,管制国提高出口管制标准,被管制国高新产业对内部创新资源的依赖程度就越大,并主要以内部依赖型模式为主。出口管制标准与内部依赖型模式之间的强相关性,证实了出口管制对于自主创新的倒逼效应的存在。

4. 不同技术创新模式的技术创新效率存在显著差异

技术创新效率既考虑了创新能力,又纳入了创新成本,强调以最小的成本获得最大的创新能力的提升。通过对五类高新产业的创新数据的测算发现,我国高新产业在大部分年份的内部依赖型模式的创新效率远远低于外部依赖型模式的创新效率,且二者的差距有逐步扩大的趋势。

5. 出口管制标准倒逼航空航天产业选择内部依赖型模式

在所选的五类高新产业中,发达国家对航空航天产业的出口管制标准最为严格。航空航天产业是发达国家实施全面控制型出口管制标准的典型代表。利用脉冲响应分析发现,管制国抬高出口管制标准倒逼被管制国航空航天产业越来越选择内部依赖型的技术创新模式,具体表现为内部研发规模越来越大,而外部技术引进规模越来越小。

第五节 优化产业技术创新模式的对策

虽然"波特假说"肯定了环境管制对技术创新的正向作用(Ambec,2006),但是,如果管制产生了创新效率的损失,那么被管制企业虽然提升了技术创新能力,但为此要投入更多的资源、承担更大的风险和等待更长的时间。与此类似,管制国苛刻的出口管制标准虽然未能阻碍被管制国高新产业技术创新的步伐,但潜在地影响被管制国高新产业的技术创新效率的提升,增加创新的成本投入,延缓技术革新的速度。为了有效规避因管制国出口管制标准而导致的高新产业创新效率损失和缩短国内外技术差距,笔者建议如下。

(一)积极完善国内技术交易市场

完善国内技术交易市场的目的在于提高内部技术溢出的效率和水平。前文研究发现,我国高新产业的内部依赖型模式的创新效率低于外部依赖型模式的创新效率,所以,在少数发达国家长期对华实施苛刻的高技术出口管制标准的背景下,提升内部研发效率和技术溢出水平是规避出口管制的创新效率损失的有效途径。具体对策包括:首先,鼓励国内高新产业进行跨产业或跨企业的技术交流与合作;其次,整合国内研发资源,科学引导国内技术研发市场,避免在同类技术上进行大规模地重复投资,提高自主研发的效率;最后,加强国内知识产权保护,推进专利转化,完善国内技术交易的市场监管体系。

(二)构建产业技术创新模式的效率评价体系

产业技术创新模式的选择受制于包括外交关系、所处历史阶段、技术差距等多种因素,在优化产业技术创新模式时尤其要注重将创新效率作为重要的决策变量。在追求技术创新能力和技术革新速度的同时,还必须考虑到成本的投入和创新资源的节约。所以,产业技术创新模式的效率评价体系至少包括四个指标。一是技术创新水平。某项技术在国际技术前沿越是处于领先水平,则表明创新效率越高。二是技术革新速度。技术革新速度包括对已有技术的追赶速度和前沿技术的开拓速度,前者主要适用于落后国的技术追赶战略,后者则主要适用于领先国的技术垄断战略。三是技术成本投入。判断标准包括固定成本下的最大创新产出,或者目标创新产出下的成本最小化。四是技术经济效益。一项发明如果不能顺利产业化,不能满足社会经济发展的需要,该技术就失去持续创新和再创新的动力。所以,考量产业技术创新效率时有必要将经济效益纳入评价指标体系。

(三)主动构建对外反制体系

长期以来,发展中国家都是被动地应对发达国家的出口管制措施。未来,发展中国家应该主动构建反制体系,提升吸收外部技术溢出的规模和层次。近几年少数发达国家在调整和修改出口管制标准和贸易便利措施时,多次将我国排除在外,由此可见,少数发达国家的对华高技术出口管制只会逐步加强而不会放松。所以,在应对外国的出口管制问题上,我国应该变被动为主动,建议从两个方面入手:首先,针对国外已有的成熟的先进技术,高新产业采用外部依赖型模式的创新效率往往高于内部依赖型模式的创新效率。所以,我国需要主动出击并打破管制国的技术封锁,积极在国际市场上寻求替代技术,加强与管制国以外的具有技术禀赋优势的其他国家的合作和交流,扩大技术引进的规模和层次,充分利用现有资源开展挖掘式创新,从而全面提升产业技术创新的效率和尽快缩短国内外技术差距。其次,针对国际上尚不成熟,但对我国而言具有重要战略意义的前沿技术,应大力扶持高新产业在这些领域选择内部依赖型技术创新模式,积极开展探索式创新。我国可将本土的大市场优势和高新产业的技术进步作为谈判筹码,迫使少数西方发达国家调整对华出口管制标准,最终实现在敏感技术和关键领域的追赶和超越。

第四章　出口管制标准与产业技术引进路径

　　发达国家的出口管制标准具有典型的针对性和歧视性。我国就曾经被美国划入不同的组别,最差的待遇为 Z 组,即敌对国家,最好的待遇为 V 组,即友好的非盟国。中国在很长一段时间被限定在 Y 组,即非敌对国家①。目前,少数发达国家仍然将中国作为最具竞争力和潜在威胁的国家,对华实施歧视性出口管制。而对盟国和被其认为友好的国家则放松出口管制,大量高新技术和产品可以不经过许可就直接出口。

　　本章主要探讨管制国歧视型出口管制如何影响被管制国高新产业的技术引进路径,被管制国能否绕开管制国出口管制壁垒,转而从其他发达国家引进先进技术。在技术引进路径的度量上,构建广度指数和偏度指数分别度量技术引进路径的多样性和漂移程度,探讨管制国出口管制如何从"复杂度"和"位移度"两个方面扭曲被管制国高新产业的技术引进路径,并采用对比的研究方法,选取典型出口管制政策出台的时间节点,比较政策变动前后的技术引进路径差异,进而探寻"出口管制强度—技术引进路径—产业技术创新"的内在逻辑关系。

第一节　国别歧视型出口管制标准

　　西方国家的国别歧视型出口管制标准的雏形最早可以追溯至美国 1917年的《与敌对国贸易法》。该法针对敌对国家采取歧视性的出口管制标准,并于 1941 年重新修订。1940 年美国第 703 号《公法》构成出口管制立法的基础。该法于 1945 年、1946 年、1947 年被三次延长(彭爽,2014)。此后,美

---

① 美国将受控国家和地区分为 7 组,具体包括 Q 组、S 组、T 组、V 组、W 组、Y 组和 Z 组等。

国于 1949 年正式颁布第一个《出口管制法》。该法后来分别被 1969 年和 1979 年的《出口管制法》取代（B·科热夫尼科夫，1983），并于 1981 年和 1988 年得到完善。

一、出口管制标准的国别歧视

美国将管制对象国分为 7 组，针对不同的国家实施不同的待遇。1979 年美国出口管理法将管制对象锁定为两用货物或技术，目的在于维护国家安全、配合外交战略和应对国内短缺等。高技术出口管制标准是西方发达国家强权经济的表现（崔子都，1986）。

（一）1917 年《与敌国贸易法》

该法主要针对敌对国家，授权美国总统管理战时贸易。朝鲜于 1950 年、1988 和 2005 年分别因"朝鲜战争""支持恐怖主义"和"发展核武器"等受到美国出口制裁。古巴曾经遭受美国的贸易禁运和经济制裁。[①] 阿富汗和伊拉克曾被美国列为敌对国家。伊朗等国家仍然被美国认定为敌对国家而遭受严格的出口管制。

（二）1940 年《出口管制法》

该法的目的在于确保战时物资供应，以及对日本实施军品出口限制，航空器、化学品和矿物是主要管制对象。1940 年的《出口管制法》对日本和德国等具有典型的歧视性和针对性：一方面，试图通过对日本的出口禁运，打压日本和确保美国在亚洲的利益；另一方面，保证战争期间的国内战略储备的优先供应。

（三）1949 年《出口管制法》

朝鲜战争的爆发使得美国不断强化歧视性出口管制，以维护国家安全战略和服务外交政策需要。1949 年 2 月美国颁布第一部《出口管制法》，并于 1951、1953、1956 和 1958 年相继进行修订。美国按照管制强度将除加拿大以外的其他国家进行分组管制，以此凸显美加之间的盟友地位。

（四）1969 年《出口管理法》

1969 年美国开始从"东西方的战略禁运"转向"寻求贸易的增长"（Long，

---

① 参见美国对古巴出口禁运事件。

1996)。1969 年颁布的《出口管制法》于 1972、1974 和 1977 进行三次修订。此后,由于出口管制成本巨大,美国当局遭受到来自盟国及国内工商界的诸多压力。1969 年版本的《出口管理法》于 1979 年被正式取代。

(五) 1979 年《出口管理法》

由于原有管制立法显现的不足,美国于 1979 年对其进行修订。修订后的管制法对苏联具有专门的歧视性。由于 1979 年 12 月末苏联入侵阿富汗,美国重新对苏联实施严格的出口管制,并一直持续至 1989 年。

(六) 1988 年《美国综合贸易与竞争法》

该法案是对 1979 年出口管理法的修订,旨在继续缩减出口管制范围和降低再出口管制标准(张江敏,1990)。中国在这一阶段虽被列为 V 组,但无法享有同等优惠政策(张汉林,1991)。

(七) 2000 年美国《国防贸易安全倡议》

随着冷战的结束和国际恐怖袭击事件频繁发生,美国的出口管制转变为以"反恐"为核心,也更具有歧视性和差别性,具体表现如下:一是扩大许可证豁免制的受益国家。美国为了防务合作需要增加对特定国家的敏感物项的输出,放宽包括对印度、巴基斯坦等国的武器出口限制;二是加强对潜在对手及非友好国家的出口管制标准。

(八) 2009 年美国出口管制改革

为了应对 2008 年的全球金融危机,奥巴马政府于 2009 年推动出口管制改革。无论是授权法案修正,还是贸易便利化改革,美国都将部分国家排除在外。

(九) 2011 年战略贸易许可例外规定

该规定进一步强化出口管制的歧视性和针对性:一方面,通过例外规定和许可安排致力于放松对盟友的出口管制;另一方面,加强针对性出口管制以提高政府监管效率。

(十) 2013 年《国防授权法案》

该法案围绕商业卫星的出口数量、类型、发射及合作等都出台了严格的歧视性限制。随着新兴经济体在通信技术方面的快速发展,以及在国际卫星市场上综合竞争实力的显著提升,使得美国越来越感受到竞争压力,从而加剧该物项的歧视性出口管制。

二、美国对华歧视性出口管制标准

美国对华出口管制标准历经了几次较大的调整,其中 1949 年和 1989 年加强对华出口管制,而 1969 年和 2009 年逐步放松出口管制(见表 4 - 1)。为了便于对管制物项的识别,美国将其划分为绿、黄、红三区。

表 4 - 1 美国对华出口管制标准演变

时间	管制标准	缘由	备注
1949 年	Y 组	暂时延续战后贸易关系	新中国成立后进行调整
1950 年	Z 组	朝鲜战争爆发	杜鲁门执政期
1952 年	巴统中国委员会	扩大对中国禁运	中美贸易冻结
1969 年	贸易解禁	允许非战略物资的贸易	尼克松执政期
1972 年	Y 组	中美关系正常化	《上海公报》
1980 年	T 组	苏联入侵阿富汗	区别于苏联
1983 年	V 组	调整出口指导原则	里根执政期
1987 年	绿区调整	高技术贸易平衡	扩展绿区技术
1989 年	冻结优惠待遇	国际政治形势变化	布什执政期
2009 年	未授权组	授权总统将卫星等从军品清单挪出	国会《国际关系授权法案》
2009 年	排除在外	调整出口管控流程	商务部《出口便利化修改草案》
2011 年	排除在外	调整贸易便利措施	商务部《战略贸易许可例外规定》
2013 年	排除在外	放松卫星等管制政策	参议院《国防授权法案》

资料来源:作者整理得到。

从表 4 - 1 可以看出,美国对我国的出口管制标准历经"Z 组—Y 组—V 组",即从"敌国—非敌国—友好的非盟国"转变。尽管强度有所缓和,但与其他国家相比,美国对中国的歧视性逐步加强。表现为中国是 V 组中唯一要受审查的国家,进口绿区产品需要取得许可证,被排除在享受贸易便利化措施国家行列之外等。

第二节　产业技术引进路径的形成及演变

一、产业技术引进路径的分类

技术引进是指从其他国家或地区获取技术的行为。技术引进对于提高创新能力和提升创新效率至关重要。技术引进具有直接效应和间接效应，前者包括因引进技术而提高生产效率，后者包括关联、示范及人员流动效应等（朱平芳,2006）。

产业技术引进路径按照复杂程度可分为直接和间接两种。直接引进路径是指技术输出国对技术引进国的直接的技术转让和溢出，即不需要经过第三方国家或地区，也无需对技术进行伪装、分拆或改造等。直接引进路径包括如下四种形式：即直接购进先进技术、先收购企业再获得技术、先引进跨国公司投资然后获得技术、通过合资合作生产获得技术等。间接技术引进路径是指技术不是直接从输出国转移到输入国，而是经由第三国或更多的国家流入技术引进国，或者技术不是以"一揽子"方式引进，而是分批、分次、分层地引进，在此过程中技术被多次分拆和改造。

技术引进路径按照区位和方式又可以分为地理路径和形式路径。地理路径是指技术引进的空间方位，可以刻画技术引进的来源国的空间结构。形式路径是指技术在转移过程中的状态，即技术以何种方式在不同空间进行扩散和转移。受技术管制和竞争需要，技术转移中的形式路径可能复杂多样。为了达到规避管制和提升商业价值的需要，当事人会对技术进行伪装、改造或者升级，技术引进的形式由此变得多样而复杂。

二、产业技术引进路径的形成及制约因素

（一）产业技术引进路径的形成

产业技术引进路径是在特定的经济社会发展阶段中形成的，体现偶然性和必然性相伴的既矛盾又统一的过程。例如,亚洲"四小龙"借助世界产业转移时机吸收大量先进技术获得迅速发展。中国改革开放后在吸引外资

的过程中注重引进先进设备和成套技术(崔日明,2007)。

产业技术引进路径的形成是主观能动和客观约束共同作用的结果。从客观约束来看,一国不能违背基本的技术引进规律,忽视本国技术吸纳能力和经济发展水平,以及不能引进过高或过于前沿的技术。从主观能动来看,一国可以主动制定技术创新战略,构筑科技创新蓝图,有目的和有针对性地铺设产业技术引进路径,最终实现技术的革新、追赶和超越。

(二) 产业技术引进路径的制约因素

尽管产业的潜在收益会因引进新技术而显著增加,但往往出于各种原因而无法顺利引进该技术(Suri,2011)。这是因为制约产业技术引进的因素复杂多样。

1. 制度禀赋

首先,制度安排决定着产业技术引进的规模和水平。产业技术引进路径受到输入国对于技术引进的政策态度、输出国对于技术出口的制度安排以及国际间政治关系的影响。如果输入国对技术引进非常鼓励,则技术引进路径将更加多元化。如果发达国家限制某项技术的输出,则技术引进路径会变得曲折而复杂。如果两国政治外交关系友好,则产业技术引进路径非常简短而高效,反之则会被扭曲。最优技术引进路径是以最小成本及时获得本国经济发展所需的技术。由于受到政治关系或者出口管制等多种限制,引进国不能如愿以最小成本、最短时间从目标国引进最亟须的技术,而不得不从其他国家以更高成本、更长时间、更繁手续引进同类技术或替代技术。

其次,产业制度质量影响着技术引进的效率和层次。例如,引进国加强产权立法有助于引进高新技术(姚利民,2009)。引进国的契约制度越不完善,则往往只能引进低端技术,因为输出国担心高端技术在引进国不能很好地得到保护,模仿和剽窃行为会给输出国造成巨额的损失(Acemoglu,2007)。金融约束和吸收外资能力对技术引进和吸纳能力至关重要(Saleem,2014)。政策标准也直接影响着技术的引进路径。例如,美国和欧盟提高汽车燃油标准导致燃油相关技术引进率显著提高(Klier,2016)。制度的不稳定性是技术引进的重要障碍之一,稳定的经济和政治制度有利于技术的引进。例如,日本二战后通过消减各种壁垒刺激先进技术的引进,从而实现从"战前停滞"向"战后奇迹"的转变(Ikeda,2016)。贸易自由化和民主化对技术引进具有显著的正向促进效应(Cervellati,2014)。上述研究表明,产业制度显著影响着技术引进路径。

2. 技术禀赋

技术禀赋从吸收能力和技术差距两个方面影响着技术引进路径。

一是输入国的技术消化和吸收能力。如果输入国研发基础薄弱,缺乏足够的技术人才,那么技术引进的难度会加大(陈建军,1992)。引进技术的产业在经营中消化和改造原有技术(陈劲,1994)。此外,产业的生产效率也会对技术引进路径产生影响(孙文杰,2007)。

二是输入国与输出国的技术差距。如果两国的技术差距过大,则两国间的技术贸易机会减少,而商品贸易机会增加。然而,当两国间技术差距缩小时,技术贸易的规模将增加。引进国的人力资本禀赋状况、已经引进技术的数量和质量等都决定技术引进的速度和规模(Comin,2003)。人力资本的积累与技术引进能力密切相关(Easterly,1994)。不仅当前的技术水平制约技术的引进,而且未来技术创新的不确定性也影响着当期的技术引进决策(Smith,2012)。

3. 经济水平

经济收入水平决定消费需求的层次,而消费需求引导着生产方向。可见,经济发展水平及所处阶段决定技术引进的路径(康荣平,1992)。经济发展水平的差距制约着技术引进效果,技术引进壁垒会随着收入差距的大小而存在显著差异(Parente,1994)。技术引进的效果存在显著的地区差异,不同地区的获益存在非均衡性(吴延兵,2008)。

经济发展水平差异产生的需求层次的不同影响着技术的引进时机及类型。为满足特定的消费需求,本国相关产业亟须改进工艺和提升生产率,从而产生从国外引进技术的动力(Richard,2013)。当前的消费福利显著低于采用旧技术时的消费福利时,便是引进新技术的最优时机(Valente,2009)。可见,需求的层次性决定技术引进的层级性。但是,现实中相关产业为了满足当前的需求水平而忽视技术引进的长远利益(Vishal,2015)。

4. 文化差异

技术引进必须符合当地的文化需求。例如,在引进宽带互联网和社交网络系统等 IT 技术方面,韩国相比美国消费者更容易受到社会群体的影响,所以韩国在 IT 技术引进方面明显快于美国(Im,2011)。文化越相近的国家在相关技术方面的交流和合作就越多。

5. 竞争程度

内部的竞争压力会产生从外部引进先进技术的动力。竞争程度越大对技术引进的层次和需求则越大。例如,由于农产品运输费用的上升和价格的下跌而产生的竞争压力促使农场主从国外引进更新和更高效的生产技术(Shon,2013)。出于竞争的需要,占有区位优势的产业往往选择尽早引进先进技术。但是,出于学习的原因,不占有区位优势的产业则会选择等待。地理空间越邻近的产业,其技术引进的时间差越小。竞争致使技术引进具有空间上的积聚特征(Patel,2013)。由于技术引进可以帮助产业在竞争中抢占先机,所以处于低积聚水平市场的产业比处于高积聚水平市场的产业更加关注技术引进所获得的先机优势(Hannan,1987)。由此可见,市场的集中度和竞争程度影响着产业技术引进的行为。

产品市场的竞争影响着产业引进新技术的时机,且技术引进时机依据所处的市场类型的不同而存在较大差异。例如,处于古诺竞争市场的产业会比处于贝特朗竞争市场的产业更早地引进先进技术(Milliou,2011)。

6. 外部性

网络外部性的存在给技术引进提供抢占市场先机的激励(Choi,1996)。垄断产业往往最早引进先进技术以利用网络外部性成功实现对潜在对手的排挤。如果较早技术引进者对较晚技术引进者具有示范效应,或者较晚技术引进者能够顺利向较早技术引进企业学习或模仿,那么相关产业会依据其他产业的技术引进决策对自身的技术引进决策进行应对性调整(Besley,1993)。

受到社会网络外部性的影响,技术引进的可能性与当事人知道其他引进者的数量呈现倒"U"型关系。例如,为了以搭便车的方式从其他引进者获得更多的技术信息,相关产业会采取观望策略而推迟某项技术的引进(Bandiera,2006)。在"具有正网络效应"的市场中,低临界规模的技术往往意味着高风险。[①] 所以,为了降低技术的引进风险,说服更多的用户引进该技术以提高临界规模,可以利用网络效应的正外部性使得技术引进由"风险占优"向"收益占优"转变(Keser,2012)。

---

① 临界规模是指某项技术创新得以自我维持状态下的最低使用者数量。

(三) 技术引进与路径依赖

路径依赖的不足体现为现有路径很难被更优路径所替代(诺斯,1994)。产业技术引进的路径依赖主要体现在以下两个方面:一是空间路径的依赖,即长期依赖从某些国家或地区引进技术,缺乏从其他国家引进技术的激励和动力,陷入对某个或几个技术输出国的深度依赖;二是形式路径的依赖,即习惯于特定的引进形式,缺乏变革的活力。

技术引进的路径依赖至少对输入国造成以下不利影响:首先,技术引进国长期被锁定在国际分工中的低端价值链,不利于提升国际分工地位;其次,由于在关键和核心技术上受制于人,不利于获得对等的话语权和贸易利益;最后,自主创新能力和潜力无法得到激发和释放,不能尽快对发达国家实现技术追赶和超越。

由于路径依赖导致系统放弃或者忽略对潜在更优路径的追求,所以,路径依赖越久,导致的效率损失越大。破解产业技术引进的路径依赖的对策如下:一是制度上的强势干预与科学引导。用政府制度之钥破解引进路径依赖之锁。政府通过出台系列反路径依赖的措施,改变传统的技术引进方式和区位,利用政治和外交等手段多样化技术引进渠道。二是产业上的转型升级。一国可以利用发展新产业的契机重新开辟技术的引进路径。中国当前存在的路径依赖严重阻碍由引进向创新的自我演化(沈能,2008)。

三、产业技术引进的理论模型的演进

按照一般均衡、动态博弈和均衡动态分析方法,产业技术引进的理论模型包括南北贸易模型、需求引致模型和技术赶超模型。

(一) 南北贸易模型

该模型认为产业技术引进主要发生在北边发达国家和南边发展中国家。代表人物包括克鲁格曼和多拉尔。该模型的主要观点如下:①新技术主要来自北方的发达国家;②南方的发展中国家由于缺乏技术创新能力,所以需要从北方国家引进技术(梁志成,2000)。

(二) 需求引致模型

与南北贸易模型单纯主张"技术北出南引"不同,该模型认为南方国家也可以进行技术创新(Jensen,Thursby,1986)。收入的差异导致的需求多样性决定南方国家可以向北方国家出口(Flam,Helpman,1987)。该模型的主要观点有:需求多样性是南北国家互相出口的原因;南方国家和北方国家一样实施产业技术创新,并能够分享创新成果(Segerstrom,1991)。

(三) 技术赶超模型

由于各国产业技术能力的差异以及国际分工地位的不同,技术的引进最终导致经济增长的趋同和收入的趋同(Baorr,1995)。南方欠发达国家具有技术追赶的机会和可能(R. Van Elkan,1996)。正因如此,落后国家存在后发优势(林毅夫,2005)。技术赶超模型给欠发达国家指出了发展路径,认为不同经济起点的国家不仅经济增速趋于收敛,而且产业的技术模仿和创新的回报率也将有趋同之势。

四、我国高新产业技术引进路径的演变

随着我国经济实力的不断增强和技术创新能力的逐步提升,少数发达国家逐步强化对华出口管制的歧视性,致使我国的技术引进路径逐步呈现多样化和复杂化特征。

(一) 技术引进的区位路径演变

我国技术引进的区位路径在历史上发生了多次变化,且主要依据输出国在当时的技术领先的程度和经济发达水平而适时调整。具体的区位演变路径如表4-2所示。

表4-2 我国技术引进的区位路径演变

时间	国别区位	技术类别
16世纪	意大利	眼镜技术
17世纪	德国	机械表
18世纪至19世纪	西方列强	军事、船舶、钢铁冶炼、棉纺织业
20世纪50年代	苏联和东欧国家	156个建设项目
20世纪60年代	日本和西欧	化工、化纤和冶金等成套设备
20世纪70年代	日本、美国及西欧国家	化肥化纤、数据处理、轧机、采煤机组
20世纪80年代至今	全方位	多种技术、多种设备、多种渠道

资料来源:作者整理得到。

从表 4-2 可以发现,影响我国技术引进的区位路径的因素包括:一是技术输出国在当时的技术领先程度。只有技术具有领先水平,才会有引进技术的必要和动力。二是两国的外交关系。当两国关系友好时,技术的引进才有基础;而当两国关系恶化时,技术引进被迫中断。

(二)技术引进的形式路径演变

我国的技术引进在形式方面历经了由简单到复杂、由有形到无形、由直接到间接等多种形式的路径演变。早期表现为单纯的产品引进,然后进入设备引进环节,在此基础上逐步形成独立的工业体系。随着近代基础工业体系的建立,我国高新产业的技术引进日趋活跃。当前,随着我国经济日趋融入国际市场,通过吸引外国资本(FDI)获得技术溢出、合作研发引进先进技术以及实施海外投资(OFDI)争取先进技术的方式逐步增强。我国技术引进的形式路径更加高端化和复杂化。

第三节 出口管制标准与产业技术引进路径的关系

产业技术引进路径刻画了技术从输出国向输入国流动的轨迹,该轨迹在自由开放市场环境中呈现出高效的点对点的直线溢出,而在出口管制标准的锁定下则表现为低效的多拐点的曲线流动。例如,在少数发达国家对华实施严格的出口管制标准下,"瓦格良"号改造为"辽宁"号的曲折历程,这是我国应对外国对华出口管制标准的成功案例,同时也反映出我国技术引进的艰辛历程。

在少数发达国家严格的对华管制标准下,我国高新产业的技术引进路径变得漫长而曲折。2009 年以来,少数发达国家多次强化对华高新技术歧视性的出口管制。发达国家的出口管制虽然未能阻碍我国的技术进步的步伐,但是却限制了技术革新的速度,不利于迅速缩短国内外的技术差距。全球化背景下,部分技术可以通过引进而节省研发成本。所以,我国国家领导人习近平、李克强等多次在不同场合敦促少数发达国家放松对华歧视性的出口管制标准。可见,研究出口管制标准对产业技术引进路径的影响及规律,对于我国尽快缩短国内外技术差距、降低技术引进成本、提高研发效率等具有重要的理论意义和现实价值。

当前,我国经济的快速增长致使外国出口管制标准面临深度调整:一方面,我国巨大的市场和快速增长的经济对国外高新技术的需求越来越大,从外国引进先进技术的动力越来越强;另一方面,少数发达国家越来越感受到我国经济崛起带来的竞争压力,从而在高新技术出口时不断强化对华歧视性管制标准。技术引进的动力和输出技术的阻力将如何影响我国高新产业的技术引进路径? 管制国的出口管制标准是否扭曲被管制国的高新产业的技术引进路径? 本节拟先从理论上梳理出口管制标准影响产业技术引进路径的作用机制,然后结合典型管制事件探寻出口管制标准扭曲产业技术引进路径的经验证据。

一、自由贸易下的产业技术引进路径的特征

国家之间的技术差距和技术差异是推动技术跨国流动的根本原因。由于研发基础及技术革新的需要,后发国家需要向发达国家寻求技术援助。技术差异导致产品的差异,进而满足多样化的消费需求,并成为经济发达水平相当的国家间相互引进技术的动因。[①] 可见,技术引进路径主要搭建于存在技术差距或技术差异的两个或两个以上的经济体之间。

自由贸易体制下的产业技术引进路径往往具备"形式最简、耗时最短、成本最低和效率最高"的特征。

(1)技术引进路径因为具有多种选择而最优

由于假定为自由贸易环境,技术引进完全依据市场经济规律进行,所以,引进方可以在世界范围内根据各国技术禀赋优势,制定多种技术引进方案,最终选择"最优"方案。

(2)技术引进路径的选择主要考虑经济因素

技术引进方在选择引进路径时主要考虑引进技术的成本和收益,重点关注技术的经济风险,而无须过多地考虑技术扩散带来的政治风险和国家安全风险等。

二、出口管制标准锁定下的产业技术引进路径的特征

相对于自由贸易而言,出口管制标准锁定下的技术引进路径具有低效

---

① 需求多样性和层次性的相关知识参见美国心理学家亚伯拉罕·马斯洛 1943 年提出的需求层次理论。

率和高成本的特征,具体表现如下。

(1)政治因素是决定技术引进路径的关键变量

技术引进方在选择技术引进路径时,首先考虑的是两国间的政治关系,技术引进的制度风险远远超过经济风险。国际格局对技术引进路径具有决定性的作用。例如,美苏争霸时期,我国由于采用"一边倒"的外交战略,以及部分西方国家对我国的封锁,所以,我国在那个阶段的技术引进主要来源于苏联。而在中苏关系破裂和中美关系正常化后,我国开始注重从美国引进技术。当前,随着我国经济的崛起,少数发达国家越来越强化对华高技术出口管制,致使我国的技术引进路径不得不转向管制国以外的其他发达国家。

(2)技术引进路径是次优选择的结果

对贸易过多施加制度约束会扭曲市场资源的配置。出口管制标准锁定下的技术引进不能按照最优原则进行,即不能以最小成本、最短时间、最高效率获得所需技术,而只能以相对小的成本、相对短的时间和较高的效率从非设限国家或管制标准比较宽松的国家引进技术。此时的技术引进路径仅仅是"次优"的选择结果。

三、出口管制标准对产业技术引进路径的影响机理

出口管制标准对高新产业的技术引进路径的影响机理本质上折射出制度对于经济行为的冲击,具体的理论渊源可追溯到制度经济学和新制度经济学相关理论,其影响机理如下。

(1)出口管制标准增加技术引进路径中的交易费用

由于增加技术引进的难度和诸多手续环节,出口管制标准迫使技术引进国付出高昂的交易费用。实施国设计此类标准的目的正是通过抬高交易成本和难度,进而达到限制技术输出的目的。

(2)出口管制标准凸显技术引进路径中的产权特质

出口管制标准本质就是强调高技术的产权属性。[①]管制国力图通过维护相关高新技术的产权,以最大程度获得技术领先优势和维护国家安全战略。管制国实施的域外管制标准实质上就是强调技术在国际转移过程中,

---

① 在市场经济条件下,产权属性包括经济实体性、可分离性和独立性。

对于其独有的高新技术的产权保护和独占。

（3）出口管制标准诱发技术引进路径中的制度变迁

出口管制标准会诱发制度的连锁反应，具体表现在：一方面，差异化的出口管制标准容易引起被管制国实施报复性的贸易政策，激励第三国实施投机性的贸易措施；另一方面，出口管制标准容易引发相关投资政策、外汇政策、外交政策等出现连锁反应。被管制国为了应对严格的出口管制标准，不得不在技术引进制度上做出重大调整，此类制度的变迁体现了一种次优的制度对另一种无管制状态下最优制度的替代。

（4）出口管制标准加剧技术引进路径中的产业约束

发达国家的跨国企业要保证高新技术资源在全球范围内高效配置，就必须确保技术的精准输出，即仅仅限于内部企业或同盟企业获得，而不被竞争对手或敌对国家相关产业获得。目前，国际上实施的"授权合格最终用户"制度，其目的在于加强对输入国技术引进路径中的产业约束。

（5）出口管制标准导致技术引进的路径漂移

技术引进路径在出口管制条件下会发生选择性漂移，主要表现在：①技术经由第三国引进。虽然管制国对被管制国实施出口管制，但是未对第三国实施限制，所以，被管制国放弃从管制国直接进口，改为从第三国间接引进管制国技术；②技术来源国调整为第三国。由于遭受管制国的出口管制，被管制国选择从具有同类技术或替代技术的第三国直接引进技术。

（6）出口管制标准诱发引进技术的形式变异

出口管制的对象主要是高技术，而高技术存在的形式多种多样，既可以是图纸，也可以依附于具体的产品，既可以一揽子整体项目转移，也可以多次性梯度转移。出口管制标准诱发的技术形式变异主要体现在以下几个方面。

首先，技术的存在形式由显性转向隐性。由于出口管制的限制，技术引进的形式更加隐蔽。直接的技术引进无法实现时，通过产品的溢出、设备的溢出、人员的溢出或资本的溢出等形式实现技术的转移。

其次，技术的引进由一次变为多次。关键技术实施一次性转移不仅不能最大化经济收益，而且还会对输出国的技术领先优势造成直接威胁。所以，为了有效控制引进国的技术革新速度，转让国有意对受让国实施分批次、分阶段的梯次转移。

再次,技术的引进由整套设备采购转为关键零部件购买。由于发达国家对整套设备出口的管控,技术引进国转而求其次,重点引进关键零部件,然后利用国内的设备和技术,组装或改良整套设备,以绕开外国对本国整套设备出口的封锁。

最后,技术的引进由目标技术向类似技术或替代技术转变。发达国家对某项技术的管控会促使引进国寻求类似技术或替代技术的进口,或者向实施国进口替代技术,或者向其他国家进口类似技术或替代技术,最终不仅技术的种类日趋丰富,而且技术的来源地也呈现多样化趋势。

第四节　产业技术引进路径效应的实证检验

一、产业技术引进路径效应的相关假设

出口管制标准会引起高新产业技术引进路径的变化,而产业技术引进路径的调整会反作用于出口管制政策,并最终推动出口管制当局调整相关标准。前文研究表明,出口管制标准会引起技术引进路径的漂移和引进形式的变异。接下来围绕出口管制标准对技术引进路径的影响提出如下假设。

假设一:出口管制标准使得被管制国技术引进的地理路径更加曲折

出口管制标准会扭曲技术引进的路径。在没有管制时,产业技术引进的路径具有直线型特征,即技术直接从输出国转移到输入国。而一旦施加出口管制标准约束后,技术引进的路径变得曲折化和复杂化,具体表现为技术不得不经由一个或多个第三方国家中转,最后进入到技术引进国。

技术引进路径的扭曲会通过三个方面表现出来。一是国际市场上同类高新技术的过境贸易和转口贸易快速增加。这是因为,原本直接输出的技术,现在不得不经过多国中转,所以在贸易统计上会重复计算,最终结果就是该类高技术产品的世界总出口额会显著提升。二是实施国关于高技术产品出口的国别构成多样化。更多没有被管制的国家会有进口该类先进技术的动机。三是被管制国家的技术进口来源国构成会多样化。由于不能从实施国直接进口,所以,被管制国会寻求更多的技术引进渠道,最终表现为技术来源国日趋增多。

假设二：出口管制标准使得被管制国技术引进的形式路径更加复杂

严格的出口管制标准迫使被管制技术在转移时,形式上需要更加隐蔽和多样化。出于国家安全和竞争优势的考虑,发达国家往往拒绝一次性转让,而是采用分层次、分阶段和分梯度的可控制地多次转移,最终致使技术引进的形式路径更加复杂。具体表现如下:一是成套设备的进口减少,转为谋求关键零部件的进口;二是直接的显性的技术引进减少,转为含有相关技术的设备进口增加,技术费与设备费支出的比例下降;三是被管制的技术进口减少,同类技术或替代技术的进口增加。

假设三：出口管制标准使得被管制国技术引进的时间路径更加漫长

由于出口管制的原因,被管制国在引进某项技术的时候不得不历时更长。在没有管制时,高新产业可以集中人力、财力和物力在短期内全部引进。对于被严格管制的产业而言,技术引进的步伐受阻,技术进口的速度减缓,只能以关键零部件进口为主,致使单笔交易规模较小,总体持续时间较长。

二、我国高新产业技术引进路径现状

(一) 技术引进的总体规模增长显著

1979 年以来,我国技术引进历经了平缓增长和快速增长两个明显的发展阶段,其中 1979 至 1994 年间的技术引进无论是合同数量还是金额上都增长较平缓,但是自 1995 年开始,技术引进的速度和规模均呈现快速增长之势(见图 4-1)。

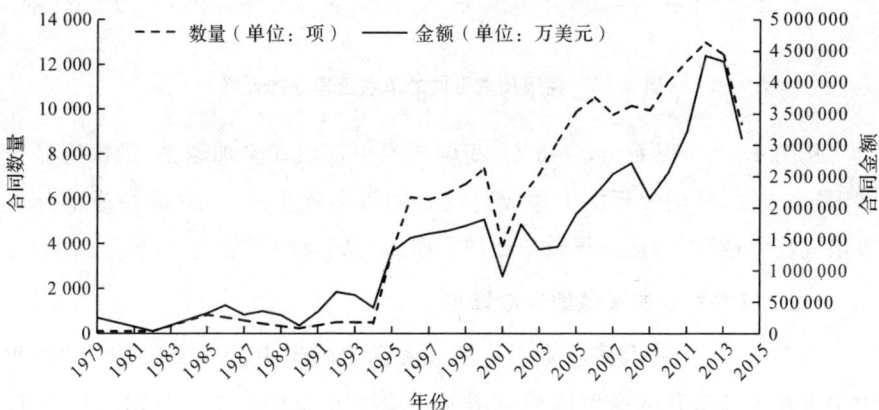

图 4-1　我国技术引进合同数量及金额

我国在技术引进的合同数量和金额方面均得到快速增长。其中异常增长的年份分别是 1985 年和 1995 年,相对于前一年在合同数量方面的增长率分别是 709.80% 和 717.34%,在成交金额上的增长率分别为 782.80% 和 217.42%。

(二) 技术引进合同平均金额下降明显

用技术引进总金额除以合同数量得到单项合同平均金额。该值能够反映技术引进的平均规模。如果大规模引进成套设备,该值就很大。如果只能分批次引进零部件及小型设备,该值就很小。1979 年以来,我国技术引进合同总量趋于上升,但单项合同金额趋于下降。1979 年单项合同的金额高达 2 616 万美元,1982 年跌至 355 万美元。自 1995 年开始,我国技术引进合同的平均金额低于 350 万美元(见图 4-2)。

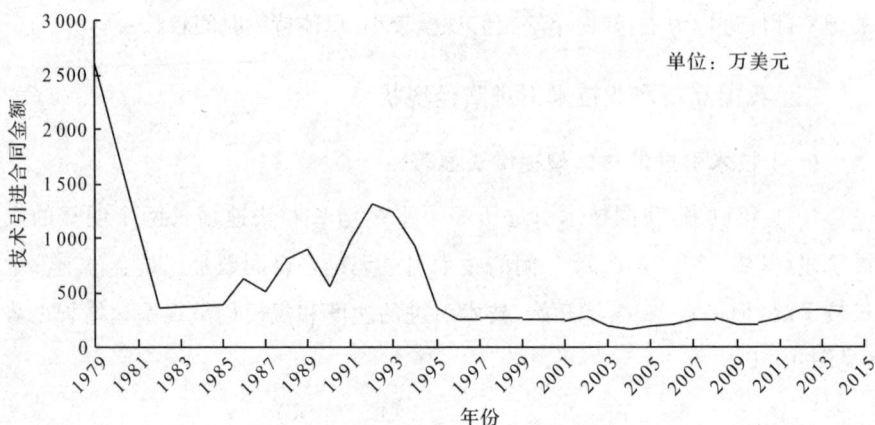

图 4-2   我国技术引进的单项合同平均金额

从图 4-2 可以看出,一方面,我国技术引进活动更加频繁,批次明显增多;另一方面,我国大规模引进成套设备的机会逐步减少,只能引进部分或零散的技术或设备,从而导致单项技术引进合同金额下滑。

(三) 技术引进的来源地逐渐增多

1979 至 2000 年我国技术引进的来源国比较集中。自 2000 年开始,我国引进技术的来源国或地区明显增加。1979 年我国主要从日、德、英等 10 个国家引进技术。1991 至 2000 年我国的技术来源地为 15 个国家,2012 年增至 79 个(见图 4 - 3)。

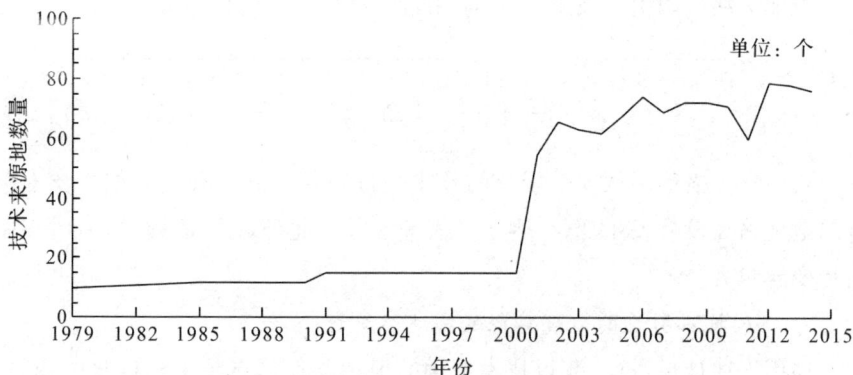

图 4 - 3　我国技术引进来源国家(地区)数量

我国技术引进来源地的快速增加的原因有三个。第一,少数发达国家对我国的技术输出实施限制,所以,我国不得不在国际市场上寻求更多新的技术引进渠道;第二,我国经济社会的快速发展对高新技术的需求日益扩大,急需引进多样化的高新技术;第三,日益开放的经济推动技术引进多元化。

三、数据描述与统计检验

(一) 技术引进的地理路径的量化模型与统计描述

1. 两国情形

假定 t 期某国只从两个国家或地区引进技术,且各自的比重分别为 $r_{x=1,t}$ 和 $r_{x=2,t}$,如果 $t+1$ 期各自的比重变化为 $r_{x=1,t+1}$ 和 $r_{x=2,t+1}$,则衡量该技术引进地理路径变化的模型可以表述为

$$PV = \sqrt{(r_{x=1,t+1} - r_{x=1,t})^2 + (r_{x=2,t+1} - r_{x=2,t})^2}$$

$$且\ r_{x=1,t} + r_{x=2,t} = 1 \tag{4-1}$$

如果 $t+1$ 期相对于 t 期的技术引进路径没有发生变化,即 $r_{x=1,t+1} = r_{x-1,t}$ 且 $r_{x=2,t+1} = r_{x=2,t}$,则 $PV=0$ 。极端情况下, t 期从国家 1 引进技术,而至 $t+1$ 期从国家 2 引进技术,此时测度出的技术引进路径的 PV 值达到最大值 1。

2. 多国情形

当某国从多国引进技术时，技术引进路径的变异可以用公式测度。

$$PV = \sqrt{(r_{x=1,t+1}-r_{x=1,t})^2 + (r_{x=2,t+1}-r_{x=2,t})^2 + \cdots + (r_{x=n,t+1}-r_{x=n,t})^2}$$
$$且 \ r_{x=1,t} + r_{x=2,t} + \cdots + r_{x=n,t} = 1 \tag{4-2}$$

式(4-2)描述了从 n 个国家的技术引进路径变异的程度。如果技术引进的地理路径没有发生变化，则 PV 值等于零。此外，PV 值越大，表明空间路径变异越大。

3. 我国技术引进的地理路径的描述性统计

利用上述计量方法，测得技术引进的地理路径具有越来越稳定的趋势。1985 年的路径变异值(PV)达到 0.47，截至 2014 年该值下降至 0.1，且总体上呈现递减的趋势。持续下降的 PV 值表明：一方面，我国主要的技术引进国没有发生大的变化；另一方面，我国技术引进国的多样化降低了从单个国家引进技术的比重，从而导致 PV 值越来越小（见图 4-4）。

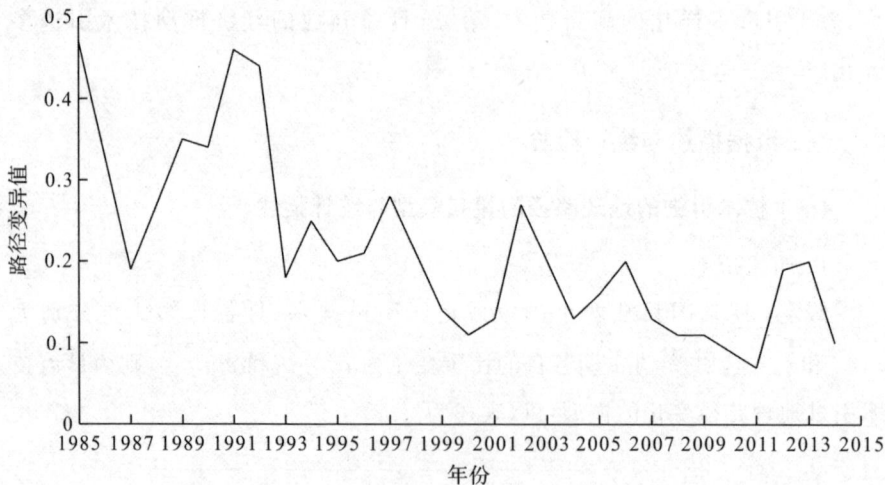

图 4-4 我国技术引进的地理路径变化趋势

从地理构成来看，1979 至 2000 年我国的技术引进主要来自于日本、德国、美国、意大利、英国、法国、加拿大和苏联。例如，1979 年我国技术引进经费的 59.47% 用于购买日本的技术。1991 年我国 39.71% 的技术引进经费用于引进苏联的技术。1989 年和 1992 年意大利成为我国引进技术的第一大来源国。2001 至 2014 年我国的主要技术来源国包括美国、日本、德国、韩国和瑞典。

(二) 技术引进的形式路径的分类与统计描述

技术引进的形式包括有形设备、无形技术、咨询服务、合作生产和其他方式。[①] 本书主要研究前四种形式。

1. 按照合同数量

2000 年以前,我国高新产业的技术引进的形式路径具有相对的稳定性,各种引进形式在技术引进中的占比变化不大。但是,自 2001 年开始,高新产业技术引进的形式出现严重分化,具体表现为有形设备的进口逐步下降,且所占比重较小,而咨询服务的占比快速上升,且规模越来越大。此外,无形技术的引进远远超过有形设备的进口。合作生产的方式在技术引进中也越来越重要(见图 4 - 5)。

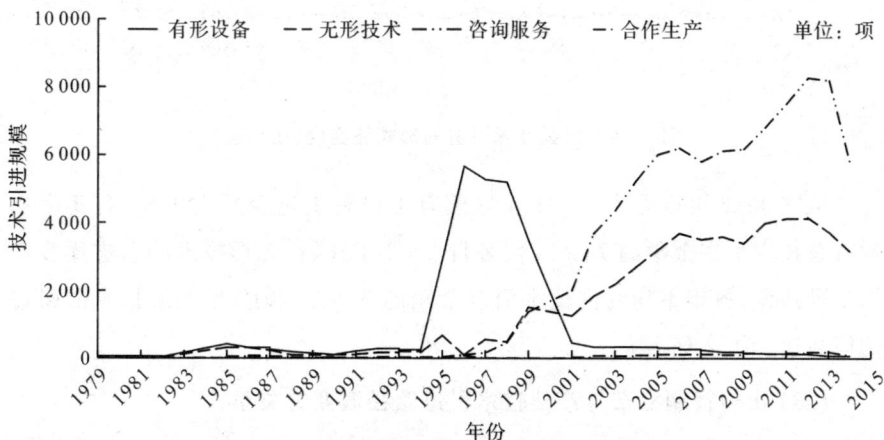

图 4 - 5　我国技术引进的形式路径(按合同数)

从图 4 - 5 可以看出,有形设备的技术引进合同数量在 1996 年前后出现断崖式的上升和下降,1993 年为 248 项,1996 年快速上升至 5 665 项,2014 年仅仅只有 51 项。咨询服务的合同数量出现快速上升,从 1979 年的 8 项增长至 2012 年的 8 264 项。可见,我国高新产业的技术引进已经由"硬项引

---

① 1990 年以前的统计年鉴划分为 4 种类型,1991 至 1996 年的统计年鉴划分为 6 种类型,1997 至 1999 年的统计年鉴分为 10 种类型,2001 至 2014 年的统计年鉴分为 8 种类型。

进"向"软项引进"转变。

2. 按照合同金额

1979 年以来,我国有形设备进口的规模历经先升后降的过程。1995 年以前,高新设备进口一直是中国最主要的技术引进方式。但是自 1996 年开始无形技术的引进逐步占据主导地位。此外,咨询服务也逐渐成为中国技术引进的重要形式之一(见图 4-6)。

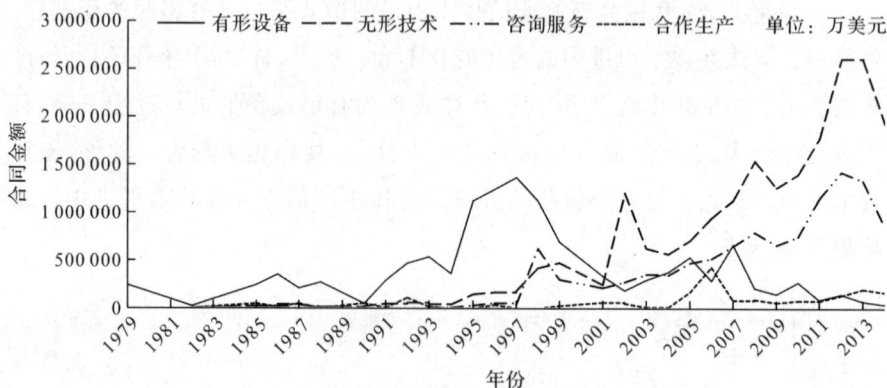

图 4-6　我国技术引进的形式路径(按成交额)

从图 4-6 可以看出,2001 年以前有形设备引进金额占主导,各年平均约占总技术引进金额的 74%。但是自 2002 年开始,无形技术的引进逐步占据主导地位,各年平均约占技术引进金额的 54%。2012 年无形技术的引进规模高达 261.2 亿美元。

(三) 出口管制标准与产业技术引进路径演变的关系

1. 出口管制标准影响产业技术引进路径的综合检验

依据前文关于美国对华出口管制标准的波动分析可知,1979 年随着中美外交关系的正常化,美国逐步放松对华高技术出口管制标准。1989 年美国以国际政治形势变化为由加强对华出口管制标准。2009 年美国为了摆脱金融危机的影响,适度放松对华出口管制标准。基于上述三个时间节点,笔者运用对比分析方法探讨出口管制标准强度调整前后的产业技术引进路径的变化轨迹。

(1)地理路径的变化轨迹

1972 年美国开始放松对华出口管制标准。1980 年和 1983 年美国分别将中国列为 T 组和 V 组。随着美国对华高技术出口管制的逐步放松,中国技术引进的路径出现重大调整。具体表现为:一是减少对日本技术的依赖。中国自日本的技术引进占总技术引进的比例大幅下降,由 1979 年的 59.47％降至 1985 年的 19.95％,日本不再是中国的第一大技术来源国;二是增加自美国、德国、法国等国的技术引进比重。例如,中国自美国引进的技术占总技术引进比重由 1979 年 0.74％快速增加至 1985 年的 22.22％,美国成为中国的第二大技术来源国。美国放松对华出口管制标准致使中国的技术引进路径发生了巨大的调整,由原来主要依赖日本技术转为欧、美、日并重的技术引进格局。1985 年德国成为中国引进技术的第一大来源国。

1989 年美国开始强化对华出口管制标准。此次出口管制标准的调整使得中国技术引进的路径出现明显变化。一是技术引进的路径更加多元化,除了传统的美、日、欧技术来源外,还加强了从西班牙、韩国和芬兰等国的技术引进;二是美、日在中国技术来源国的地位不降反升。1989 年日本和美国分别是中国的第六大和第七大技术来源国,截至 1995 年,美国和日本分别跻身为中国的第一大和第二大技术来源国。强化出口管制标准导致中国技术引进路径发生变化。美国强化对华出口管制标准使得其盟国加拿大的对华技术输出呈现绝对下降,由 3.06 亿美元降至 2.04 亿美元,而其他主要技术输出国的对华技术贸易额均出现大幅增长。在中国的技术来源国列表中,意大利和苏联(俄罗斯)由 1989 年的第一位和第二位下降至 1995 年的第五位和第六位。

(2)形式路径的变化轨迹

1989 年,美国加强对华出口管制标准,对我国产业技术引进的形式路径的影响主要表现在以下几个方面。

一是有形设备和咨询服务的方式趋于下降。其中有形设备进口金额由 1988 年的 27.15 亿美元降至 1990 年的 4.98 亿美元,而咨询服务也由 4 463 万美元降至 795 万美元。

二是无形技术和合作生产的方式得到加强。用于合作生产的技术经费支出由 1988 年的 658 万美元快速升至 1990 年的 5.38 亿美元。中国无形技术的进口在同期由 1.48 亿美元增加至 2.26 亿美元(见图 4－7)。

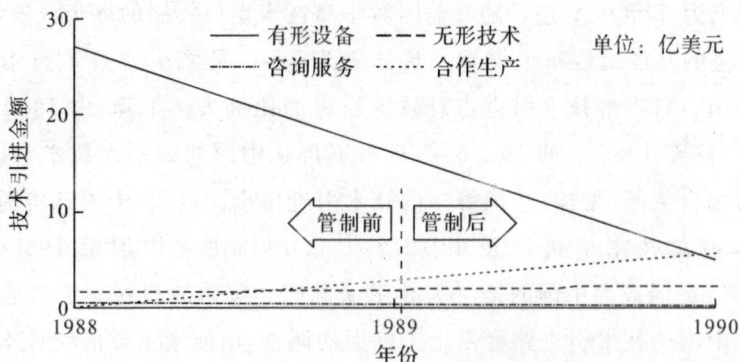

图 4-7 1989 年美国加强对华出口管制引起的技术引进形式路径变化

由图 4-7 可以看出,随着美国提高出口管制标准强度,我国的技术引进在形式路径上出现隐性化趋势。虽然有形设备进口在技术引进中仍然占据主导地位,但是,无形技术的引进在整个路径中的地位逐步凸显。此后,我国技术引进的形式路径发生根本性转变。我国技术引进的形式路径在 2002 年前为"有形设备主导型",在 2002 年后则变为"无形技术和服务主导型"。我国两种主要的技术引进路径在 2001 年和 2002 年间出现交叉走势(见图 4-8)。

图 4-8 我国产业技术引进的形式路径的转变

综上所述,1989 年美国加强对华出口管制标准对中国产业技术引进的形式路径的影响主要表现为技术的溢出路径由显性转为隐性,在技术引进形式上由"设备主导"转为"技术和服务主导"。由于有形的零部件及成套设备引进更容易引起美国监管部门的注意,所以,自 1989 年以后,我国加大了对无形技术的引进。这是我国高新产业针对外国出口管制标准做出的重大适应性调整。

2. 出口管制标准影响产业技术引进路径的行业检验

前文从宏观层面分析了外国出口管制标准对我国高新产业技术引进的影响,接下来,选取三类代表性高新产业进行研究。笔者采用 SITC 编码规则,从联合国商品贸易数据库上收集中国高技术产品进口数据,进而对比美国加强管制标准之前和加强管制标准之后的中国技术引进路径的变化。

(1)电子通信产业

笔者选取 SITC 分类目录中的第 7 类第 72 章的代码为 724 的 Telecommunications Apparatus 进行检验。以 1989 年为分界线,向前和向后各拓展 5 年,对比出口管制标准变化前后我国技术引进路径的变化过程。数据来源于联合国商品贸易数据库,在绘制技术引进的路径时主要选取前 10 位的国家或地区,按照进口金额的大小进行排名,然后将同一国家在各年的排名进行连线,最后得到该国在我国技术引进中的地位排名及变化轨迹(见表 4 - 3)。[①]

表 4 - 3 出口管制标准对我国电子通信产业技术引进路径的影响

国家/地区	排名	1984年	1987年	1988年	1989年	1990年	1991年	1992年	1993年	1994年	国家/地区
JPN	1	*	•	•	•	•		*	*		JPN
HKG	2	?	*	*	*	*	*	★	★		USA
USA	3	★	★	★	◎	★	★	★	•		HKG
DEU	4	☆	©	©	★	◎	◎	◎	◎		SWE
SWE	5	◎	¤	ITA	Θ	CAN	CAN	☆	☆	BEL	BEL
ROU	6	⊕	☆	☆	©	☆	☆	ESP	BEL	CAN	CAN
GBR	7	¤	Θ	◎	☆	Θ	ESP	Θ	CAN	☆	DEU
SGP	8	©	◎	¤	CAN	¤	¤	CAN	KOR	ESP	ESP
FRA	9	Θ	ITA	Θ	¤	ESP	NLD	¤	¤	KOR	KOR
CHE	10	⊙	CAN	HUN	NLD	AUS	Θ	NLD	©	©	SGP

资料来源:作者整理得到。

[①] 国家或地区代码如下:JPN(Japan)、HKG(China,Hong Kong SAR)、USA(United States of America)、DEU(Fmr Fed. Rep. of Germany)、SWE(Sweden)、ROU(Romania)、GBR(United Kingdom)、SGP(Singapore)、FRA(France)、CHE(Switzerland)、ITA(Italy)、CAN(Canada)、HUN(Hungary)、NLD(Netherlands)、ESP(Spain)、BEL(Belgium-Luxembourg)、KOR(Rep. of Korea)等。

从表 4-3 可以看出,1989 年美国调整出口管制标准对我国电子通信产业的技术引进路径影响不显著,美国从 1988 年的第三位降至 1989 年第四位,但在 1990 年又恢复至第三位。自 1993 年起成为仅次于日本的第二大对华技术输出国。

(2)航空航天产业

笔者参照 SITC 分类标准,选取第 7 类编码为 734 的 Aircraft 产业,从联合国商品贸易数据库收集 1987 至 1994 年的前 10 位国家的进口贸易数据(国家代码同表 4-3)[①],对比分析美国出口管制标准对中国航空航天产业技术引进路径的影响。表格绘制方法同表 4-3,具体结果如表4-4所示。

表 4-4   出口管制标准对我国航空航天产业技术引进路径的影响

国家/地区	排名	1987 年	1988 年	1989 年	1990 年	1991 年	1992 年	1993 年	1994 年	国家/地区
USA	1	★	★	★	★	★	★	★	★	USA
FRA	2	Θ	△	△	△	△	RUS	RUS	Θ	FRA
GBR	3	¤	Θ	◇	Θ	¤	NLD	¤	RUS	RUS
SUN	4	△	¤	Θ	¤	Θ	SWE	NLD	AUS	AUS
CAN	5	◇	©	¤	©	¤	Θ	Θ	¤	GBR
DEU	6	☆	☆	☆	☆	·	¤	☆	©	SGP
SGP	7	©	*	©	·	☆	CSK	©	☆	DEU
HKG	8	·	POL	·	*	*	◇	·	NLD	NLD
JPN	9	*	·	#	#	©	☆	EST	ISR	ISR
ITA	10	#	◇	CHE	◇	CHE	·	*	·	HKG

表 4-4 表明,尽管美国在 1989 年加强对华出口管制标准,但是作为中国的航空航天领域第一大进口国地位没有发生变化。接下来考察 7341(Aircraft,Heavier Than Air)和 7349(Parts of Aircraft,Balloons Airships)两种产品,发现美国在 1989 年调整管制标准强度后对华航空关键零部件及飞船等出口锐减,而整机的出口有所提升,这说明美国加强了对关键零部件的出口管制(见图 4-9)。

---

① 国家代码:SUN(Fmr USSR)、POL(Poland)、ISR(Israel)、EST(Estonia)、RUS(Russian Federation)。

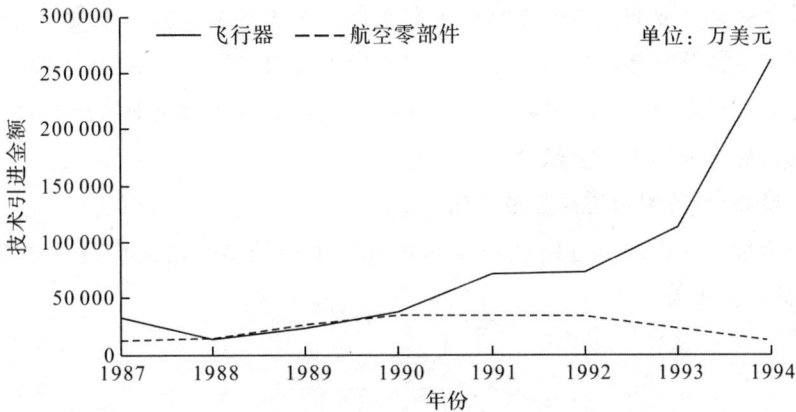

图4-9 1989美国加强出口管制标准对航空航天产业的影响

虽然美国仍然是中国航空航天产业的主要技术来源国,但是由于美国自1989年加强对华歧视性出口管制标准,我国在航空航天技术和产品上对美国的依赖程度发生了显著变化。笔者用式(4-3)衡量中国对美国的依赖程度。

$$TD = \frac{M_{CA}}{M_{CW}} \qquad\qquad (4-3)$$

式(4-3)中,TD 表示技术依赖程度,M_{CA} 和 M_{CW} 分别表示我国自美国和其他国家的技术进口额,该值越大说明依赖程度越强。依据上述方法测得我国在7341和7349两类产品上对美国技术引进路径的依赖程度(见表4-5)。

表4-5 我国航空航天产业对美国技术引进的依赖程度 单位:%

年份	1987	1988	1989	1990	1991	1992	1993	1994	1995	1996	1997	1998	1999	2000
航空器	66	74	81	82	85	52	58	82	6	48	5	46	47	68
零部件	63	65	82	87	83	57	7	69	65	51	62	64	48	63
年份	2001	2002	2003	2004	2005	2006	2007	2008	2009	2010	2011	2012	2013	2014
航空器	45	68	54	5	49	49	48	38	52	49	42	44	62	57
零部件	41	34	46	6	68	78	71	56	41	38	35	34	3	31

资料来源:作者计算整理。

从表4-5可以看出,自1989年美国加强对华出口管制标准以来,我国在航空航天产业的技术引进路径上对美国的依赖逐步下降。例如,1989 年我国航空器及零部件80％以上的进口来自于美国,2014 年该比例大幅下降,其中航空器降至57％,零部件降至31％。近年来,我国航空航天产业的技术引进路径出现如下几个趋势。

趋势一:技术引进路径多元化

衡量产业技术引进路径的多元化可以用路径复杂度或广度公式来计量,具体公式为

$$pc = \sqrt{\frac{h_1^2 + h_1^2 + \cdots + h_1^2}{i}} \qquad (4-4)$$

式(4-4)中,h_i 表示从 i 国进口的技术或产品占总进口额的比重。当 $i=1$ 时,表明该国仅仅从一个国家引进技术,此时路径最为单一,pc 值等于 1。而当 i 越大时,则表明产业技术引进的路径越复杂,技术来源国越多。单个的 h_i 值越小,则 pc 值越接近于 0。依据上述方法测得 1987 至 2015 年我国航空航天产业的技术引进路径复杂度趋势,如图 4-10 所示。

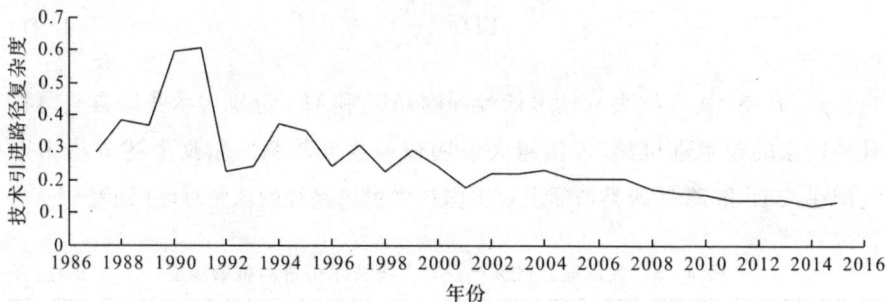

图 4-10　我国航空航天产业技术引进路径复杂度趋势

从图 4-10 可以看出,由于 1989 年美国加强对华出口管制,我国在航空航天产业的引进路径急剧收缩,技术路径复杂度值由 1989 年的 0.368 骤升至 1990 年的 0.608,但是美国出口管制对我国技术引进路径的收缩作用只是暂时的,为了摆脱美国的技术输出限制,我国开始全方位地拓展技术引进的宽度,技术引进路径复杂度值逐年走低,截至 2014 年该值降至 0.123。这说明我国减少了对美国技术的依赖,开启了技术引进路径由单一化向多元化转变的新时代。

趋势二:产业技术引进路径的漂移

为了准确侦测产业技术引进路径的漂移程度或偏度,笔者构造函数公式(4-5)

$$ps = \frac{|r_{1+t+1-r_i,t}| + |r_{2+t+1-r_i,t}| + \cdots + |r_{i,t+1-r_i,t}|}{2} \qquad (4-5)$$

式(4-5)中,ps 表示技术引进路径偏度(Skewness of Path),r_i 表示从 i 国引进技术占该国技术引进总额的比重。接下来讨论如下几种情形。

情形一:产业技术引进路径仅有一个国家

同一国家:即 t 年和 $t+1$ 年度都只从一个国家引进技术,由于技术引进路径没有发生任何漂移,所以,ps 值为 0。

不同国家:即 t 年所有技术引自某个国家,而 $t+1$ 年则完全从另外一个国家引进技术,此时 ps 值为 1。这表明技术引进路径发生了彻底的转变和漂移。

情形二:产业技术引进路径包括多个国家

高新产业技术引进更普遍和常见的情形为从多国引进技术。此时的技术引进路径偏度值介于 0 和 1 之间。技术引进路径的漂移表现在以下两个方面:一是在原有技术来源国之间调整;二是寻求新的技术引进路径。此时的 ps 值介于 0 和 1 之间,如果 ps 值趋近于零,表示技术引进路径漂移程度较小,如果趋近于 1,则表示漂移幅度较大。运用上述方法测得中国航空航天产业自 1988 至 2015 年技术引进路径的偏度如图 4-11 所示。

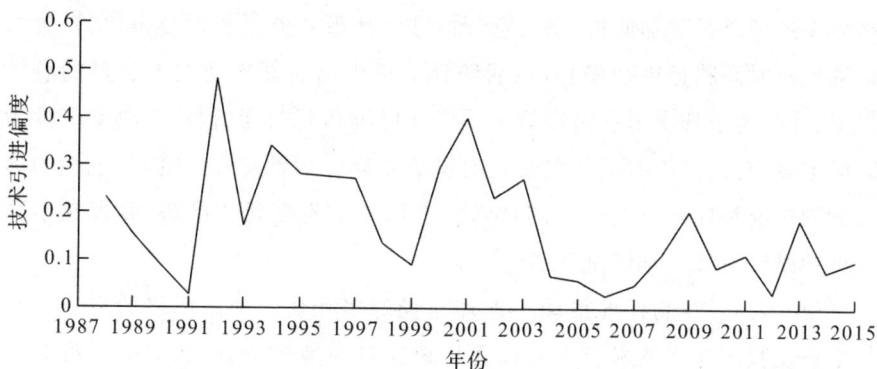

图 4-11　我国航空航天产业技术引进路径偏度走势

从图 4-11 可以看出,在 1989 年美国加强对华出口管制以后,我国技术引进路径的巨幅波动期出现在 1990 至 1994 年之间。路径偏度值于 1992 年达到最高值 0.48。这说明受美国出口管制的影响,我国在技术引进路径上做出应对性的深度调整。

四、产业技术引进路径效应总结

本章系统梳理歧视性的出口管制标准,按照程序的复杂程度将高新产业的技术引进路径划分为直接和间接两类;按照区位和方式将高新产业的技术引进路径划分为地理路径和形式路径。从历史主义观点、主观能动与客观约束等唯物论视角剖析产业技术引进路径的形成过程,从制度禀赋、技术禀赋、经济水平、文化差异、竞争程度、外部性等层面探讨决定产业技术引进路径的相关因素;着重分析了产业技术引进与路径依赖的关系;梳理了技术引进的南北贸易、需求引致、技术赶超等模型;从区位路径和形式路径两个层面分析了我国高新产业的技术引进路径的演变历程。

在理论分析过程中,首先比较了自由贸易和出口管制标准约束下的产业技术引进路径的差异,指出技术差距和差异是推动技术跨国流动的根本原因。技术差距主要形成于南北国家间,而技术差异既可以是南北国家间,也可以是北北和南南国家之间。技术差距和差异的存在是技术引进的前提条件。技术引进的目的在于寻求技术进步和满足多样化需求。出口管制标准对产业技术引进路径的影响机理体现在增加交易费用、凸显产权属性、诱发制度变迁、加剧企业约束、导致路径漂移和诱发引进技术的形式变异等。

在实证分析过程中,首先提出产业技术引进的三个假设,即出口管制标准致使地理路径更加曲折、出口管制标准致使形式路径更加复杂、出口管制标准致使时间路径更加漫长,然后统计分析中国高新产业技术引进的总体概况,并构建了技术引进路径的变异程度指数和复杂度指数,以典型事件为时间节点,对比分析时间节点前后的路径差异。结果发现,外国歧视性的出口管制标准致使被管制产业的技术引进路径呈现多元化趋势,并存在不同程度的路径漂移。具体研究结论如下。

第一,出口管制标准推动了地理路径的多元化。外国严格的出口管制标准迫使我国在高技术引进方面逐步减少对该国的依赖,转向那些没有对华实施出口管制或者管制相对宽松的国家引进所需的高新技术,从而不断拓宽技术引进的渠道。中国高新产业的技术引进的来源国数量已经由 1979 年的 10 个左右增加至 2014 年的 70 个左右。多元化技术引进路径为中国高新产业的技术需求提供了充分保障。

第二,出口管制标准加剧了地理路径的空间漂移。产业技术引进路径具有典型的"自选择性",并结合技术引进难度及成本而适时做出调整。当某国抬高对华出口管制标准时,我国高新产业将技术引进路径转向其他发达国家,而当该国放松对华出口管制标准时,中国相关产业加强从该国引进先进技术和设备。1989 年,中国 81.32％的航空航天技术和产品来自于美国。随着美国收紧对华出口管制,中国在该产业的技术引进路径转向苏联(俄罗斯)和法国等。例如,1989 年,中国引自苏联的高技术产品仅占总进口的9.57％,1990 年上升至 18.2％,1992 年高达 37.89％。此外,1989 年,中国引自法国的航空航天高技术产品仅占总进口的 0.91％,1997 年该值上升到 46.94％。

第三,出口管制标准加快了形式路径的软化。形式路径的软化主要是指由传统的有形设备进口转向无形的技术和科技服务引进。中国产业技术引进的形式路径发生根本转变是在 2002 年前后。2002 年以前是以有形设备为主的"硬技术"主导模式。而 2002 年以后则转变为无形技术和咨询服务为主的"软技术"主导模式。

第四,出口管制标准倒逼了形式路径的多样化。技术引进形式路径的多样化主要表现如下:一是不仅引进成套设备,而且还注重购买技术资料和图纸、开展咨询服务、合作生产等多种模式;二是从"大规模的一次性引进为主"向"大规模引进与小批次持续引进并重"的模式转变。在出口管制标准的限制下,成套设备的大规模引进难度异常大,所以,寻求关键部件和技术的小批次持续引进成为应对出口管制最有效的方案。前文研究发现,中国单个技术引进合同的成交金额逐年减少,说明小规模的引进方式成为主流模式,地理路径和形式路径都呈现多样化。

第五节　优化产业技术引进路径的对策

管制国实施的国别歧视型出口管制标准扭曲了被管制国相关产业的技术引进路径,迫使被管制国的技术引进路径由"最优"转向"次优",并伴有路径多元化、软化、空间漂移和多样化等特征。基于上述发现,笔者提出如下应对策略。

一、建立产业技术引进路径的甄选机制

搭建多种技术引进路径的目的就是增加技术引进时的主动性,减少对单一引进路径的依赖,以求低成本引进急需的技术。所以,产业技术引进路径的甄选机制至少包括对现存路径的合理评估、对潜在路径的理性预期、对出口管制标准引致的技术引进路径受阻有前期预警以及对多种引进路径的成本及风险的比较等。

二、构建"以歧视对歧视"的反制措施

既然管制国对被管制国采取歧视性高技术出口管制标准,被管制国应该借助特有的资源优势和大市场优势对管制国采取相对应的歧视性措施,迫使管制国减少对被管制国的高技术出口歧视。

三、建立高新产业的技术依赖预警

适度技术引进可以提高研发效率,但是过度技术引进则容易受制于人。所以,中国必须坚持"自主研发为主,引进技术为辅"的基本方略。如果能够遵循前述方略,则无论外国怎么调整对华出口管制措施,中国高新产业受到的影响都会很小。当前,中国高新产业对内部和外部资源的依赖必须控制在合理范围,当形成过度依赖或者初具趋势时,应该及时发布产业技术依赖预警,纠正技术创新行为。如果对内部创新资源依赖过度,应该鼓励高新产业积极吸收外部资源和技术溢出。如果对外部资源或技术依赖过度,则应该制定专门产业政策,推动高新产业加强内部研发。

第五章　出口管制标准与产业创新资源配置

　　发达国家的出口管制标准具有典型"域外"特征,这就赋予管制国对处在其境外的企业所谓的"合法"管辖权,尤其是当这些企业使用源自该国的技术时,必须受到该政府的约束。在"最终用户"及"最终用途"认证条件下,管制国通过合格用户授权制度、审查制度等确保敏感技术仅限于可控产业内的流通和使用。此外,少数发达国家要求其盟国一起对被管制国采取严格的出口管制标准,并规定其他国家对被管制国再出口"源自管制国的技术或产品"时,仍然受到管制国出口管制法的约束,即使出口行为不发生在管制国境内也仍然适用。针对在被管制国不同性质的产业实行不同强度的出口管制,这种歧视性的出口管制究竟对被管制国高新产业的技术创新资源配置产生怎样的影响。

　　本章首先介绍域外管制的含义、原因和制度安排,然后梳理产业技术创新资源配置的相关理论及影响因素,利用制度经济学和创新激励理论探讨出口管制标准对产业技术创新资源配置的内在影响机理,最后结合被管制国典型产业的资源配置情况,实证研究管制国出口管制标准对被管制国的相关产业创新资源配置的影响,最后提出优化创新资源配置的相应对策及建议。在研究方法上,通过对比"歧视的产业"和"非歧视的产业"在创新资源配置的差异,利用内资企业和外资企业的创新数据,寻找管制国对被管制国境内的相关产业实施差别化的出口管制待遇所产生的资源配置效应的经验证据。

第一节 企业歧视型出口管制标准

一、企业歧视型出口管制的动因

企业歧视型出口管制标准是指针对不同性质的企业实施差别化的管制政策。从管制范围来看,该类管制不同于国别歧视型出口管制标准从宏观层面进行监控,而是从企业微观角度进行更加具有针对性和实效性的限制。企业歧视型出口管制标准的实施国根据企业所属国别、类型、规模、行业的不同而实施差异化管制措施。

少数发达国家虽然对被管制国实施歧视性的出口管制标准,但是,不可能对在被管制国的所有产业均实施高新技术和产品的禁运,尤其是在被管制国的跨国公司出于应对激烈市场竞争的需要,需要引进最新技术和产品以获得竞争优势。所以,企业歧视型出口管制标准的动因有以下几个方面。

(一) 管制国所属企业对高新技术的输入需求

管制国所属企业要想与被管制国的本土产业开展竞争,就必须依靠技术优势来提升企业竞争力,所以,及时将高新技术引入被管制国市场成为这类企业取胜的关键。如果管制国当局过度限制技术的输出行为,则不利于该国企业在被管制国市场立足。所以,为了更好地与被管制国企业开展竞争,管制国对处于被管制国境内的该国企业的高技术管制措施相对宽松。

(二) 被管制国的其他外资企业对管制国技术的使用需求

管制国对盟国和友好国家的高技术输出相对宽松,这些国家的企业比较容易获得高新技术。只要获得最终用户和用途证明,这些公司虽然经营地点在被管制国,但是仍然可以获得相关高新技术。为了维护与盟国的友好关系,管制国当局对这些企业的高技术转移的限制不能过于严格。

(三) 被管制国本土产业对管制国的技术引进需求

虽然管制国整体对被管制国实施严格出口管制,但是并非所有的本土产业都不能从管制国获得高新技术。例如,只要通过管制国的合格最终用户评定,被管制国的相关产业仍然可以获得部分高新技术。管制国政府通过公布企业清单的形式对被管制国本土企业实施有选择性的高技术输出。

综上所述,管制国针对在被管制国的各种类型的企业实施歧视型的出口管制标准,目的在于:一方面,确保在被管制国的企业或盟国的跨国公司能够顺畅地获得先进技术和产品,进而能够在被管制国市场获得较强的竞争优势;另一方面,能够有效地限制管制国技术在被管制国境内的溢出行为,尤其防止高新技术由民用转为军用,从而威胁管制国的军事利益和国家安全。

二、企业歧视型出口管制标准的内容

(一) 域外管制的内涵

域外管制是一种间接管制措施,实质上涉及国内法的域外效力问题,即管制国的贸易管制法在境外的实施效力。管制国凭借其政治和经济地位推动其国内管制法的域外适用和效力,将出口制度适用于境外的相关产业和个人。

(二) 企业歧视型出口管制标准的域外效力

外贸管理法律的域外适用是企业歧视型出口管制标准的法律基础(杜涛,2012)。企业歧视型出口管制标准的域外效力取决于以下几个因素:一是管制同盟国是否遵循管制国出口管制法对处于本国境内的产业采取出口监管;二是处于被管制国境内且获得管制国技术授权的产业是否严守技术协议而严控技术的扩散。

可见,企业歧视型出口管制标准能否成功实施依赖以下条件:一是管制同盟国境内的产业自觉遵守管制国有关出口和再出口的管制政策;二是被管制国境内获得管制国技术授权的产业严守管制契约;三是管制国能够对获得技术的产业和个人进行有效监管,确保高新技术仅仅在非歧视性产业转移,尤其是针对授权企业向非授权企业的“非法”技术扩散行为给予足够力度的惩处,从而在歧视与非歧视产业之间构建“隔离墙”。

(三) 授权合格最终用户制度

该制度最早出现于 20 世纪 80 年代,由美国产业安全局与其他相关机构监督执行。被管制国企业要获得授权,需要具备民用最终用途活动档案,遵守管制国出口管制法,遵守合格最终用户要求,获得最终用途证明,同意管制国政府代表的现场检查,提供用户与管制国或外国公司的关系证明,用户所在国政府支持和遵守国际多边出口管制机制等。

该制度实际上是管制国将国内法延伸到被管制国境内,试图用管制国的出口管制法来规范被管制国所谓"最终用户"的生产、营销、出口等行为,通过扩大最终用户的审查来加强对被管制国境内相关企业的掌控。

1. 申请"经验证的最终用户"需满足的条件

经验证的最终用户包括如下条件:符合条件的最终用户;符合条件的目的地;导弹技术和犯罪受控的物项不得授权出口和再出口;通过授权获得的物项只供民用最终用户使用;证明与记录保存完好;获得授权的出口商和再出口商应每年向主管部门提交年度报告并接受其审查。

"经验证的最终用户"需经管制国政府审核和批准,批准后列入《出口管理条例》相应的清单,向此类最终用户出口和再出口时,可以不用申请许可证。

2. 申请"经验证的最终用户"需提供的资料

申请经验证的最终用户需要提供的资料包括最终用户从事经营活动时使用的具体名称、完整地址、详细联系方式、组织机构、所有制、经营范围、希望获得授权的物项清单及最终用途、记录保存系统的运行情况、一份带有最终用户抬头的信纸书写的声明,表明最终用户能够满足相关要求等。如果申请授权的最终用户计划再出口或转让有关物项,则还需详细说明物项再出口或转移的目的地。

3. 受理"经验证的最终用户"的行政审查程序

美国国务院、国防部、能源部、商务部和其他相关部门的代表共同组成"最终用户审查委员会",委员会主席由商务部人员担任,专门负责决策是否增加、删减或修改经验证的最终用户及适用物项列表。

审查委员会的投票原则包括以下两种:一是多数通过原则,主要适用于取消用户授权或原有授权的适用物项;二是一致通过原则,主要适用于批准新的经验证的最终用户授权以及对原有授权追加新适用物项的授权。关于经验证的最终用户授权申请的决定是否通过,由美国商务部负责出口管理的助理部长向申请人和有关最终用户通报。[①]

4. 授权合格最终用户名单

管制国通过发布所谓的"授权合格最终用户(VEU)"的名单对在被管制

---

① 美国商务部产业安全局《对中华人民共和国出口和再出口管制政策的修改和阐释:新的经验证最终用户制度:进口证明与中国最终用户说明要求的修改》。

国的各类企业实施差别化的出口管制。在名单之列的被管制国企业可以获准从管制国进口相关高科技产品，具体行业主要涉及电子产品、半导体设备以及化工产业。可见，最终用户清单实质上是管制国主张将其贸易管制法的效力延伸到被管制国境内。

（四）企业歧视型出口管制标准的典型案例

1. 驰创案

"驰创案"是中国企业遭受美国出口管制制裁的典型案例。驰创公司总部和分部分别位于中国广东省深圳市和美国马萨诸塞州沃尔汉姆市。2008年，美国指控驰创对华出口敏感物项。"驰创案"表明美国对中国公司的出口管制是非常严格的。

当我国的境外企业向本土输出技术或设备时，如果相关物项被列入管制国的管控清单，就会遭受管制国严格的歧视性出口管制。中国的跨国公司在全球配置资源的过程中，无法自由地将境外的优势技术和资源配置给境内的相关企业。不仅如此，其他国家的跨国企业在向中国境内配置创新资源时，也不得不考虑管制国的出口管制禁令，从而极大地阻碍了对华技术溢出和资源配置。管制国对被管制国实施的企业歧视型出口管制标准导致如下潜在影响：一是被管制国的跨国企业无法顺利地向本土配置优势创新资源；二是在被管制国的其他国家的跨国企业由于担心违背出口管制标准而遭受制裁，所以，避免在被管制国境内的分公司或子公司配置优势的技术创新资源。

2. 中兴案

2016年，中兴通讯因出口管制问题而遭受美国当局的制裁。2018年4月，美国商务部再次对中兴通讯实施出口禁令。"中兴案"表明即使中方企业不向中国境内转移技术，而是向美国严格管控的其他国家或地区输出受控物项，仍然会遭受严密监控和制裁。这充分体现美国域外管制的范围之广和力度之大。

"中兴案"反映出中国的跨国企业在进行国际化经营过程中面临的来自美国出口管制标准的政策风险是非常巨大的。出口管制标准致使被管制国的跨国企业在全球范围内配置资源的空间和能力受到极大地束缚。全球配置资源能力是跨国企业参与国际竞争的核心能力。提升全球资源配置能力是被管制国的跨国企业的必然选择。从全球配置资源的空间来看,受出口管制影响,跨国企业在布局全球研发机构时,不得不绕开这些被管制的区域,或者减少在这些区域的研发资源投入。从全球配置资源的能力来看,获得管制国授权的企业具有更多的资源配置选择,也更容易获得管制国的高新技术或设备。没有获得授权的企业和遭受歧视性出口管制标准的企业,在提升全球配置资源能力时受到诸多政策约束和技术限制。

综合"驰创案"和"中兴案"的经验和教训可以发现,管制国歧视性出口管制标准不仅潜在地影响被管制国的跨国企业从境外向本土的资源配置,还显著冲击被管制国跨国企业在海外的资源配置结构。此外,歧视性出口管制标准还影响其他国家的跨国公司在被管制国境内的创新资源配置及全球的研发机构布局。为了简化分析框架和聚焦研究内容,本章主要探讨被管制国境内相关产业的创新资源配置如何受到管制国企业歧视型出口管制标准的影响。在进行统计检验时,区分"遭受严重歧视的产业"和"较少遭受歧视的产业",前者主要包括内资主导的相关产业,后者主要包括外资主导的相关产业。由于面临的出口管制标准存在差异,所以,这些产业的创新资源配置方向、结构和重点等方面也存在差异。

第二节　产业创新资源配置的理论基础及影响因素

一、产业创新资源配置的理论基础

(一) 资源配置模式分类

资源是人类经济社会发展的物质基础。资源的稀缺性凸显了资源优化配置的重要性和必要性。资源配置模式包括集权和分权两种:前者指资源由少数部门掌控并统一调配;后者指多个部门占有资源并各自进行调配。各部门的资源配置模式取决于其组织结构、历史和文化特征等(Jarzabkowski,2002)。

(二) 资源最优配置的理论标准

产业创新资源最优配置的标准如下:第一是最大化总剩余,即总剩余达到最大,说明资源最优配置;第二是市场出清,即某单一市场价格能够确保供给等于需求(Johari,2004);第三是帕累托标准,即没有其他可选的资源配置方案能够优于目前的配置方案,不存在帕累托改进(Ghodsi,2011)。

(三)产业资源配置方式

产业在配置创新资源时可以采用的方式包括投入、重组、退出和混合式等(易可君,2015)。高新产业在配置资源时既要充分利用产业内部和产业外部的资源,更要有效利用国内和国外的资源。

(四)国际资源配置理论

资源跨国间的配置是国际分工的重要表现之一。跨国企业资源配置的主要决定因素包括市场垄断、技术、企业内部化、技术与资源匹配以及所有权等。国际资源配置的相关理论如表5-1所示。

表5-1 产业国际资源配置理论

代表人物	代表理论	核心观点	策略选择
海默	垄断优势论①	跨国公司凭借技术和管理优势击败本土产业	向海外子公司配置母公司最先进技术资源
小岛清	比较优势理论②	跨国公司实施顺贸易型投资	输出母国夕阳产业技术,但东道国产业仍需要的技术
拉格曼	内部化优势③	中间产品市场交易成本过高推动技术内部化	产业技术资源配置内部化
斋藤优	NR关系论	需求(N)与资源(R)关系不匹配就会促进产业技术创新	发达国家的技术与发展中国家的资源匹配
邓宁	折衷理论	内部化净所有权优势	国内优势与国外要素结合

资料来源:作者整理得到。

---

① 垄断优势理论最早由美国学者斯蒂芬·海默在《国内企业的国际化经营:对外直接投资的研究》中提出。

② 比较优势贸易理论最早由大卫·李嘉图在其代表作《政治经济学及赋税原理》中提出。

③ 内部化优势最早由邓宁于1977年在其论文《贸易、经济活动的区位与跨国企业:折衷理论的探索》中提出。

二、产业创新资源配置的影响因素

（一）经济水平

经济发展水平是影响产业创新资源配置效率的主要因素（陈国生等，2014）。为了获得更大的边际产出，创新资源更青睐于经济发展水平和生产效率高的区域。可见，提升经济发展水平和吸引资源配置两者相辅相成，经济越发达越容易吸引资源，而资源越多则越有助于经济增长。

（二）技术因素

跨国公司选择配置技术创新资源的区位时，首先考虑被配置方的技术吸纳能力。技术吸收能力和研发基础越强（弱）则越容易（难）获得创新资源。例如，改革开放初期"三资"企业较少将技术部门设置在中国，其原因就是中国当时科研基础较弱（周宏，1999）。随着近年来中国技术能力的不断增强，越来越多跨国公司在华设立研发部门，扩大创新资源的在华投入规模。可见，技术进步对吸引资源配置具有正向作用（孙元元，2015）。

（三）制度因素

产业制度对资源配置至关重要。经济制度中的所有制、产权及组织结构等深刻影响着交易费用，进而决定资源所有者的配置决策（王国平，2015）。

1. 激励制度

激励制度包括对知识产权的保护制度和对创新发明人的奖励制度。要吸引优质的创新资源，就必须建立以知识产权为核心的资源配置机制。激励制度的改善有利于创新资源由低效向高效部门转移（马光荣，2014）。

2. 企业产权制度

企业的产权性质直接影响创新资源的配置（黄少安，1995）。例如，从研发经费占比来看，国企高于外商投资和其他类型企业（唐晓华等，2004）。从资源配置效率来看，私企远高于国企（余明桂，2010）。

3. 制度质量

制度质量越高对创新资源的吸引力越大。较高的地方政府质量（陈德球，2012）和政治关联的企业（张敏等，2010）更容易获得资源配置。相对于集权决策制度而言，民主决策制度限制了精英集团对资源分配的作用。所以,民主和集权决策制度在资源配置效率上存在较大差异。

(四) 市场因素

1. 市场类型

市场类型在产业技术创新资源配置中起决定性作用(赵晓华,2014)。不同类型市场的资源配置模式存在显著差异,同一市场在不同时期的资源配置模式也存在明显区别(见表5-2)。

表5-2　市场类型与产业资源配置模式

国家	产业资源配置模式
中国	市场与政府双重模式
美国	自由市场经济模式
日本	"政府协调型"市场经济模式
德国	社会市场经济模式
韩国	"政府干预型"市场经济模式

资料来源:作者整理得到。

2. 市场积聚度

产业集聚可以降低产业的融资成本(盛丹,2013),有利于提升创新资源的配置效率(周宏,1993)。例如,由于规模大的产业可以在更大范围内进行资源配置,所以,产业的兼并和整合有利于创新资源的配置及创新效率的提升(Friebel,2006)。

3. 市场透明度

市场透明度对产业创新资源配置的影响如下:一是地方市场分割显著影响创新资源的跨区域配置(方军雄,2011);二是市场信息效率越高,则越有利于提升资源配置效率(游家兴,2008);三是产业透明度越高越能促进市场中的资源配置(Francis,2009);四是产业信息越完善,稀缺资源在全球配置的地域越广泛(Rauch,2003)。

(五) 产业创新模式

开放式创新模式有助于产业利用内部资源和外部资源实施创新(Chesbrough,2003)。该模式有利于产业突破组织边界,扩大资源配置的空间范围,实现创新资源和信息的共享(颜建军,2016)。

第三节 出口管制标准与产业创新资源配置的关系

政府管制是指依据一定的制度对特定经济活动加以限制的行为(植草益,1992)。出口管制标准是政府为实现特定的目标而发布的出口指南、规范及技术指标等,是政府履行经济管制职能的表现。在自由经济中,市场是资源配置的主导力量。但在管制背景下,高新产业创新资源配置存在一定程度上的路径扭曲和效率损失。

一、出口管制标准影响创新资源配置的内在机理

制度对于创新资源配置至关重要。管制国出口管制标准通过以下几条路径影响被管制国高新产业的资源配置。

首先,出口管制标准限制被管制产业在全球范围内配置创新资源的能力。被管制产业在进行创新资源配置时,首先必须考虑出口管制标准带来的政治风险,然后再权衡资源配置的经济收益。被管制产业在诸多受限的国家和地区不能顺利地输出和引进技术,从而抑制其全球配置资源的能力和范围。

其次,出口管制标准阻碍非管制产业向被管制产业的技术溢出。企业歧视型出口管制标准要求获得授权的企业严守技术秘密和严控技术用途,所以,即使被管制国境内的相关产业已经获得某项关键技术,但是该技术不能顺利地向被管制的产业溢出。被管制的产业在进行技术引进和购买国内技术时都受到极大地限制。

最后,出口管制标准扭曲被管制产业的创新资源配置模式。在没有遭受出口管制时,高新产业可以立足全球市场,自由地调配海内外各种技术资源,将研发、生产和销售的产业链按照比较优势的原则在世界各地进行合理布局。但是,一旦面临管制国严格出口管制标准的约束,被管制国的高新产业只能更加注重国内创新资源的配置,而被迫减少对国外创新资源的整合和配置。在出口管制标准的锁定下,原有的从研发到销售的全球布局的产业链不得不在空间上急剧收缩,在规模上被迫压缩,在结构上进行重组。

二、出口管制标准影响创新资源配置的外在表现

(一)出口管制标准与创新资源配置的方向

依据管制国、被管制国和第三国的分类标准,出口管制标准的资源配置

效应包括正向配置、反向配置和侧向配置。正向（反向）配置是指管制国（被管制国）向被管制国（实施国）配置资源。侧向配置是指被管制国与第三国之间相互配置资源。

1. 管制国向被管制国配置创新资源

经济一体化推动跨国公司在全球范围内配置资源，以此提升综合竞争能力。由于受到出口管制标准的束缚，管制国及其盟国的跨国公司在向被管制国配置创新资源时不得不考虑诸多的政策限制。具体表现为：输出管制清单项下的产品或技术必须申请许可证；技术接受方必须出具合格最终用户和用途说明；技术或产品的再输出或出口需要严格遵守管制国出口管理法的域外管制条例等。受出口管制标准的限制，管制国及其盟国的跨国公司在资源配置的方向上做出重大调整。一是避免在被管制国设立研发部门，或者减少研发机构的数量；二是削减在被管制国的研发投入规模；三是降低研发资源的水平，即只转移科技水平处于中端或低端的创新资源，而保留最先进的、最敏感的、最具竞争力的研发资源；四是将创新资源或研发部门移至盟国或其他友好国家。随着管制国当局不断强化歧视性出口管制标准，许多在被管制国的外资企业逐步将核心的研发机构和资源转移到被放松管制的国家。

2. 管制同盟国向被管制国配置创新资源

管制同盟国往往被要求与管制国一起采取统一的出口管制。所以，管制同盟国在向被管制国转移和配置创新资源时，同样受到管制国的诸多限制，由此引发系列应对策略：一是减少对被管制国的创新资源配置，将研发资源转移到没有被管制的国家；二是在被管制国加强对研发机构监控，减少使用和配置敏感或两用物项的创新资源。

3. 被管制国内部创新资源的配置

由于管制国出口管制清单本身包含了许多前沿技术信息，所以，被管制国可以依据其管制清单来制定未来的创新资源配置蓝图。在被管制国的产业发展战略中，凡是被遭受严格管制的产业，则被管制国将在这些产业优先配置更多的创新资源，以便于对管制国进行有效对抗，以及满足本国对管制技术和物项的需求。可见，发达国家的出口管制清单在一定程度上引导着被管制国家的创新资源的配置方向和重点。被管制国可以将管制国的管制清单作为战略性新兴产业突破的重点，集中优势创新资源，攻克若干重大技术难题,迫使管制国放松出口管制标准。

(二) 出口管制标准与创新资源配置的结构

资源配置结构是指将资源分配到各领域、各环节、各用途的比重。当前,高新产业创新资源的配置主要有引进、消化、改造和购买国内技术等四种方式。

高新产业的创新资源配置结构在不同环境下具有显著差异。当西方国家加强出口管制标准时,被管制国会将创新资源更多地用于购买国内技术或者实施技术改造,反之,当放松出口管制标准时,被管制国将更多地创新资源用于直接的技术引进或用于消化吸收外国先进技术。所以,管制国出口管制标准的变化会显著影响被管制国高新产业创新资源的配置结构。

(三) 出口管制标准与创新资源配置的成本

出口管制标准从下述几个方面影响资源配置成本:一是增加繁琐的审批手续,例如要求提交许可证、最终用户证明、最终用途说明等,提高交易环节和交易费用,提升技术创新资源的引进成本;二是被管制国不得不从第三国以更高的价格采购或引进相关技术设备,从而产生额外的采购成本;三是被管制国被迫引进成本更高的替代物项,由此产生额外的创新支出。

(四) 出口管制标准与创新资源配置的风险

出口管制标准的资源配置风险包括三个方面:一是政策风险。受管制国出口管制的影响,跨国公司到被管制国进行创新资源配置时面临较大的政策不确定性风险。当两国关系因为出口管制趋于紧张时,跨国公司由此担心被管制国可能采取的系列报复性政策会危机跨国公司的投资利益。此外,对于管制国具有技术依赖的跨国公司和其他企业也会因制度的变动而失去原有技术来源。二是法律风险。无论是被管制国本土企业、外资企业或第三国企业,在涉及跨国配置管制清单内的技术资源时都面临着违背管制国出口管制法律的风险。一旦涉及违背管制国的出口管制法规,将面临管制国严厉的经济处罚、司法诉讼以及出口制裁等。三是市场风险。出口管制增加了市场的不确定性,进而提高创新资源配置风险(王春法,1999)。

综上所述,企业歧视型出口管制标准对高新产业的创新资源配置效应体现在方向、结构、成本和风险四个层面。出口管制标准的强度和歧视性程度都会影响产业的创新资源配置。

第四节 产业技术创新资源配置效应的实证检验

前文研究指出,管制国出口管制不仅影响管制国境内的公司和同盟国企业在国际市场上的创新资源配置,还深刻影响着被管制国境内相关产业的资源配置行为。本节将研究重点聚焦在被管制国境内的产业如何依据出口管制强度的变动,适时地对创新资源的配置方向及模式进行调整,探明管制国歧视型出口管制标准"是否"以及"如何"影响被管制国境内高新产业的技术创新资源的配置。

一、产业创新资源配置效应的相关假设

管制国通过"最终用户证明"和"最终用途说明"对在被管制国境内的高新产业严格实施歧视性的出口管制标准,对授权合格的企业采取宽松的出口管制标准,即允许在不用取得许可证的条件下就可以直接进口部分高新技术和产品,而对于未授权的企业,则采取严格的监管和禁运措施。基于上述出口管制实践,笔者提出如下几个假设。

假设一:获得更多授权的产业将吸收更多来自管制国的创新资源配置

相对于未获得授权的企业而言,取得最终用户证明的企业将更容易从管制国直接引进高新技术。所以,如果某产业具有更多获得授权合格的企业,则该产业能够获得更多的技术溢出,或者吸引更多的来自管制国本土的研发人员或资金的投入。

假设二:产业创新资源配置的模式依据企业性质的不同而存在显著差异

歧视型出口管制标准引发高新技术企业选择不同的创新资源配置模式。具体而言,在被管制国境内的外资企业更加注重全球范围内配置资源,较少将核心技术的研发本部布局于被管制国,只是将技术创新的某个环节或某个部件的研发部门置于被管制国境内的分公司或子公司。被管制国的企业更多地将研发本部置于国内。可见,企业的资源配置方式最终决定了整个产业的资源配置模式。

二、我国高新产业创新资源的配置现状

(一)资源配置的类型

资源的稀缺性凸显了优化配置的重要性。创新资源的配置决定着创新

的效率。本书按照我国高技术产业统计年鉴的划分标准,将资源配置划分为改造、引进、吸收和购买国内技术四种方式。

(二)高新产业创新资源的整体配置现状

技术改造经费支出在我国高新产业的创新资源配置中长期占据主导地位,近年来远远超过另外三种配置方式。第二大资源配置方式为技术引进,但是该方式呈现出明显的先增后降的趋势,在整个产业的资源配置的地位有所下降(见图5-1)。

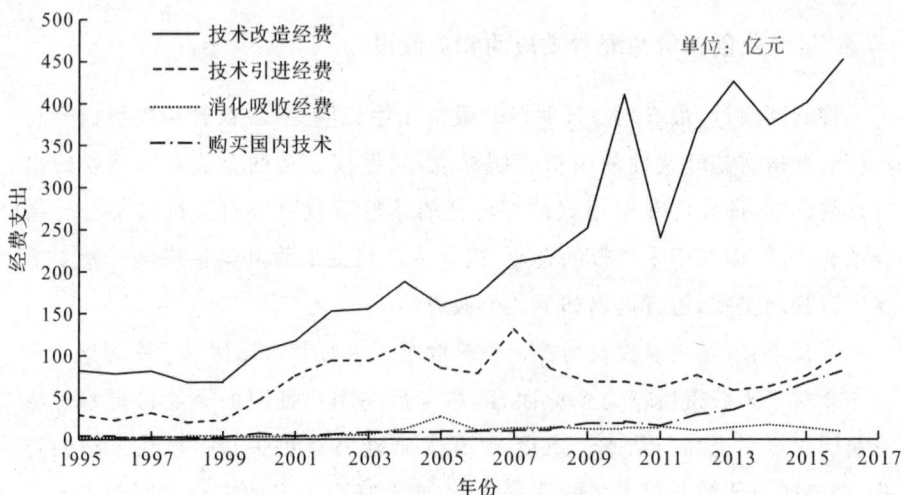

图5-1 我国高新产业创新资源配置结构

1995至2016年我国高新产业用于购买国内技术的支出从4.25亿元增长至81.12亿元,虽然购买国内技术经费呈现稳步上升趋势,但是在整个资源配置中的比重仍然偏小。2016年,用于技术改造的经费达451.65亿元,占总的创新资源配置的70%。用于技术引进的经费从2007年的130.9亿元下降至2016年的103.21亿元。

(三)各产业的高技术资源配置比较

1. 医药制造产业

我国医药制造产业的技术创新中绝大部分资源配置到技术改造中,平均每年的资源配置占比高达81.14%。2004年以前"技术引进"在资源配置中占据第二位,但此后被"购买国内技术"超越。2014年,用于购买国内技术经费的支出占总创新资源的比重为 12.24%（见图 5－2）。

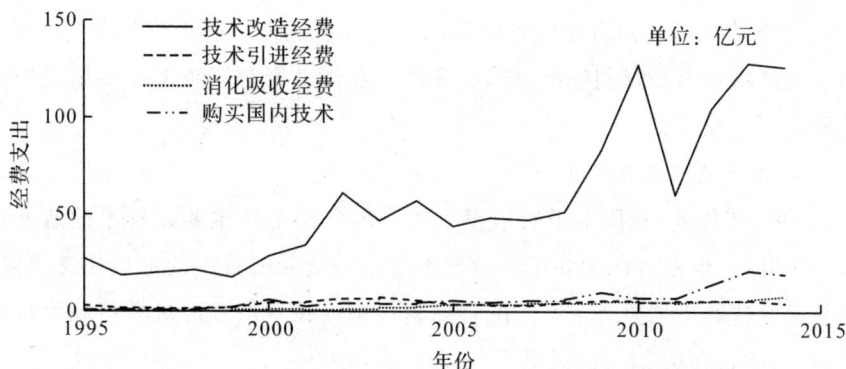

图 5－2　我国医药制造产业的资源配置结构

我国医药制造产业用于消化吸收和购买国内技术的资源投入增速较快，而技术引进增速最为平缓，仅仅从 2004 年的约 3 亿元增长至 2014 年的 4.36 亿元。

2. 航空航天产业

该类产业的资源配置具有如下几个特征：一是技术改造占整个资源投入的比重越来越大，并出现快速增长之势；二是技术引进无论从规模还是占比上均出现下滑；三是购买国内技术经费支出占比偏小，但波动较大（见图 5－3）。

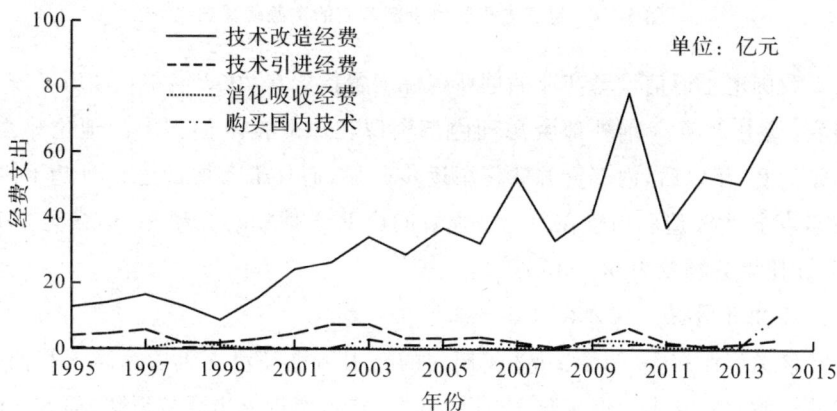

图 5－3　我国航空航天产业的资源配置结构

我国航空航天产业在配置资源时主要投入到技术改造模式,2014年该模式占总资源配置的比例约为84%。其次是配置到购买国内技术支出,2014年该支出约占总资源配置的12%。由于我国航空航天产业遭受比其他产业更严格的出口管制标准,所以,该产业在创新资源配置上主要依赖内部的资源。

3. 电子通信设备产业

2007年以前,我国电子通信设备产业的资源配置主要以技术改造和技术引进并重,但是,自2008年开始技术引进在资源配置中的地位快速下降,而技术改造的比重显著上升。配置到购买国内技术的资源规模得到大幅增长,年均增长高达24.38%(见图5-4)。

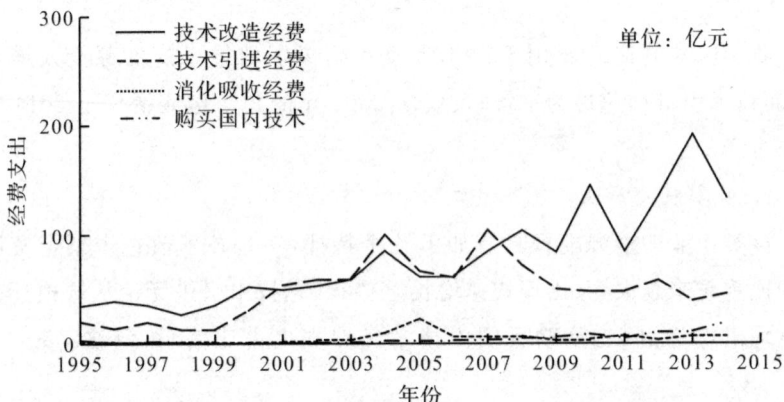

图5-4　我国电子通信设备产业的资源配置结构

我国电子通信设备产业的创新资源配置模式在2007年左右经历了较大转变,其中2007年前外部资源和内部资源在产业技术创新中的地位相当。但是2007年以后,内部资源的作用逐步凸显,而外部资源的地位日趋下降。1995年技术改造和引进在总资源配置的比重分别为58%和34%,截至2014年,该比重分别变为65%和22%。

4. 电子计算机及办公设备产业

该类产业在1990至2003年期间的技术引进经费支出远远高于其他方式的资源配置支出。但是自2008年开始,技术引进支出逐步下降,而技术改造支出成为主要的资源配置方式。自2010年起,四种创新资源的配置规模均出现大幅度下滑,这说明该产业的创新资源投入规模呈现收缩态势。影响创新资源投入规模的因素有两个。一是产品生命周期。当该产业由成长期向繁荣期转变的时候，研发投入规模会持续上升，然而，当产业由繁荣期转向衰退期时，研发投入规模就会逐步下降。二是国际分工地位的变化。如果跨国公司大规模地在中国进行研发活动，则该产业的创新资源投入规模会显著增加，反之则会出现整体下滑的情形（见图 5-5）。

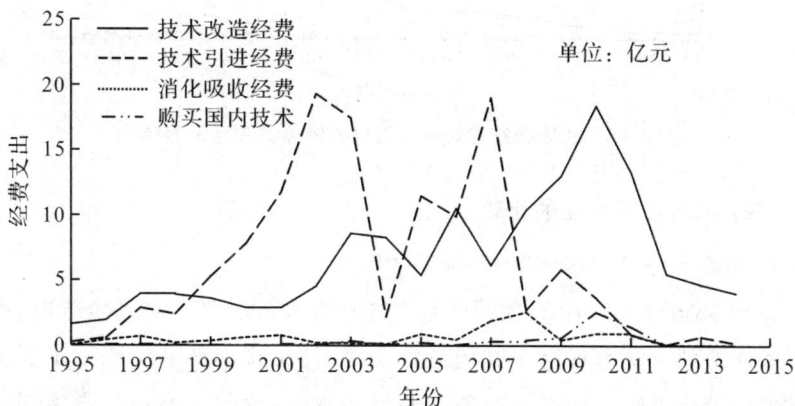

图 5-5　我国电子计算机及办公设备产业的资源配置结构

我国在上述产业的技术创新中对外部资源的利用较充分，在很长一段时间内技术引进成为推动产业技术创新的主要动力。尽管如此，这种模式在 2008 年出现逆转，内部资源配置逐步超越外部资源配置，成为推动该产业技术创新的主要动力。尤其显著的特征就是该产业近年来的总体创新资源配置规模呈现大幅萎缩，由 2007 年的 27.33 亿元降至 2014 年的 4.3 亿元。

5. 医疗设备及仪器仪表产业

该类产业的资源配置以技术改造占绝对主导地位。例如，1998、2002 和 2005 年技术改造占总资源配置的比例分别为 68.30%、74.81% 和 92.77%。自 2005 年开始，技术引进经费呈现快速增长的趋势（见图 5-6）。

我国在上述产业的技术创新长期以来依赖内部资源，但是自 2005 年开始，外部资源在产业技术创新中的地位有所增加。例如，配置到技术引进的资源由 2005 年的 2 300 万元增长至 2014 年的 9.78 亿元。该产业的开放式创新模式逐步得到加强。

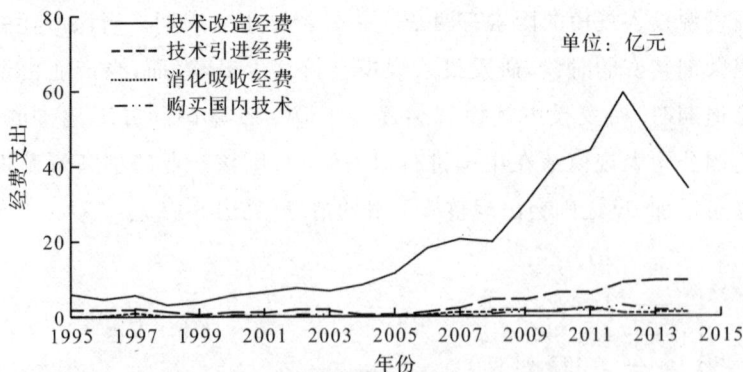

图 5-6 我国医疗设备及仪器仪表产业的资源配置结构

(四) 不同性质产业的比较

1. 国企主导产业(1995~2008 年)[①]

在 1995 至 2008 年间,我国国企主导产业在配置技术创新资源时,配置到技术改造的资源远远高于其他三种形式,仅仅将小部分资源用于购买国内技术和消化吸收。技术改造的资源投入越多,说明该产业的自主创新倾向越强(见图 5-7)。

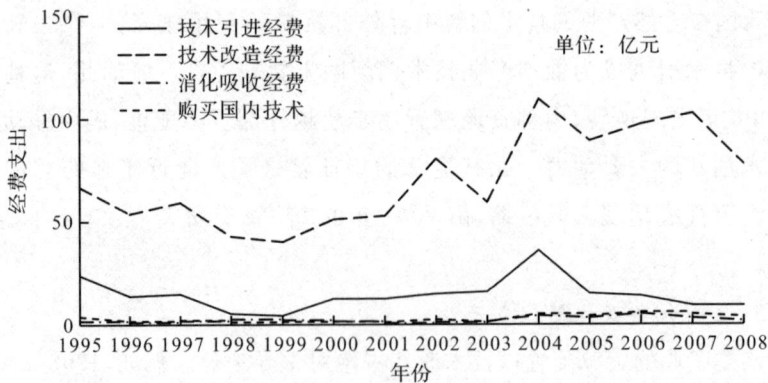

图 5-7 国企主导产业的资源配置结构

2005 年以前该产业用于引进和改造的资源投入保持高度一致的变化趋势。2004 年用于技术引进和改造的经费达到最大值,分别为 109.38 亿元和

---

① 2008 年以前中国高技术产业的统计口径只包括国有和"三资"企业,2009 年开始统计口径扩大到四种,分别是外资、内资、国有和港澳台企业。

36 亿元。资源配置规模在此后各年均呈现下降趋势。

2. "三资"主导产业(1995～2008 年)

该类产业的技术创新资源主要配置在"技术引进"方式上,且与其他三种方式相比,投入比例有逐步扩大的趋势。2007 年,该产业的技术引进经费达到 121.4 亿元,是技术改造资源投入的 2.5 倍。该产业的第二大资源配置方式为技术改造。为了能够适应东道国市场需求,该类产业除了从母国或其他发达国家引进技术和设备外,还在我国本土进行技术改造性投入(见图 5-8)。

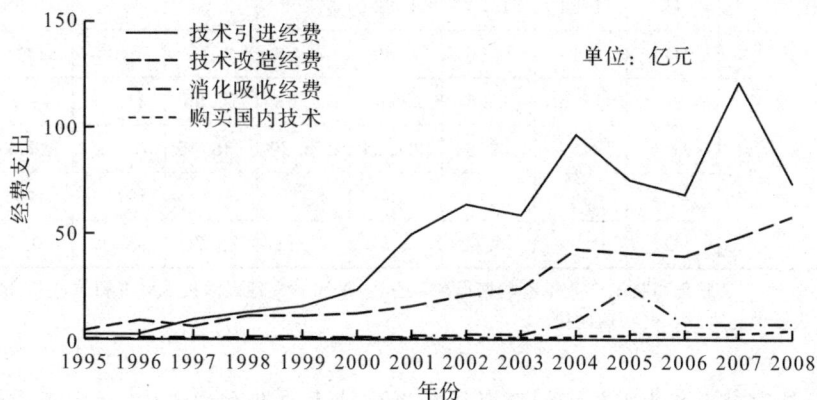

图 5-8 "三资"主导产业的资源配置结构

3. 不同性质产业的资源配置结构(2009～2015 年)

按照我国高技术产业统计年鉴的统计口径,依据投资性质的不同将高新产业划分为外商投资、国企主导、港澳台投资和内资主导四种类型,然后分析 2009 至 2015 年各类产业在创新资源配置上的差异(见表 5-3)。

表 5-3 不同性质产业的创新资源配置结构　　　　　　　单位:亿元

产业	模式	2009 年	2010 年	2011 年	2012 年	2013 年	2014 年	2015 年
外商投资产业	A	45.5	46.56	37.3	35.67	28.14	26.25	16.84
	B	35.02	52.63	44.26	42.12	34.92	30.82	42.55
	C	1.81	3	7.8	1.22	2.36	4.96	3.91
	D	3.26	2.21	2.74	3.47	3.27	7.11	2.93

(续表)

产业	模式	2009 年	2010 年	2011 年	2012 年	2013 年	2014 年	2015 年
国企主导产业	A	2.06	0.67	1.14	1.09	0.77	0.08	0.09
	B	14.25	14.23	15.42	16.97	12	11.56	13.22
	C	0.78	0.9	0.44	0.91	0.06	0.01	0.03
	D	1.15	1.14	0.78	0.98	0.19	0.11	0.39
港澳台投资产业	A	7.47	6.63	12.17	11.87	13.14	15.45	10.61
	B	21.31	33.46	35.62	48.47	51.89	24.06	40.44
	C	1.24	1.34	1.32	1.56	2.55	1.54	1.98
	D	3.14	5.66	3.99	7.48	9.18	6.06	4.28
内资主导产业	A	15.5	15.6	20.18	28.68	16.95	21.41	48.24
	B	194.77	182.64	224.84	278.29	338.86	319.61	317.86
	C	9.37	9.48	7.94	7.84	9.67	10.76	8.04
	D	12.86	13.43	13.52	18.41	22.76	38.09	60.42

数据来源:作者整理高技术产业年鉴数据得到。备注:A 和 B 分别表示技术引进和改造、C 和 D 分别表示消化吸收和购买国内技术。

外商投资产业主要将创新资源配置到技术改造和引进中,且两者在最近几年均呈现持续下降的趋势。自 2010 年开始,配置到技术改造的资源超过配置到技术引进的资源。2015 年,外商投资产业配置到技术改造的创新资源经费达到 42.55 亿元,远远超过其他三种方式的总和 23.68 亿元。港澳台投资产业的创新资源配置具有两个特征:一是以改造为主,且增长较快,波动也较大;二是其他三种配置方式的资源投入增长较平稳。国企主导产业的创新资源配置具有两个特征:一是资源投入规模呈现持续下降的趋势。例如,2009 年总创新资源投入规模为 18.23 亿元,2015 年降至 13.73 亿元。二是技术改造支出占据绝对优势,其占比也越来越大。2009 年技术改造在四种配置模式的比重为 78.16%,2009 年该值上升至 96.27%。内资主导产业的技术改造占据绝对优势。此外,购买国内技术的规模逐步超越技术引进的规模。这说明在管制国的出口管制背景下,该产业加强了对国内技术溢出的依赖性,不断减少对国外技术的依赖程度。

三、模型构建与统计检验

（一）企业歧视型出口管制标准影响资源配置的内在机理

按照出口管制的规定，凡是在被管制国境内的企业只要获得授权合格的最终用户资格和提交最终用途证明，就可以从管制国引进部分敏感的高新技术。最容易获得上述资质的产业包括：①管制国参与的产业。管制国本土的跨国公司来华投资后，需要将相关高新技术和设备引入被管制国，所以，这类产业有迫切转移技术到被管制国以提升在当地的竞争实力。②管制国盟友投资的产业。这类产业比较容易获得源自管制国的技术。此外，合资的产业也能够较容易获得国外的技术溢出。然而，最难获得技术溢出的是内资主导的产业，尤其是大型国有企业主导的高新产业。

由于不同性质的产业获取国外技术的难度存在显著的差别，所以，企业歧视型出口管制标准直接影响技术溢出的难度，而技术溢出的难度又决定高新产业技术创新资源的配置方式。所以，管制国出口管制标准通过影响技术溢出路径，然后对被管制国高新产业的技术创新资源配置方式产生冲击。随着出口管制标准的强度变化，高新产业及时在多种资源配置方式上进行选择和匹配，以适应新的出口管制局势（见图5-9）。

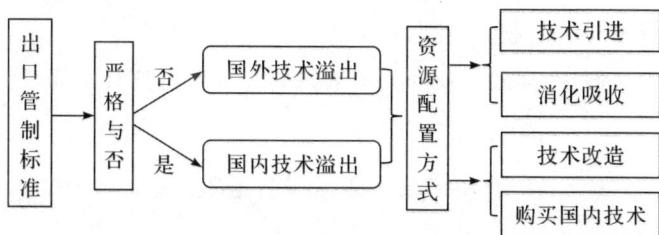

图5-9　出口管制标准对资源配置的作用机理

宽松的出口管制标准会激励被管制国高新产业更多地获取来自国外的技术溢出，所以，该产业倾向于将更多的人力、财力和物资配置到技术引进和技术改造上。但是，当面临严格的出口管制标准时，这些高新产业则偏向吸收国内的技术溢出和依靠内部的自主研发。可见，出口管制标准通过冲击技术溢出路径进而影响产业创新资源配置。

(二) 模型构建

笔者将被管制国境内产业划分为"获得"和"未获得"管制国授权两大类型。获得授权的产业由于容易从管制国及其他发达国家引进先进技术,所以,在配置创新资源时,会将更多的资源用于技术引进。对于未能获得"管制国授权合格"的产业,则只能将更多的创新资源用于技术改造。

1. 静态模型

在短期,假定管制国出口管制标准强度不变,则获得授权的产业会保持相对稳定的创新资源配置模式和习惯,没有获得授权的产业也不存在调整资源配置模式的激励。所以,企业歧视型出口管制标准会导致被管制国两类产业的资源配置模式存在显著且稳定的差异,具体模型为

$$R = \alpha + \beta_1 F + \beta_2 S + \beta_3 H \qquad (5-1)$$

式 $(5-1)$ 中,R、F、S 和 H 分别为产业的资源配置模式、性质、规模和经营时间。产业规模越大且经营时间越长,则研发投入的比重越大。

2. 动态模型

在长期时间内,假定管制国出口管制标准强度出现变化,由此可将产业区分为两类:一类是被加强管制的产业。这类产业主要是国有企业或内资企业主导的产业;另一类则是被放松管制的产业。这类产业主要包括外资主导或外资参与的产业。

依据前文假定,高新产业的技术创新资源主要有四种配置模式,具体表述为

$$R = R_{TI} + R_{TT} + R_{TA} + R_{DT} \qquad (5-2)$$

式 $(5-2)$ 中,R 表示创新资源总量,R_{TI} 表示引进模式,R_{TT} 表示改造模式,R_{TA} 表示吸收模式,R_{DT} 表示购买国内技术模式。

(三) 创新资源配置效应分解

管制国出口管制标准的变动导致被管制国不同性质产业在配置技术创新资源时出现存量替代效应和增量替代效应。

1. 存量替代效应

假定当期 t 的技术创新总资源在下期 $t+1$ 仍然保持不变,被管制国高新产业依据管制国对华出口管制标准的变化,适时调整资源配置的结构,可

以表述为

$$\Delta R = \Delta R_{TI} + \Delta R_{TT} + \Delta R_{TA} + \Delta R_{DT}（取值范围 0，+，-）\qquad（5-3）$$

存量替代效应表示 $R_t = R_{t+1}$，即 $\Delta R = 0$，但是 ΔR_{TI}、ΔR_{TT}、ΔR_{TA} 和 ΔR_{DT} 至少不同时为零，即至少存在一种资源配置模式部分或全部替代另外一种资源配置模式，最终结果是，各种模式的资源增量有正值存在，则必然存在负值予以抵充。如果各种模式的资源增量都为零，则下期和当期的资源配置模式没有发生任何变化。

2. 增量替代效应

增量替代效应表示 $R_{t+1} > R_t$，即 $\Delta R > 0$，将新增的创新资源有选择地在几种模式之间进行配置，最终表现为部分模式的资源配置量较多，而其他模式的资源配置量较少，甚至为零。与存量替代效应相比，增量替代效应下各种模式的资源配置变化量为正值或零值，不存在负值的情形。用公式表述为

$$\Delta R = \Delta_{TI} + \Delta R_{TT} + \Delta R_{TA} + \Delta R_{DT}（取值范围 0，+）\qquad（5-4）$$

如果 $\Delta R_{TI} = \Delta R_{TT} = \Delta R_{TA} = \Delta R_{DT}$ 表示将新增的创新资源平均分配到四种模式中去，考虑出口管制标准的变化对创新资源配置模式的影响时，可以得出如下结论。

(1)加强出口管制时的存量替代效应

随着管制国提高出口管制标准，被严格管制的产业倾向于用"技术消化和购买国内技术"替代"技术引进和技术改造"，表现为

$$\Delta R_{TI} \leqslant 0，\Delta R_{TA} \leqslant 0，\Delta R_{TT} \geqslant 0，\Delta R_{DT} \geqslant 0\qquad（5-5）$$

(2)加强出口管制时的增量替代效应

随着管制标准的提高，被管制的产业会将更多的增量创新资源配置到技术的消化吸收和购买国内技术中去，进而减少引进和改造模式的资源配置，用公式表述为

$$\Delta(\Delta R_{TT} - \Delta R_{TI}) \geqslant 0$$
$$\Delta(\Delta R_{DT} - \Delta R_{TA}) \geqslant 0\qquad（5-6）$$

式(5-6)表明，管制国出口管制标准的变化会导致被管制国高新产业在配置增量创新资源时带有明显的偏好，该偏好的变化大小就是出口管制标

准变动对产业创新资源配置的扭曲程度。

(四) 资源配置效应的度量

出口管制标准的产业资源配置扭曲效应可以用两种方法度量。

1. 静态效应度量公式

存量替代效应表示决策者为了增加一种创新模式的资源投入而减少另外一种创新模式资源投入的意愿程度。由于现实中 ΔR 不太可能为零,即总资源投入量 R_t 不一定等于 R_{t+1},所以,在度量存量替代效应时,首先要消除 ΔR 不为零的情形。具体方法为

$$\Delta R'_{TI} = \Delta R_{TI} - 0.25\Delta R, \quad \Delta R'_{TT} = \Delta R_{TT} - 0.25\Delta R$$
$$\Delta R'_{TA} = \Delta R_{TA} - 0.25\Delta R, \quad \Delta R'_{DT} = \Delta R_{DT} - 0.25\Delta R$$

由此可以得到

$$\Delta R' = \Delta R'_{TI} + \Delta R'_{TT} + \Delta R'_{TA} + \Delta R'_{DT} = 0 \qquad (5-7)$$

如果将上述正的变量求和,应该等于负的变量总和,用公式表述为 SUM{所有正的变量}=SUM{所有负的变量},该值表示存量资源的总体替代规模。出口管制标准对资源配置的存量替代效应可以表述为

$$SSE = SUM\{所有正的变量\} = SUM\{所有负的变量\}$$

当 SSE 为零时,表明不存在资源配置的存量替代效应。此外,SSE 值越大,表明出口管制标准的存量替代规模和效应越明显。

2. 动态效应度量公式

$$ASE = |r_{TI} - r| + |r_{TT} - r| + |r_{TA} - r| + |r_{DT} - r| \qquad (5-8)$$

式(5-8)中,r 表示总的资源配置增长率,r_{TI}、r_{TT}、r_{TA} 和 r_{DT} 分别表示四种模式下的资源配置增长率,如果各种模式的增长率与总增长率保持一致,则 ASE 等于零,这说明不存在资源配置的增量替代效应。如果某种模式的资源增长率与总资源增长率偏离程度越大,则表明该模式受出口管制标准的影响越大。偏离程度越大,最终导致 ASE 值变大,这表明出口管制标准的增量替代效应越明显。

(五) 出口管制标准的资源配置效应检验

1. 1995 至 2008 年的资源配置效应检验

出口管制标准对资源配置的直接效应表现在影响技术引进的支出,间

接效应则表现为调整资源配置的结构,例如加大技术内部改造的资源配置。由于国有企业主导的产业受到管制国的严格管制,而"三资"企业主导的产业容易获得管制国的"合格最终用户"证明,能够享受到较宽松的高技术出口管制标准。所以,这两类产业用于技术引进的资源配置会存在显著差异。

(1)直接效应

受少数西方国家歧视性出口管制标准的影响,我国境内"三资"企业配置到技术引进的资源呈现上升趋势,而国有企业用于技术引进的资源配置量呈现下降趋势。除航空航天产业外,其他四类高新产业的资源配置走势在国企和"三资"之间呈现"X"趋势,即国企走低,而"三资"企业走高。

我国航空航天产业主要由国企主导,外资企业较少参与,所以,本书仅仅比较其他四类高新产业的资源配置情况。受美国等西方国家的严格出口管制影响,我国的航空航天产业领域的国有企业在技术引进过程中受到越来越大的阻力,配置到技术引进的资源也越来越少。例如,2002 年,航空航天产业的国企将 6.86 亿元配置到技术引进中,截至 2008 年,该值下降至 4 837 万元。这说明在外国严格的出口管制标准约束下,我国的航空航天产业很难从国外获得技术溢出,该产业在配置技术创新资源时不得不转向自主研发或吸收国内技术溢出。其他四类产业的技术引进资源配置情况如图 5-10 所示。

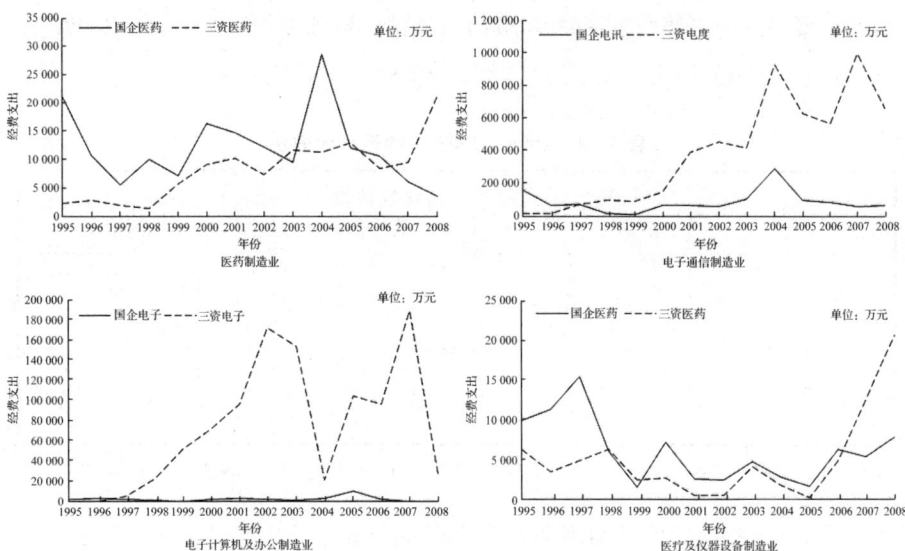

图 5-10　不同类型产业配置到技术引进的资源比较(1995～2008 年)

从图 5-10 可以看出,在电子通信和电子计算机等产业上,"三资"企业配置到技术引进的资源规模远远大于国有企业。两类企业在医药和医疗产业上用于技术引进的资源配置规模差距较小。

(2)间接效应

管制国出口管制标准对被管制国高新产业资源配置的间接效应主要体现为结构效应,即改变被管制国不同类型的产业的创新资源配置结构。资源配置结构的变化主要源于各类资源的替代。所以,资源配置的结构效应最终可以由存量替代效应和增量替代效应来表示。

由于存量替代效应主要发生在当期和下期的资源总投入量变化为零的情形,所以笔者重点在总资源配置量变化不大的相邻年份考察存量替代效应,而在总资源配置量发生显著增减的年份考察增量替代效应。

由表 5-4 可以看出,国有企业的存量替代效应主要发生在 2000 至 2001 年之间,表现为 TT 模式替代 TA、DT 和 TI 模式。折算后的总资源替代规模达到 1.57 亿元,其中用于技术消化的配置资源减少 9 948.5 万元,用于购买国内技术的资源配置量减少 4 662.5 万元,用于技术引进的资源配置量下降 1 049.5 万元。

"三资"企业的存量替代效应主要发生在 2002 至 2003 年之间,主要表现为 TT、DT 和 TA 模式替代 TI 模式,总资源替代规模达 4.5 亿元,该值为经折算后的技术引进的资源配置量的净下降额,该部分资源追加到 TT、DT 和 TA 三种模式中,金额分别为 3.66 亿元、6 445 万元和 2 011 万元。

表 5-4 1995~2008 年存量替代效应

类型	起至年份	存量替代效应值	备注
国有企业	2000—2001	1.57 亿元	(TT+,TA−,DT−,TI−)
"三资"企业	2002—2003	4.5 亿元	(TT+,DT+,TA+,TI−)

备注:代码含义同公式(5-2),+和−分别表示配置资源增加和减少,变动越大排位越靠前。

表 5-5 中的数值是利用动态效应度量公式(5-8)计算得到,值越大表明增量替代效应越显著。括号中的代码表示当年调整幅度最大的资源配置

模式。从表 5－5 可以看出,国有企业和"三资"企业在配置增量创新资源时的最大差别体现在,前者在技术消化和吸收模式(TA)中给予更多的倾斜,而后者则在购买国内技术模式(DT)中予以更多的关注。

此外,两类企业在配置增量资源的调整幅度基本趋同。"三资"企业的增量资源配置波动的峰值出现在 1997 年,增量资源替代效应值高达 4.85。1997 年以后,国有和"三资"企业在配置增量创新资源的过程中具有诸多共性。在香港回归前,美国对香港的诸多高技术出口无需许可证,但是香港回归后,美国对香港的高技术出口开始施加诸多限制措施。因为国有企业与在华外资企业在获取美国等国家的高新技术能力的差距有一定程度的缩小,所以国有企业和外资企业在增量创新资源配置方面展现出诸多共性。

表 5－5　1995～2008 年增量替代效应

年份	1996	1997	1998	1999	2000	2001	2002	2003	2004	2005	2006	2007	2008
国有企业	0.62 (DT)	0.67 (TA)	1.28 (TA)	0.5 (DT)	2.6 (TI)	0.86 (TA)	1.18 (DT)	1.05 (TA)	3.6 (DT)	0.51 (TI)	1.02 (TA)	0.91 (TA)	0.38 (TA)
"三资"企业	2.77 (DT)	4.85 (TI)	0.55 (TT)	2.01 (DT)	0.66 (TI)	2.29 (DT)	0.28 (DT)	0.51 (TA)	2.6 (TA)	2.6 (DT)	0.99 (DT)	1.61 (DT)	1.67 (DT)

资料来源:作者整理得到。

综上所述,管制国出口管制标准的变化使得被管制国境内的不同类型的产业在配置创新资源时发生变化:一是存量资源配置效应方面表现为技术改造替代技术引进;二是增量资源配置效应方面表现为"三资"企业侧重购买国内技术,国有企业则偏重对已有技术的消化吸收。

2. 2009 至 2015 年的资源配置效应检验

(1)直接效应

外商投资企业和港澳台企业在航空航天产业的参与度有限,配置到技术引进的创新资源较少。此外,国有和内资航空航天产业配置到技术引进的资源规模呈现下降趋势。这说明在少数发达国家严格对华出口管制的背景下,我国航空航天产业技术引进的难度越来越大(见图 5－11)。

我国航空航天产业的各类企业在技术引进方面存在显著差异。外资企业较少参与航空航天产业,所以,投入到技术引进的资源非常有限。另外,内资航空航天企业由于遭受外国越来越严格的歧视性出口管制,所以,配置到技术引进的资源也越来越少。

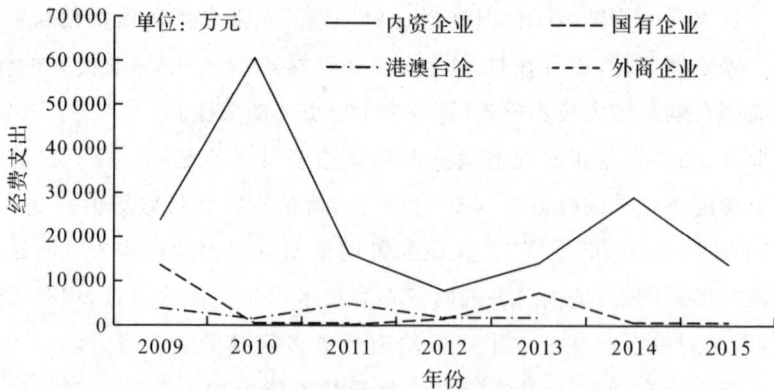

图 5 - 11 我国航空航天产业的技术引进对比

在医药及医疗两大产业中,各类企业配置到技术引进的资源结构存在较大差异。国有企业和内资企业在医药制造产业的技术引进资源配置方面存在完全相反的两个趋势,前者持续下降,而后者则持续上升。外资企业在医药和医疗设备制造两个产业的技术引进资源配置量都持续下降,而港澳台企业虽呈现逐年上升趋势,但整体资源配置的规模较小(见图 5 - 12)。

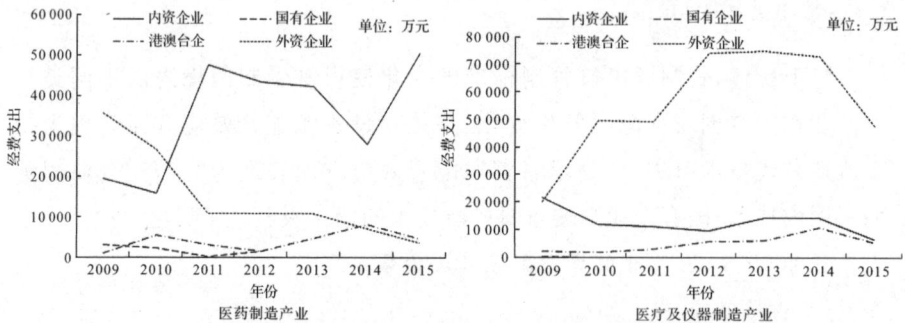

图 5 - 12 我国医药产业与医疗产业的技术引进对比

在医药制造产业的各类企业中,内资企业用于技术引进的资源规模最大。例如,2015 年内资的医药企业的技术引进规模达到 5.05 亿元,占整个医药产业技术引进的 85%。在医疗产业中,与其他类型的企业相比,外商企业将更多的资源配置到技术引进中。例如,2015 年外资医疗企业的技术引进规模达到 4.77 亿元,占整个医疗产业技术引进的 80%。

在电子通信和计算机办公两大产业中,外商投资企业的技术引进规模都大幅度下降。这表明外资企业在华的技术创新活动逐步减弱。与此相反,内资电信企业配置到技术引进的资源规模不断扩大。港澳台投资企业在电信产业加大了技术引进规模,而在计算机及办公产业则缩小技术引进的规模(见图5-13)。

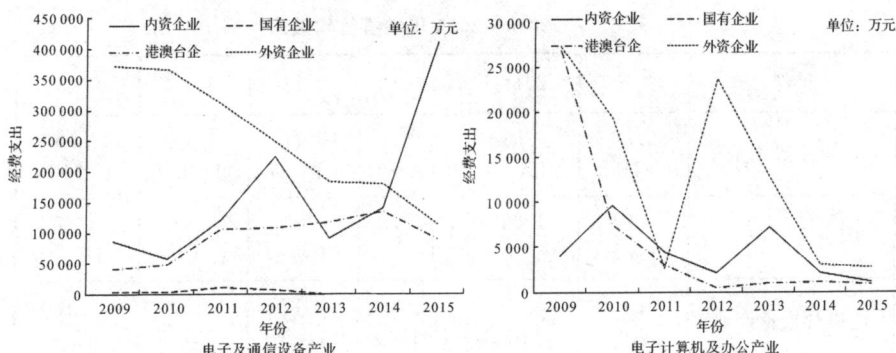

图5-13　我国电信产业与计算机办公产业的技术引进对比

外资电信企业配置到技术引进的资源由2009年的37.2亿元锐减至2015年的11.42亿元,内资电信企业配置到技术技术引进的资源则由2009年的8.58亿元增长到2015年的41.02亿元。各类电子计算机及办公企业的技术引进规模都大幅度下降。计算机及办公设备产业的技术引进规模由2009年的5.83亿元降至2015年的0.46亿元。

(2)间接效应

2013至2014年内资企业创新资源的存量替代效应表现为减少技术改造支出,而增加其他三种方式的资源配置,其中转移到购买国内技术的经费达1.49亿元。外资企业减少技术改造经费支出4.21亿元和技术引进支出2.01亿元,增加国内技术采购支出3.72亿元和技术消化经费支出2.49亿元(见表5-6)。

表5-6　2013～2014年存量替代效应

企业性质	起止年份	存量替代效应值	备注
内资企业	2013—2014	19.66亿元	(DT+,TI+TA+,TT−)
外商投资企业	2013—2014	6.22亿元	(DT+,TA+,TT−,TI−)

备注:标注方法同表5-4。

2010 至 2015 年间,国有企业在技术消化方面的资源配置调整幅度最大,而港澳台企业在技术引进上的调整幅度最大。外商投资企业在购买国内技术和技术消化方面的资源调整力度最大。运用公式(5-8)测得各类产业的创新资源配置的增量替代效应如表5-7所示。

表5-7 2010~2015年增量替代效应

年份	2010	2011	2012	2013	2014	2015
内资主导产业	0.22 (DT+)	0.68 (TA-)	0.56 (TA-)	0.77 (TI-)	1.10 (DT+)	2.10 (TI+)
国企主导产业	0.97 (TA+)	1.62 (TI+)	1.27 (TA+)	1.17 (TA-)	1.91 (TI-)	3.77 (DT+)
港澳台投资产业	1.34 (TI-)	1.08 (TI+)	0.68 (DT+)	0.77 (TA+)	1.57 (TI+)	1.40 (TI-)
外商投资产业	2.19 (DT-)	1.23 (TA+)	1.25 (TA-)	2.46 (TA+)	1.46 (DT+)	1.46 (DT-)

备注:括号表示调整幅度最大的资源配置模式,各代码含义同上表。

表5-7中的数值越大表明资源配置调整幅度越大,创新活跃程度越高,增量替代效应越显著。内资主导产业和国企主导产业虽然在配置的重点方向存在差异,但是两者在调整的程度上保持高度一致,且幅度有逐年增加的趋势。由于享受的政策待遇具有一致性,所以,两类产业在资源配置的重点和调整幅度上具有同步性。

外商投资的产业相对于港澳台投资的产业在资源配置的调整幅度上具有更大的波动性。由于在华外商投资企业面临的来自外国的出口管制变动的风险较小,所以,其在技术引进方面的资源配置量的调整幅度较小,而是将创新资源的调整重点放在购买国内技术方面。港澳台投资产业将资源调整的重点放在技术引进层面,在资源配置调整方面存在相对的稳定性。

(六)企业歧视程度与创新资源配置差异

依据前文"获得授权合格企业数量越多的产业将获得更多来自管制国或其他发达国家的创新资源配置"和"创新资源配置的模式依据产业性质的不同而存在显著差异"的假设,企业歧视程度的差异导致了不同类型产业的资源配置差异。通过上述的描述性统计分析可以发现,2008年以前,在华的"三资"企业享受的美国出口管制待遇优于国有企业。2009 年以后,按照美国出口管制待遇从宽到严的顺序依次是外商投资企业、港澳台企业、内资企业和国有企业。

由于管制国对华出口管制标准不仅基于企业性质差异,还充分考虑产业的差异,具体表现为对航空航天产业的出口管制最为严格,管制相对较宽松的是电子及通信设备产业。所以,按照表 5-8 选定管制企业和产业的组合,对其创新资源配置进行对比分析,由此探究出口管制标准对产业创新资源配置的扭曲效应。

表 5-8　企业和产业的组合

企业\产业	严格管制	宽松管制
严格管制	国有航空/内资航空	内资电信
宽松管制	外资航空	"三资"电信/外资电信

资料来源:作者整理。

1. 1997 年美国调整对华出口管制标准的效应

1997 年,美国新修订的《出口管制法》将对中国香港的出口管制对象由原来的物品延伸到自然人和法人,由此强化在敏感技术领域的对华歧视性高技术出口管制标准。[①]

按照 2008 年以前的统计口径,我国国有航空航天产业遭受美国歧视性程度最大,而"三资"电子及通信设备产业享受美国最优惠管制待遇。上述两类产业的创新资源配置是否因美国的歧视性出口管制标准而存在显著差异,接下来从四种资源配置构成上进行对比分析(见图 5-14)。

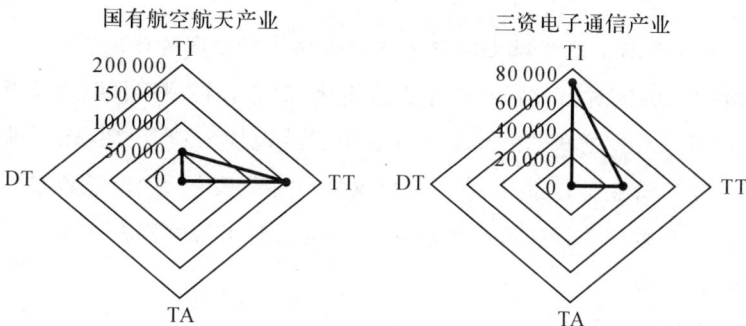

图 5-14　1997 年两类产业的资源配置结构

---

① 参见美国商务部产业安全局(BIS)网站公告。

上述研究表明,不同类型的产业在创新资源配置方向上存在显著差异,其中,国有航空航天产业配置的重点集中在 TT 模式上,经费总规模达到 15.78 亿元,而"三资"电子通信产业的资源配置重点为 TI 模式,资源规模达到 7.46 亿元。

美国调整出口管制标准产生的影响包括:一是国企减少 TI 模式,增加 TA 模式的配置规模;二是"三资"企业在增加 TI 模式的配置规模基础上,增加 TT 和 TA 模式的资源配置(见图 5-15)。

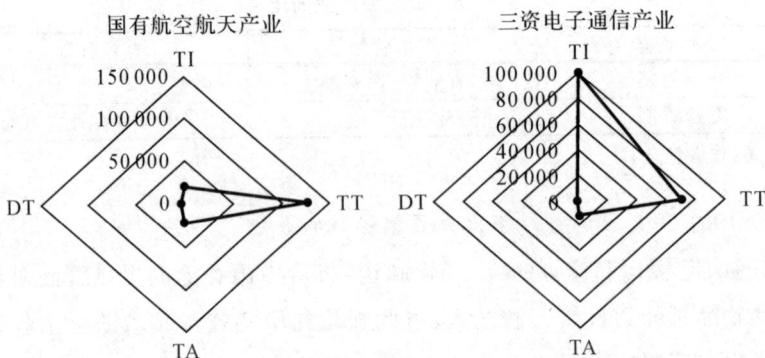

图 5-15　1998 年两类产业的资源配置结构

比较上述资源配置结构的变化可以发现,1997 年美国调整对华出口管制标准的影响包括:直接效应是减少了歧视产业的技术引进资源配置规模,增加了非歧视产业的技术引进规模;间接效应表现为改变了两类产业的资源配置结构。

2. 2009 年以来美国强化对华歧视性出口管制标准的效应

2009 年,美国对出口管制程序进行简化,但有意将中国排除在享受贸易便利化的国家行列之外,以此提升对中国的歧视性出口管制标准。为了考察歧视性出口管制标准对不同类型产业的资源配置的影响,笔者接下来分别从产业选择效应和模式选择效应两个层面剖析出口管制标准对产业资源配置的扭曲效应。

(1)产业选择效应

出口管制标准的调整会导致不同性质的企业在不同产业的资源配置存在差异,具体表现为被管制较宽松的企业会选择在被放松管制的产业领域大量引进技术,并减少在管制较严的产业领域的创新资源配置。而被严格管制企业的最优选择也倾向于加大在宽松管制产业领域的创新资源配置，但同时还必须保持在严格管制产业领域的基本创新资源的投入。可见，歧视性出口管制标准致使被歧视的企业在不同产业间配置资源时具有更多的约束性，而非歧视性的企业在不同产业间配置创新资源时则具有更大的倾向性和灵活性。前者的创新资源投入需要考虑产业的平衡发展，后者的创新投入则仅仅关注出口管制导向，在宽松管制的产业领域加大技术引进的资源配置，而在严格管制的产业领域减少或者终止技术引进的资源配置（见图 5-16）。

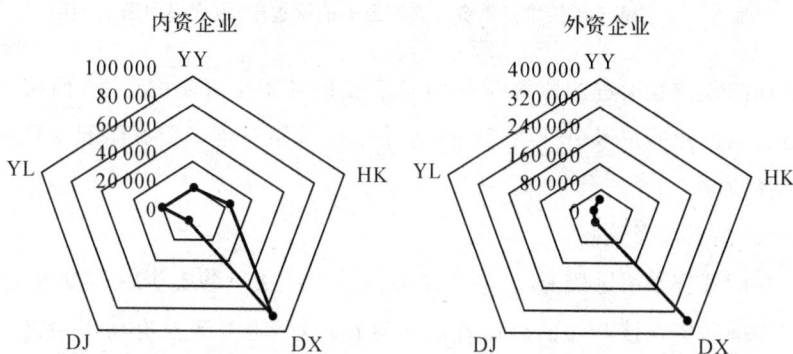

图 5-16　2009 年技术引进资源在产业间的配置

从图 5-16 可以看出，外资企业将技术引进资源的 81.76% 配置到电子及通信设备（DX）产业，规模达到 37.2 亿元。由于航空航天产业是美国对华严格管制的产业，以及在华外资企业进入航空航天产业壁垒较高，所以，外资企业很少将资源配置到航空航天产业技术的引进。此外，虽然内资企业受到美国歧视性的出口管制待遇，但是在资源配置的产业选择上仍然遵循在管制较严的航空航天产业（HK）配置较少资源，而在管制较松的电信产业（DX）配置较多资源的原则。

随着 2009 年以来美国出口管制的歧视性越来越严重，我国内资企业在技术引进资源的配置上越来越倾向于管制相对宽松的电信产业（DX），在该产业用于技术引进的资源规模从 2009 年的 8.58 亿元增长至 2015 年的 41.02 亿元。外资企业则偏向于在医疗产业（YL）配置更多的资源，其规模从 2009 年的 2 亿元增长至 2015 年的 4.78 亿元。美国强化歧视性出口管制对资源配置的影响如图 5-17 所示。

2009 年以来，美国加强对华歧视性出口管制标准，致使在华所有类型的

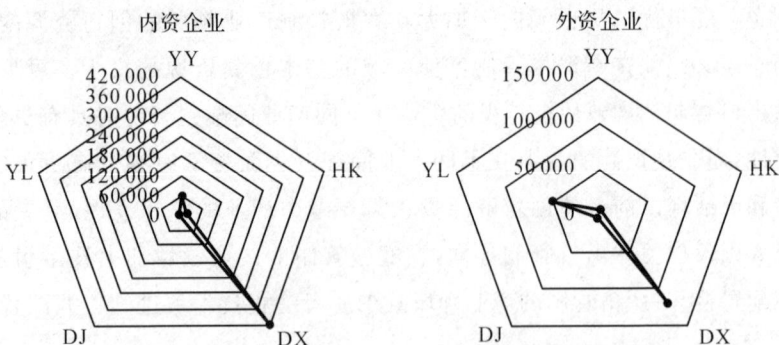

图 5-17　2015 年技术引进资源在产业间的配置(产业代码同图 5-16)

企业在配置技术引进的资源时都偏向于被相对宽松管制的产业,而减少被严格管制产业的技术引进规模。这说明出口管制对创新资源的配置具有产业选择效应。

(2)模式选择效应

在配置技术引进资源时,电子及通信设备产业是各类企业的投入重点。虽然美国对华在该产业的出口管制相对宽松,但是对于没有获得最终用户或最终用途证明的企业仍然很难从美国进口到相关高新技术。

在中国境内,外资企业相比内资企业更容易获得从美国进口高新通信技术的授权。那么,存在巨大出口管制待遇差距的两类企业在资源配置模式上会存在怎样的不同?接下来,笔者选取 2009 年和 2015 年内资电信企业的资源配置结构和外资电信企业的资源配置结构,分别进行纵向和横向的对比,借此探明企业歧视型出口管制对于资源配置模式的扭曲效应。在资源配置模式上按照前文的分类标准划分为 TI、TT、TA 和 DT 四种。绘制两类电信企业在该产业的资源配置模式结构如图 5-18 所示。

尽管该产业遭受的出口管制相对宽松,但由于美国针对不同类型的企业实施差别化的出口管制标准,所以,导致我国境内的内资电信企业和外资电信企业在配置创新资源时存在显著差异。具体表现为:首先,外资电信企业倾向于将更多的创新资源配置到技术引进模式(TI)中去,例如,2009 年用于技术引进的资源配置规模达到 37.20 亿元,超过另外三种模式的总和 19.67 亿元。其次,内资电信企业倾向于将资源配置到技术改造模式,该规模达到 53.03 亿元,超过其他三种模式的总和 12.31 亿元。

内资电信企业　　　　　　　　　　　　　　外资电信企业

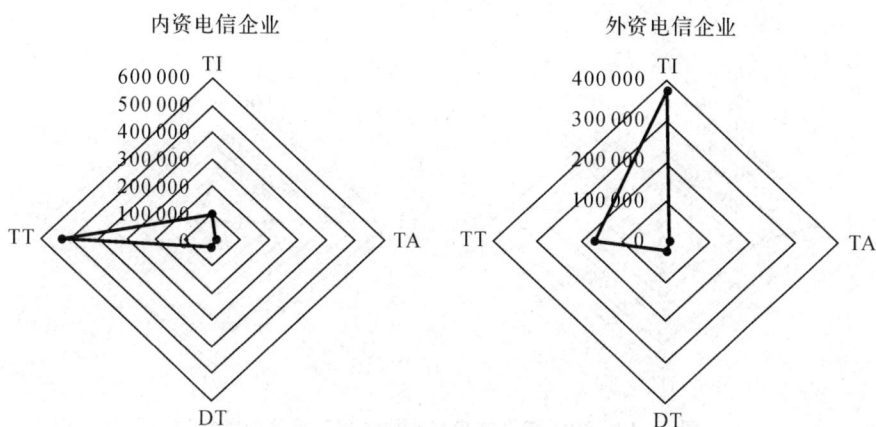

图 5 - 18　2009 年两类电信企业的创新资源配置结构

　　由于遭受不同的出口管制标准,两类电信企业在技术引进方面的差距十分显著。2009 年,外资电信企业配置到技术引进的资源规模是内资电信企业配置到技术引进的资源规模的 4.34 倍。外资电信企业的资源配置结构类似于"正三角"模式,然而,内资电信企业的资源配置模式呈现"斜三角"模式。如果技术引进比技术改造具有更高的技术创新效率,那么,外资电信企业的"正三角"的资源配置模式就具有显著的创新效率优势。在美国对华严格歧视的出口管制标准约束下,内资电信企业不可能具备类似于外资电信企业的"正三角"资源配置模式。可见,内资电信企业的"斜三角"资源配置模式正是美国对华歧视性出口管制标准扭曲创新资源配置的具体表现。

　　美国于 2011 年调整战略贸易许可,于 2013 年放宽卫星等物项的出口管制标准。上述贸易便利和优惠政策均不适用于中国。强化对华出口管制标准的歧视性不仅影响内资电信企业的资源配置结构,还对外资电信企业的资源配置造成巨大的冲击。笔者选取 2015 年内资和外资两类电信企业的创新资源配置结构作对比研究(见图 5 - 19)。

　　在美国强化对华歧视性出口管制标准的背景下,内资电信企业加大了购买国内技术的资源配置,配置到 DT 模式的资源占总资源的比例由 2009 的 3.64% 快速增长至 2015 年的 22.42%。该政策还波及外资电信企业,促使其减少技术引进的资源配置规模,从 2009 年的 37.2 亿元下降至 2015 年的 11.42 亿元,在其总创新资源配置中的占比由 65.42% 快速降至 26.98%。与此同时,外资电信企业增加技术改造的资源配置占比,由 2009 年的

内资电信企业

外资电信企业

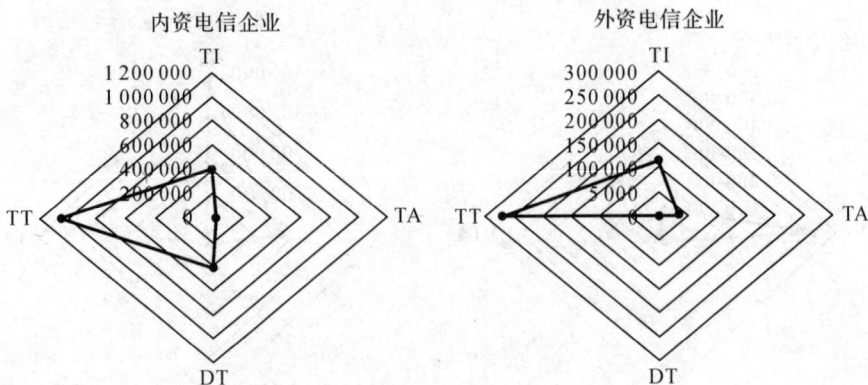

图 5－19　2015 年两类电信企业的创新资源配置结构

29.69％快速增长至 2015 年的 63.78％。可见,企业歧视型出口管制标准冲击了所有在华企业的资源配置结构,促使其加强内部资源的配置,而减少外部资源的引进和依赖。

四、产业技术创新资源配置效应总结

本章界定了企业歧视型出口管制标准的内涵,并从域外管制与国内法的域外效力等阐述管制国实施企业歧视型出口管制标准的法律依据。由于管制国当局严防相关技术落入被管制国企业,但是在被管制国的外资企业又需要引进管制国高新技术到被管制国的市场,所以,基于企业歧视的最终用户和用途制度被用来解决上述矛盾。授权合格最终用户制度是管制国实施企业歧视型出口管制标准的重要制度安排。近年来著名的“驰创案”和“中兴案”都是企业歧视型出口管制标准下的典型案例。

研究结果表明,管制国实施的企业歧视型出口管制标准,致使被管制国境内不同类型的企业在技术引进能力上存在显著差异,进而冲击到创新资源的配置结构。当管制国调整出口管制歧视程度时,不同类型的企业在进行创新资源配置时,不仅考虑如何在不同管制强度的产业之间进行资源配置,还需要充分考虑在技术引进、改造、消化和购买国内技术等模式之间进行匹配。

资源配置的目的在于用最小的资源投入获得最大的产出。目前评价资源配置的标准包括最大化总剩余、市场出清和帕累托最优标准等。经济水平、技术差距、技术属性、激励制度、企业产权制度、制度质量、市场类型、市

场积聚度、市场透明度以及创新模式等多种因素共同影响着产业的资源配置模式。

出口管制标准的资源配置效应在方向上至少包括"管制国对被管制国""同盟国对被管制国"以及"被管制国内部"三个层面。出口管制标准的资源配置效应在结果上至少包括影响资源配置方向、结构、成本和风险。

在实证分析中，首先提出"获得授权合格企业数量越多的产业将获得更多来自管制国的创新资源配置"和"创新资源配置的模式依据产业性质的不同而存在显著差异"两个假设。然后，统计分析被管制国境内不同类型的高新产业的资源配置结构。在研究出口管制标准的资源配置效应时，将其划分为直接效应和间接效应，前者主要体现在技术引进资源配置效应，后者则体现为多种模式的资源配置结构效应。此外，将出口管制标准的波动引起的资源配置效应区分为产业选择效应和模式选择效应。前者是指享受不同管制待遇的产业，依据管制国对相关产业的管制强度，有针对性和差别性地在不同产业之间进行资源配置。后者是指针对选定的产业，依据出口管制标准强度来选择不同的资源配置模式。在度量资源配置的扭曲效应时，引入存量替代效应模型和增量替代效应模型。具体的研究结论如下。

（一）技术改造是我国高新产业创新资源配置的重点方向

在选定五类高新产业中，创新资源的配置比例由大到小依次是技术改造、引进、购买国内技术和消化吸收。我国高新产业将技术改造作为创新资源配置的重点，符合创新的规律性和历史的必然性：从规律性来看，产业技术创新能力的提升，必须建立在对原有技术的改造和提升基础上。这是因为循序渐进的技术进步更具有普遍性，而跨越式的技术进步富有偶然性。从历史必然性来看，由于长期遭受少数西方发达国家的高技术出口管制，所以，我国高新产业很难从国外大规模引进所需的先进技术，也就不能将大量创新资源用于技术引进。

（二）不同性质产业的资源配置结构存在显著差异

由于管制国实施企业歧视型出口管制标准，给予获得授权的企业更多的优惠待遇，而对没有获得授权的企业则实施严格管制，所以，在华的外资企业相比本土国有企业和内资企业而言，更容易在全球范围内配置创新资源。事实证明，1995 至 2008 年，"三资"企业的技术创新资源配置"以引进为主、其他三种模式为辅",但是国有企业则"以技术改造为主、其他模式为辅"。这两种不同性质的产业在资源配置上的巨大差别,正好说明出口管制标准差异对产业技术创新资源配置存在显著的影响。

(三)出口管制标准存在直接和间接资源配置效应

直接效应表现为,歧视型出口管制标准使得国内各类企业和产业配置到技术引进的资源规模快速下降。无论是否获得管制国的授权,在华各类高新产业的技术引进规模都呈现下降趋势。间接效应是指出口管制标准的调整对于产业资源配置结构的冲击。利用存量替代效应模型测得,2000至2001年,国有企业的创新资源存量替代效应主要是TT模式替代其他三种模式。2002至2003年,"三资"企业的资源配置的存量替代效应则是TI模式被其他三种模式替代,替代规模高达4.5亿元。利用增量替代效应模型测得,1995至2008年间,国有企业和"三资"企业在配置增量创新资源时的最大差别体现在,前者在技术消化和吸收模式(TA)中给予更多的倾斜,而后者则在购买国内技术模式(DT)中予以更多的关注。2010至2015年间,国企和内资企业的资源配置调整幅度呈现加剧趋势,外资企业的资源配置波动较大,港澳台企业的资源调整最为平缓。

(四)歧视型出口管制标准扭曲在华所有产业的资源配置结构

美国于2009、2011和2013年先后三次强化对华高技术出口的歧视型管制。这一系列的政策使得在华的获得授权企业和未获得授权企业的歧视性程度得到扩大。强化企业歧视型出口管制标准的结果就是不仅影响中国内资企业的资源配置模式,还扭曲在华外资企业的资源配置结构。

2009至2015年,内资和国有企业配置到技术改造的资源占总创新资源的比例逐步扩大,并占据绝对主导地位。外资企业降低了配置到技术引进的资源规模和比例,同时加大了配置到技术改造的资源规模,并逐步超过配置到技术引进的资源规模。在管制国歧视性出口管制标准的冲击下,管制国境内的各种类型的企业既不能选择最优的产业组合,也不能最优化创新资源的配置模式。

第五节 优化产业创新资源配置的对策

企业歧视型出口管制标准不仅扭曲被歧视产业的资源配置结构,还影响到未被歧视产业的资源配置效率。一方面,无论是被歧视的企业还是未被歧视的企业,都极力在管制较宽松的产业领域大量配置创新资源用于技术引进。例如,各类企业在电子及通信设备制造产业投入比其他产业更多的资源用于技术引进。这是歧视性出口管制标准导致的产业选择效应。另一方面,随着企业歧视程度的加深,被歧视企业的资源配置结构越来越偏离宽松管制时的资源配置结构,而未被歧视企业的资源配置结构也向被歧视企业的资源配置结构逼近。具体表现为,配置到"技术改造"和"购买国内技术"的创新资源比重越来越大,而配置到"技术引进"的资源比重越来越小。这是企业歧视型出口管制标准导致的资源配置模式选择效应。鉴于此,笔者建议如下。

一、提高国内资源配置效率

不同的资源配置模式具有不同的创新效率。对于世界上已经成熟的技术,通过引进和模仿能够以最小成本、最快速度和最大效率地实现技术追赶,但是对于前沿技术,通过研发和改造更容易获得技术的革新,并获得技术垄断优势。所以,遭受管制国歧视型出口管制标准的国内产业,在成熟技术的研发上,应该注重获得国内的技术溢出,以及从其他发达国家引进相关技术。在前沿技术的研发上,应该鼓励有实力的企业将创新资源更多地配置到技术改造中去,组建产业技术创新联盟,针对重大攻关项目集中配置优势创新资源,共享技术创新成果。

二、提升国有和内资企业主导产业的全球资源配置能力

倘若企业能够从全球价值链、产业链和全球分工视角配置创新资源,则技术创新的效率将大大提高,科研竞争力也会大幅度提升。少数发达国家针对中国境内企业的歧视型出口管制标准,在一定程度上限制了这些产业从海外获取高新技术的能力。尽管如此,国有企业和内资企业应该变被动为主动,积极融入国家"一带一路"倡议,突破少数发达国家的技术封锁,大力提升全球资源配置水平。

三、引导外资企业在中国境内提高创新资源配置力度

企业歧视型出口管制标准不仅影响到内资企业和国有企业,还影响在

华外资企业的技术创新行为。由于管制国对于违反出口管制的企业实施严厉的处罚,即使在被管制国境内的外资企业获得管制国授权,仍然面临因技术扩散而带来的巨大风险。所以,一方面,因为从管制国或其他母国引进技术到被管制国的程序复杂和时间成本过高等原因,外资企业有意减少在被管制国的技术创新资源的配置。另一方面,虽然成功地将相关技术引入被管制国的市场,仍然遭受管制国定期或不定期的严格审查,为了避免技术扩散带来的政治风险,外资企业尽量减少将先进的敏感技术和产品配置到被管制国的市场。可见,我国政府应该专门出台针对外资企业的科研鼓励政策,引导这类企业扎根中国市场,利用其全球范围配置资源的能力和优势,积极与国内企业开展研发合作。

第六章　出口管制标准的演进及发展趋势

国际上的出口管制标准具有多重性和歧视性。多重性表现在有的出口管制标准是针对某个敏感国家或地区,而有的出口管制标准则是针对某个敏感产业,也有的出口管制标准是针对具有国际技术领先优势的具体的产品。歧视性表现为对特定的国家实施出口管制,而对其他国家则不实施出口管制。出口管制标准的演进历程与政治、军事、外交和科技等息息相关。出口管制标准的或严或松、或窄或宽、或生效或失效等都处于不断的变化过程中。

第一节　发达国家出口管制标准的演进

西方发达国家出口管制标准的雏形可以追溯至美国 1917 年的《与敌对国家贸易法》。该法案中明确了总统在战时对贸易进行管制的相关措施。发达国家主要从产品标准和国家标准两大体系构建出口管制标准体系。

一、出口管制产品的标准演进

发达国家最早实施出口管制的产品为战时的重要物资。由于服务战争的需要,美国为了保障国内的优先供应,而制定了临时的战时物资出口管制条例。

随着一战和二战的结束,出口管制的产品由战时物资转为具有技术领先优势的产品和设备以及防扩散物项,如"重大杀伤性武器"等。此时制定出口管制标准的依据包括应对国家安全威胁、技术安全威胁和经济竞争威胁等。

发达国家出口管制的产品标准处于动态的调整中。例如,随着超级计算机技术的不断提升,发达国家的计算机管制标准也在不断提升,将属于低级别的计算机产品从管制清单中移除(见表6-1)。

表6-1 高技术出口管制清单

序号	类别	内容
1	生物技术	纳米生物学;合成生物学;基因组和基因工程;神经科学
2	人工智能(AI)和机器学习技术	神经网络和深度学习(如脑模拟、时间序列预测、分类);进化和遗传计算(如遗传算法、遗传编程);强化学习;计算机视觉(如物体识别、图像理解);专家系统(如决策支持系统、教学系统);语音和音频处理(如语音识别和制作);自然语言处理(如机器翻译);规划(如安排、游戏);音频和视频处理技术(如语音克隆、深度伪造);AI云技术;AI芯片组
3	定位、导航和定时(PNT)技术	高精度定位、导航等设备
4	微处理器技术	片上系统(SoC);堆叠在芯片上的存储器
5	先进计算技术	以记忆为中心的逻辑
6	数据分析技术	可视化;自动分析算法;上下文感知计算
7	量子信息和传感技术	量子计算;量子加密;量子传感
8	物流技术	移动电力系统;建模和模拟系统;资产总体可见度;基于配送的物流系统(DBLS)
9	增材制造	3D打印
10	机器人	微型无人机和微型机器人系统;自组装机器人;分子机器人;机器人编制系统;智能微尘
11	脑机接口	神经控制界面;意识-机器界面;直接神经界面;脑机接口
12	高超音速空气动力学	飞行控制算法;推进技术;热保护系统;专用材料(用于结构、传感器等)
13	先进材料	自适应伪装;功能性纺织品(如先进的纤维和织物技术);生物材料
14	先进监控技术	面印和声纹技术

资料来源:作者整理得到。

二、出口管制的国家分组标准演进

发达国家对不同的国家实施不同的出口管制标准,在不同的时期对同一个国家的管制标准也存在差异。对被管制国实施哪类标准取决于两国的外交关系,并根据时局的变化而做出动态的调整。

（一）分组管制标准

以美国为例,美国对除加拿大以外的所有国家都进行管制,并对受管制的国家进行分类,按照"由严到松"依次划分为从 Z 到 I 等 8 个组别(见表 6－2)。

表 6－2　出口管制的国家分组标准

序号	管制标准	备注
1	Z 组	出于外交政策需要而实施全面管制
2	S 组	出于国家安全、反恐、防扩散和地区稳定需要,除药品、医疗用品、食品和农产品外全面实施管制
3	Y 组	允许非战略性物资出口,禁止军事用途及有助于提高军事能力和损害国家安全的商品和技术出口
4	W 组	基本原则同 Y 组,但管制更宽松
5	Q 组	基本原则同 W 组,但限制更少
6	T 组	总原则和政策同 V 组,但对刑侦和军用设备进行许可证管理
7	V 组	除上述组别外其他基本不存在管制的国家,但依据具体情况,该组各国不享受同等待遇
8	I 组	受管制程度最宽松

资料来源:作者整理得到。

（二）商品控制清单标准

美国依据商品属性将需要管制的商品和技术划分为 8 个类别,并发布商业控制清单,明确规定对哪些国家需要在哪些项目上进行出口管制,并给出具体的商品管制代码(见表 6－3)。

表6-3 商品出口管制代码

序号	管控理由	代码
1	生化武器	CB1、CB2、CB3
2	防核扩散	NP1、NP2
3	国家安全	NS1、NS2
4	导弹技术	MT1
5	区域稳定	RS1、RS2
6	军火协议	FC1
7	犯罪控制	CC1、CC2、CC3
8	反恐	AT1、AT2

资料来源:作者整理得到。

第二节 我国出口管制标准的框架

一、我国出口管制标准的构成及演进

随着2020年12月《中华人民共和国出口管制法》的正式实施,我国的出口管制标准体系更加完善和健全。20世纪80年代,我国通过加入国际防扩散协议等,对特定的"防扩散物项"和"敏感的两用物项"等实施出口管制。此后,围绕稀缺的战略物资的出口实施阶段性管制措施,例如,对资源性产品稀土实施出口管制。近年来,随着我国科技水平的不断提升,逐步对少数具有国际领先水平的产品实施出口管制,包括无人机、挖泥船等。

二、我国出口管制标准存在的问题

(一) 局限于出口管制的产品标准

我国的出口管制标准局限于零散的管制的产品范围,没有规定具体的被管制国家和地区。从出口管制的产品来看,没有进行详细的分类管制,也没有对所管制的产品进行系统的编码管理。在对某些具有技术领先的产品实施出口管制时,出口管制标准宽严程度的把控尚存在很大的改进空间。

如何制定科学的、合理的出口管制标准,是迫切需要解决的另外一个问

题。例如,过严的出口管制标准有利于维护国家安全,但不利于相关高科技企业的出口和国际市场份额的获取;过松的出口管制标准虽有助于企业占领国际市场,但往往造成技术外溢,进而威胁到国家安全和经济安全。此外,何时实施出口管制标准也是亟须探讨的课题。

(二)出口管制标准的宽严之争

从管制标准的制定国来看,究竟是实施严格的出口管制标准对本国有利,还是实施宽松的出口管制标准更能够达到预期的目标。一般而言,出口管制标准过于严格,通常能够较好地阻止技术溢出,但是由此必须承担很大的贸易损失。另外,如果出口管制标准过于宽松,虽然能够有利于高新产业的大量出口,并获得可观的经济收益,但是,往往又因为技术的外溢而给本国的国家安全和技术领先优势造成威胁。由此可见,影响出口管制标准的因素不仅包括经济利益,还包括国家安全、军事利益和外交等多种因素。

第三节 完善我国出口管制标准体系的对策

改革开放 40 多年以来,我国作为世界上最大的发展中国家已经为世界探索出诸多"中国模式"和"中国速度"。我国出口管制标准体系演进模式既具有历史的特殊性,又具备客观的规律性。特殊性表现在:我国出口管制标准体系是在长期遭受外国歧视性出口管制背景下逐步建立起来的,是少数发达国家出口管制与我国不断反制的动态斗争结果,更是借助改革开放和大国崛起的潮流顺势而为的必然选择。规律性体现在:我国出口管制标准体系的演进紧跟技术进步的步伐,遵循经济社会发展的基本规律,适时针对特定物项实施分类出口管制。出口管制的物项从简单到多样,出口管制的机构从较低行政级别到较高行政级别,出口管制的政策从部门规章到国家立法,这些演进过程清晰地描绘了出口管制标准体系由不成熟到逐步完善的演进轨迹。我国在完善和健全出口管制标准体系时必须遵守如下几条原则。

一、提升技术创新能力是有效应对外国出口管制的关键

发达国家实施的歧视性出口管制标准旨在抑制被管制国的技术进步。

但是,如果被管制国通过自主研发成功提升了技术创新能力,则管制国的出口管制标准失效。具体结果如下:一是原有管制标准过时,需要提升技术管制标准和抬高出口管制要求;二是被管制国对发达国家的技术依赖程度很低,无论发达国家如何调整出口管制标准,该标准对被管制国的技术创新不能产生显著影响。我国从"两弹一星"到"载人航天",从"无人机"到"挖泥船",从"和谐高铁"到"北斗导航",这些成果都是以巨大的科技创新突破为基础,是高新产业自主创新能力提升的重要表现。我国技术创新能力的提升增强了应对"外国对华出口管制标准"的反制能力。

国际竞争必须依赖于军事、经济和科技实力。发展中国家在国际竞争中要取得话语权就必须努力提升技术创新能力。与发达国家的技术差距越大,发展中国家越容易对外国的技术形成严重依赖,在遭遇歧视性出口管制时没有能力实施有效的反制措施。发展中国家要从"被管制国行列"跻身于"管制国行列",必须具备如下条件:一是成功实现技术追赶,并在部分领域处于国际领先水平。越是前沿的技术,对其实施出口管制的战略价值就越高。二是技术差距足够大,以至于被管制国无力对该项管制措施实施强有力的反制。如果技术差距很小,或者存在大量的替代技术,此时,即使发展中国家在某项技术处于前沿水平,但是仍然不能以此项技术对发达国家的歧视性出口管制标准实施有效反制。少数发达国家能够对世界上大部分国家实施歧视性高技术出口管制的根本原因在于其具备强大的创新能力和遥遥领先的技术水平。

二、出口管制标准体系的构建必须遵循人类命运共同体的原则

出口管制标准体系不能只局限于满足"一国之私利",还必须遵循"人类命运共同体"的原则。发达国家出口管制的主要目的在于维护本国安全,确保某项技术在国际市场上长期处于领先优势,从而获取技术垄断带来的经济收益和战略价值。这是出口管制的"个体理性"表现。人类命运共同体体现了全球利益,是公共理性选择。我国出口管制标准体系初建于国际防扩散行动,是以维护全球共同利益为出发点,更多地体现了"公共理性"选择。近年来,我国也在少数敏感物项上实施临时性的出口管制措施。一方面是保护本土高新产业的需要;另一方面也是确保相关物项在国际安全范围应用的需求。这充分体现了"个体理性"和"公共理性"的统一。

个体理性与公共理性常存在矛盾与对立。例如,过多追求个体理性必然损害公共理性。发达国家过多实施高技术出口管制,使得广大发展中国家丧失了"共享人类文明成果"的机会,不利于全球福利的提升。最理想的状态是:在遵循公共理性的同时,又能够照顾到个体理性的需求。我国在防扩散出口管制中始终严格履行大国责任,以维护世界安全和地区和平为己任,将公共理性摆在最重要的位置。发展中国家在技术领域不可能像发达国家那样具备大量的国际领先技术或成果,所以,通过大范围地实施高技术出口管制以获得垄断收益的愿望和条件都不充分。广大发展中国家应该积极融入我国关于"人类命运共同体"建设,在构建出口管制标准体系时,以公共理性为突破口,提升发展中国家在全球公共安全事务中的地位和作用,积极完善"防扩散"和"战略资源"等出口管制标准体系。

三、构建出口管制标准体系需保证国家安全与经济发展的协同

技术外溢会削弱该技术在国际上的领先优势,进而威胁国家安全,所以,需要及时引入出口管制标准。但是,苛刻的出口管制标准会限制高新产业的国际市场份额,不利于发挥规模经济效应,反过来抑制持续创新和经济发展。发达国家实施出口管制的目的之一在于保持和扩大高新技术在国际上的非对称战略优势。发展中国家对出口管制实施有效反制的途径之一在于最大程度地谋求与发达国家的对称性技术优势。对称性技术优势的获得需要依赖良好的经济发展基础和持续的技术创新能力。我国出口管制标准体系的完善,在很大程度上依赖改革开放以来经济持续增长和稳定的国家安全保障。

我国在构建出口管制标准体系过程中必须确保在维护国家安全的同时,又能够获得较快的经济发展。作为发展中国家,发展经济是第一要务,维护国家安全是基本保障。在出口管制的物项选择上,影响经济社会发展的重大战略物资和科学技术成果应该优先列入出口管制标准体系,因为这些物项事关国家安全。对于处于前沿领域的敏感物项,应该在科学评估其扩散风险后,实施针对性出口管制,确保相关技术或产品能够"精准输出"和"可控使用"。充分利用国内和国际两个市场激发本土高新产业的创新活力,从而利用经济发展来巩固国家安全。由于经济安全是国家安全的重要保障,所以,发展中国家可以利用经济增长来提升国际地位,以达到维护国

家安全的目的。

四、处理好加强高新技术出口管制与促进对外开放的关系

出口管制不等同于禁止出口,也不是完全的贸易保护。出口管制与对外开放既矛盾又统一。由于限制特定物项的输出使得出口管制具有"反开放"的属性,相关贸易政策与自由贸易背道而驰。但是,如果对特定物项不实施出口管制,则技术外溢带来的风险会显著影响对外开放的深度和效果。我国在构建出口管制标准体系过程中,始终秉承开放贸易原则,顺利实现了由贸易小国向贸易大国的转型,贸易规模及其对世界的影响日益增加。我国货物进出口贸易规模由 1978 年的 206.4 亿美元快速增长至 2019 年的 31.54 万亿元人民币。未来,我国在由贸易大国向贸易强国的转变过程中,促进对外开放,能够确保最大化利用全球创新资源,而加强高技术出口管制,能够有助于将技术领先优势转化为贸易竞争优势。

被管制国在健全出口管制标准体系时必须坚持"开放贸易"的主旋律,只有这样才能充分利用国内和国外两大资源来促进本国经济发展,也才能为本国高新产业提供广阔的市场空间,提升高新技术的产业化规模和市场化价值。"适时"且"适度"地引入出口管制标准是保护相关产业的技术优势和维护国家安全的重要举措。如果将"开放贸易"作为对国际市场的"攻势",那么,"出口管制标准"则是对国际潜在威胁的"守势"。我国只有做好"攻守协同",才能为经济发展和国家安全保驾护航。"适时"制定和引入出口管制标准是指发展中国家应该在成功实现技术追赶并逐步超越阶段,掌握了一定数量的高新技术,且该类技术溢出有可能威胁全球安全和自身竞争优势时,有必要对该类技术或产品实施出口管制。"适度"引入出口管制标准是指发展中国家必须合理控制出口管制物项的范围,这是因为出口管制范围越广对贸易经济的损害越大,过度贸易保护必然导致高昂的效率损失。

总结与讨论

本书基于高技术出口管制的背景,研究管制国出口管制标准如何影响被管制国高新产业的技术创新行为。在研究的范畴上,舍弃出口管制标准对管制国及第三国的影响,重点探讨出口管制标准对被管制国的冲击。在研究的对象上,聚焦于出口管制标准的产业技术创新效应。在研究的思路上,首先,从影响层面将出口管制标准的效应划分为贸易效应、安全效应、政策效应和技术效应等,从冲击对象将出口管制标准的效应区分为正向效应、反向效应和侧向效应,从管制效果将出口管制标准的效应区分为正面效应、负面效应和零和效应。然后,将技术创新效应和正向效应作为本研究的重点,综述国内外有关出口管制标准和产业技术创新的相关文献,并从倒逼机制、引导机制、抑制机制和管制失效等几个层面剖析出口管制标准的产业技术创新效应的实现机制。

一、主要研究内容

(一)出口管制标准的产业技术创新效应的理论基础

本研究借用市场失灵理论解释出口管制的必要性,运用博弈论相关知识,寻求管制国出口管制标准强度与被管制国高新产业技术创新投入强度之间的动态博弈均衡,将制度学派关于"制度对于技术创新至关重要"的论断应用于"境外制度安排对于境内产业技术创新行为影响"的研究。运用国际贸易学中的保护贸易理论阐述管制国出口管制标准变动的动因,结合制度经济学中的"创新激励理论"探讨被管制国高新产业的技术创新行为如何针对管制国的出口管制标准做出适应性调整,运用管制经济学中的管制俘虏理论提出瓦解管制同盟和拓展国际技术合作空间的相关对策。

出口管制标准的产业技术创新效应是出口管制效应的重要组成部分。

出口管制物项的调整受到本国技术创新能力、国际技术差距和外交政策等多种因素的影响。出口管制标准的技术创新效应至少包括两个方面的研究内容:一是出口管制标准是否对高新产业的技术创新造成影响;二是出口管制标准如何对高新产业的技术创新产生冲击。前者着重探讨出口管制效应的存在性,后者侧重研究出口管制效应的作用路径。

(二) 管制国出口管制标准与被管制国高新产业技术创新投入的动态博弈

管制国通过控制出口数量和调整管制强度来最大化出口管制收益。管制国出口管制标准决策模型不仅考虑本国的技术优势,还要充分考虑被管制国的产业技术创新投入和两国间的技术差距。被管制国依据产业技术创新的成本决定研发的投入水平,研发决策函数的限定条件为以最低成本获得最大研发产出。产业研发成本由进口技术成本和自主研发成本构成,其中进口技术成本受到出口管制标准的显著影响。所以,被管制国高新产业的技术创新投入既要考虑内部的研发成本,又要顾及外部的引进成本。被管制国高新产业技术创新与管制国出口管制标准的博弈过程为,管制国实施出口管制和限定高技术的出口数量,以保持竞争优势、维持技术差距和实现收益最大化;而被管制国依据管制国出口管制标准的变化,调整高新产业的科研投入强度,提高产业自主研发能力,实现技术创新的成本最小化。最终的动态博弈结果为,随着被管制国高新产业自主研发投入的加大,管制国出口管制标准会更加严格,被管制国自主研发投入强度与管制国出口管制标准强度高度相关。动态博弈的纳什均衡解蕴含如下经济学含义:一是管制国出口管制标准的变化会冲击被管制国高新产业研发投入的水平;二是被管制国高新产业研发投入水平和技术创新能力的改变反过来影响管制国的出口管制标准,由此,高新产业需要在自主创新和技术引进之间寻求最佳的组合点;三是被管制国需要合理利用管制国出口管制标准强度的波动带来的倒逼效应,努力在技术创新速度和效率之间寻求最优的均衡点。

(三) 不同类型出口管制标准的产业技术创新效应存在差异

本研究首先按照出口管制的强度将出口管制划分为全面控制型、国别歧视型和企业歧视型。全面控制型出口管制标准主要针对核心技术,该技术对于管制实施国保持技术优势至关重要。管制国全面控制型出口管制标准影响被管制国高新产业技术创新模式的选择。国别歧视型出口管制标准冲击被管制国高新产业的技术引进路径。由于不同的技术引进路径具有不同的创新效率。自由贸易环境下的技术引进路径具有最高的创新效率。当管制国实施国别歧视型管制标准后,被管制国的技术引进路径会由高效率的路径向低效率的路径转移,最终影响到技术创新能力。企业歧视型出口管制标准影响创新资源的配置方式和结构,进而影响到被歧视产业的技术创新水平。被歧视的产业在资源配置空间和模式选择上都受到极大的限制,并被迫选择相对低效率的资源配置结构。可见,出口管制标准的技术创新效应的实现路径包括影响技术创新模式选择、冲击技术引进路径和改变创新资源配置模式。

此外,加强出口管制和放松出口管制的技术创新效应也存在显著差异。管制国加强成熟技术的出口管制不利于被管制国相关产业技术创新能力的提升,而放松前沿技术的出口管制对被管制国技术创新能力的影响具有不确定性。加强出口管制标准的技术创新效应的实现路径与放松出口管制标准的技术创新效应的实现路径具有非对称性和非可逆性。例如,当管制国提高出口管制标准时,被管制国相关产业会减少从管制国的技术引进,但当管制国放松管制标准时,由于相关产业已经对其他国家的技术引进产生路径依赖,所以,即使出口管制标准放松,被管制国相关产业仍然保持对原有路径的依赖,除非放松管制的程度非常大,以至于调整技术路径的收益远远大于依赖现有路径而获得的收益。可见,加强出口管制导致的技术路径黏性远远小于放松出口管制的技术路径黏性。

(四)全面控制型出口管制标准的产业技术创新模式的选择效应

技术创新模式的选择具有历史的偶然性和客观的必然性。诸多因素制约着高新产业技术创新模式的选择。内部和外部依赖型技术创新模式分别以自主研发和技术引进为主导。全面控制型出口管制标准会倒逼被管制国相关产业实施自主创新。出口管制标准是否能够影响到技术创新能力,取决于技术的种类和创新的效率对比。以世界上已经成熟的技术为例,基于模仿和引进的外部依赖型创新模式无疑具有更高的效率。此时,如果管制国的出口管制标准迫使被管制国相关产业放弃外部依赖型创新模式,而是选择内部依赖型创新模式,则该政策最终会抑制相关产业的技术创新能力的提升,并导致较大的创新效率损失。对于处于前沿的技术而言,内部依赖型创新模式的效率未必小于外部依赖型创新模式的效率。如果管制国出口管标准制迫使被管制国高新产业选择内部依赖型模式,且内部依赖型模式优于外部依赖型模式,此时,出口管制标准有利于倒逼相关产业实施技术创新。可见,选择何种技术作为严格管制对象,决定着管制国是否能够顺利实现预期的管制目标,而优化技术创新模式有助于被管制国应对管制国的出口管制。

(五)国别歧视型出口管制标准的产业技术引进路径的扭曲效应

出口管制标准对技术引进路径的影响主要体现在地理路径、形式路径和时间路径。地理路径表现为技术引进的空间结构多元化和技术来源国多样化。由于管制国对被管制国采取歧视型的出口管制标准,所以,被管制国技术引进的地理路径会发生漂移,具体表现为按照出口管制强度和友好程度进行转移,技术引进的终端会由管制趋严的国家或地区向管制趋松的国家和地区重新对接。形式路径主要表现为技术引进的规模和载体发生变化。在自由贸易条件下,被管制国可以大规模一次性地引进成套设备或技术。一旦施加出口管制,则被管制国技术引进的单项合同规模减小,产品引进替代纯技术引进,技术合作开发替代技术贸易,技术载体在形式上变得更加复杂和更加隐蔽。时间路径表现为单项技术引进所耗时间更长,技术引进的时间成本大幅增加。

(六)企业歧视型出口管制标准的产业创新资源的配置效应

管制国实施的企业歧视型出口管制标准通过最终用户和最终用途等手段来实现。被管制国境内的企业如果要从管制国进口管制清单项下的物项,必须首先从管制国当局申请许可证。在被管制国境内的外商投资企业更容易获得管制国出口管制当局的授权,从而能够更容易引进管制国技术,可以很便利地在全球范围内配置技术创新资源。而被管制国的国有企业和内资企业由于受到企业歧视型出口管制标准束缚,其对应的产业在全球范围配置技术创新资源的能力被大大限制,不能按照效率最大化原则,自由地在国内和国外进行科研合作与资源配置。可见,管制国实施的企业歧视型出口管制标准极大地限制被管制国境内相关产业的创新资源配置的方式和方向,最终严重影响技术创新资源的配置结构,抑制高新产业的技术创新效率。

二、主要研究结论

（一）管制国出口管制标准与被管制国高新产业技术创新存在动态演进关系

随着技术引进国创新能力的不断提高，技术引进国与输出国的关系由"技术依赖""技术合作"向"技术竞争"关系的转变。管制国通过调整出口管制强度和控制高技术输出数量，以追求战略利益和经济收益最大化。被管制国高新产业通过权衡自主创新成本和技术引进成本，力争最小化研发成本和获得最大化的创新产出。管制国出口管制标准的变化会直接影响被管制国高新产业的技术引进难度和成本，由此冲击技术创新模式、技术引进路径和创新资源配置。被管制国高新产业及时对此做出适应性调整，从而引发出口管制标准与高新产业技术创新的新一轮动态博弈。提高技术创新水平和缩小与国际市场的技术差距，是被管制国高新产业倒逼管制国调整出口管制标准的必要举措。

（二）管制国全面控制型出口管制标准冲击被管制国高新产业技术创新模式的选择

笔者将产业技术创新模式按照国内和国外贡献的差异划分为内部依赖型和外部依赖型两种模式，前者主要依靠自主研发和国内的技术溢出，后者则重点依靠技术引进和国外的技术溢出。出口管制标准的变化会导致创新资源在内部依赖型模式和外部依赖型模式之间进行转移。对于成熟技术而言，创新资源由外部依赖型模式向内部依赖型模式的转移不利于提高技术创新效率和能力。但对于前沿技术而言，内部依赖型模式下的创新效率有可能高于外部依赖型模式下的创新效率。此时，出口管制导致的技术创新模式改变不仅无法抑制创新，反而会倒逼自主创新和减少对外部技术的依赖。实证研究表明，管制国出口管制标准的变化对被管制国高新产业的内部依赖型创新模式存在显著影响，但对外部依赖型创新模式的影响未能通过显著性检验。管制越严的产业越倾向于选择内部依赖型的技术创新模式。例如，航空航天产业是遭受管制最严的产业，我国该产业长期坚持内部依赖型主导的技术创新模式，且对内部的依赖越来越明显。当发达国家的出口管制标准出现调整时，被管制国相关产业的技术创新模式在内部依赖和外部依赖之间进行适应性调整。

（三）管制国国别歧视型出口管制标准扭曲被管制国高新产业的技术引进路径

自由贸易体制下的技术引进路径具有直线型特征，技术不需要从第三国进行中转，也不用通过隐蔽的形式进行转移，技术引进的地理路径最直、形式路径最简、时间路径最短。但是，一旦实施出口管制，技术引进的难度加大，引进的成本上升，引进的路径更为复杂。受出口管制标准的约束，对于同一高新技术，其他盟国可以进口，但被管制国不能从管制国进口。实证研究表明，西方历次对华出口管制标准的变动，都引起我国技术引进路径的大幅度调整。具体表现为，当放松对华出口管制时，我国就倾向于从管制国及其盟国引进技术。例如，朝鲜战争期间，我国减少从美国的技术引进，转向苏联及其他东欧国家。当中美关系正常化以后，美国成为我国最重要的技术引进来源国之一。近年来，随着少数发达国家逐步强化对华歧视性的出口管制标准，我国的技术引进路径变得日趋复杂化和多样化，被迫由"最优"转向"次优"的技术引进路径。为了应对少数发达国家严格的出口管制标准，我国高新产业的技术引进路径发生显著漂移。虽然总体引进规模和合同数量持续上升，但是单项合同的金额持续下降，技术来源地快速增多，在地理路径上减少对管制国技术的依赖，在形式路径上以无形技术和合作生产的方式取代传统的有形设备引进和咨询服务等模式。

（四）管制国企业歧视型出口管制标准改变被管制国高新产业技术创新资源配置结构

最终用途和用户制度是支撑管制国实施企业歧视型出口管制标准的基本体系。域外管制效力是企业歧视型出口管制的法律基础。当管制国将出口管制的对象从具体的物项和技术，延伸到管制国具有管辖权的自然人或法人时，企业歧视型出口管制的程度逐步凸显，出口管制标准的执行力明显增强。"驰创案"和"中兴案"体现了美国对于出口到我国或其他管控国家或地区的物项具有高度的敏感性和歧视性。管制国对于其具有管辖权的企业对敏感地区的技术输出行为给予严密监控。

实证研究表明，管制国长期以来执行的企业歧视型出口管制标准，至少对被管制国的高新产业产生两种资源配置效应。一是模式选择效应。例如，由于获得授权合格的企业能够较容易地从管制国及其他发达国家引进技术，所以，处于被管制国境内的外资企业更多地将创新资源用于从母国的技术引进，而国有企业在配置创新资源时更多地倾向于技术改造模式。二是产业选择效应。无论是内资企业还是外资企业，在配置技术引进的资源时，总是倾向于更多地投入资源到出口管制相对宽松的产业，而避开配置资源或减少资源投入到被严格管制的产业。

出口管制标准对资源配置的模式选择效应包括存量替代效应和增量替代效应，具体表现为被歧视的产业在配置创新资源时具有两种选择。一是减少用于技术引进而增加技术改造的资源，但是总的创新资源量保持不变，即存量替代效应。二是增加总资源量，但是用于"改造"的资源增量超过用于"引进"的增量。或者减少总资源量，用于"改造"的资源减量小于用于"引进"的资源减量。

以存量替代效应为例，我国的国有企业和"三资"企业从 2000 至 2003 年存在"技术改造资源"替代"技术引进资源"，内资企业和外资企业在 2013 年和 2014 年存在"购买国内技术资源"替代"技术改造资源"。从增量替代效应来看，2008 年以前三资企业侧重将新增创新资源配置到"购买国内技术"，国有企业则偏重对已有技术的消化吸收。2010 至 2015 年间，国有企业用于"技术消化"的资源配置调整幅度较大，港澳台企业则在技术引进层面的资源配置调整幅度最大，外商投资企业在购买国内技术和技术消化方面的资源调整力度最大，内资企业则在"购买国内技术"的资源配置方面调整力度最大。

三、出口管制标准的产业技术创新效应总结

（一）出口管制标准的产业技术创新效应具有多样性

管制国的出口管制旨在限制被管制国的产业发展，极力维护其技术领先地位。但是，尽管管制国严格限制对被管制国输出高新技术，被管制国在诸多关键科技领域仍然可以取得巨大突破。此外，管制国的技术封锁，极大地增加被管制国高新产业的技术创新成本，倒逼相关产业大力推进自主创新。出口管制标准对产业的技术创新效应可以通过影响技术创新模式来实现，还可以通过扭曲技术引进路径和改变创新资源配置来完成。

（二）不同强度的出口管制标准的产业技术创新效应存在差别

出口管制标准的变化对产业技术创新的影响存在显著差别，具体表现为加强出口管制时的产业技术创新效应有别于放松出口管制时的产业技术创新效应。前者的作用路径在于增强产业自主创新和减少技术依赖，后者的作用路径在于鼓励产业模仿创新和增强技术依赖。出口管制标准"从弱到强"和"从强到弱"引发的技术创新效应具有非对称性和非可逆性。

（三）不同类型出口管制标准的技术创新效应具有不同的实现路径

不同类型的出口管制标准具有不同的产业技术创新效应。全面控制型出口管制标准侧重影响产业技术创新模式的选择。国别歧视型出口管制标准主要冲击到高新产业的技术引进路径。企业歧视型出口管制标准则影响到不同性质产业的创新资源配置模式。总之，多种效应最终汇总并影响产业技术创新效率的提升。

（四）管制国出口管制标准与被管制国高新产业技术创新存在双向影响机制

管制国出口管制标准与被管制国高新产业的技术创新存在"双倒逼"机制，具体表现为前者会倒逼后者实施自主创新，当后者成功提升创新能力后，前者的出口管制标准趋于落后，从而倒逼前者调整出口管制强度和提高出口管制标准。例如，当被管制国的计算机技术成功获得突破后，管制国在部分计算机技术和设备上逐步调整和放宽出口管制标准。管制国出口管制标准虽然不能阻止被管制国高新产业的技术创新的步伐，但是却延缓关键领域的技术革新速度。管制国虽然维护了国家安全，但是因为出口管制所带来的经济损失也是非常巨大的。可见，管制国与被管制国之间始终在出口管制决策和高新产业技术创新投入两个层面存在长期的动态博弈过程。管制国历次出口管制标准的调整和被管制国每次取得的巨大技术创新成果，都是从当期的纳什均衡向下一期纳什均衡的动态实现过程。

四、应对外国出口管制的总体战略

应对外国出口管制是一个系统工程，既要从战略上进行全局的和科学的引导和布局，更要围绕出口管制标准的产业技术创新效应的三个实现路径采取针对性的措施。在机构设置上，既要提高管制机构的行政级别，又要增设管制处室、扩大人员配置和加大资源投入。① 在法律法规上,进一步完善出口管制的专项法律,健全出口管制的产品标准和国别标准。②

外国出口管制标准对本土产业技术创新的作用路径包括影响创新模式、扭曲引进路径和冲击资源配置等。可见,被管制国制定高新产业技术创新战略时必须明确外国出口管制效应的实现路径,并充分利用好双倒逼机制,具体战略如下。

(一) 模式与路径匹配

由于管制国严格的出口管制标准既影响被管制国高新产业技术创新模式的选择,又冲击被管制国的技术引进路径,所以,被管制国高新产业必须将技术创新模式与技术引进路径进行科学匹配。具体做法为:第一,自主创新主导下的产业技术创新模式需要与多元化的技术引进路径相匹配。这是因为,在外国出口管制标准约束下,被管制国高新产业过度依赖自主创新容易导致低效率,所以多元化的技术引进路径可以弥补创新的效率损失。第二,模仿创新主导下的产业技术创新模式需要与分散化的技术引进路径相匹配。这是因为过多地模仿创新容易对某些国家的技术产生严重的技术依赖,当该国对华政策出现剧烈调整时,被管制国相关产业的技术创新容易出现断崖式下跌,所以,分散化的技术引进路径可以降低创新的政治和经济风险。

(二) 资源与市场共享

外国出口管制标准对创新资源的配置和技术交易市场的扭曲效应是非常显著的。少数发达国家千方百计试图在其主导下的世界创新资源和技术交易市场中将新兴的发展中国家剥离并孤立开来。该意图随着近年来国际上多项歧视性管制政策的出台变得越来越明显。被管制的发展中国家的高新产业要打好"孤立与反孤立"的技术和资源争夺战,必须注重资源与市场的共享。第一,加强国内层面的创新资源与技术交易市场的共享,推动国内高新产业及时在产业内部和产业之间进行创新资源的重组和共享,避免重

---

① 2014 年以前,我国的出口管制事务主要由产业司下属的出口管制一处和出口管制二处负责。2014 年以后,国家在商务部设立了产业安全与进出口管制局,下设 5 处 1 室。

② 2017 年 6 月,我国商务部关于就《出口管制法》(草案征求意见稿)公开征求意见。2020 年 10 月,《中华人民共和国出口管制法》正式颁布实施。

复投入,提升创新产出;第二,绕开少数发达国家的封锁,加强与其他发达国家的创新资源与高技术交易市场的共享与对接。我国的高新技术企业尤其需要注重与"一带一路"沿线国家开展"市场共建"和"资源共享"。

(三)速度与效率并重

由于少数发达国家苛刻的出口管制标准不仅延缓了被管制国产业技术创新速度,还降低了技术创新效率,所以致使被管制国在"速度"和"效率"之间面临两难,即为了提升关键技术的革新速度,不得不在短时间内高强度地进行研发投入,从而产生高的研发成本和低的研发效率,出现所谓"高速低效"情形。由此可见,发展中国家高新产业技术创新的"提速增效"尤为迫切。第一,加大高新技术的遴选与评估,确保将优势资源投入到真正具有战略意义的技术研发项目中去;第二,改变传统的单纯追求技术进步速度而对创新效率重视不够的现象,构建高新产业的创新效率评估体系,在创新资源日渐稀缺的形势下,努力实现以最小的资源投入获得最大的创新产出。

五、研究展望

本书围绕出口管制标准的产业技术创新效应的实现路径,从产业技术创新模式的选择、产业技术引进路径的扭曲和产业技术创新资源的配置等三个视角进行研究,但仍然需要在以下几个方面进行深入研究。

(一)出口管制标准实施中的利益平衡问题

管制国调整出口管制标准的动机不仅包括最大化经济收益,还包括响应外交战略、平衡双边贸易等多种因素。被管制国高新产业在技术创新和技术引进中也不仅仅考虑最小化研发成本。当考虑国家竞争战略和产业转型升级等需要时,高新产业创新能力提升比研发成本最小化更为重要。换言之,只要符合国家安全需要和国际竞争战略需求,在实现预定技术的突破或创新过程中,经济成本并不是主要考量的指标。所以,本书需要依据不同产业属性进行差别化研究。例如,航空航天产业技术创新能力提升所带来的长远战略意义远远大于当前节约研发成本的经济意义。

(二)被管制国技术进步如何倒逼管制国调整出口管制标准

前文分析指出,管制国出口管制标准与被管制国产业技术创新存在双倒逼机制。本书侧重探讨管制国出口管制标准如何倒逼和影响被管制国高新产业的技术创新,研究内容包括出口管制标准如何影响技术创新模式选择、出口管制标准如何冲击技术引进路径以及出口管制标准如何改变技术创新资源配置等。事实上,被管制国高新产业技术创新能力的提升会反作用于管制国出口管制标准的制定。被管制国创新能力和竞争实力的提升、管制国管制标准的过时,以及两国技术差距的缩小都会迫使管制国调整管制强度。被管制国技术创新能力的改变如何推动管制国调整出口管制标准?对该命题的科学回答将有利于提出"应对管制国出口管制标准"的合理对策。

(三)不同技术创新模式、技术引进路径及资源配置方式的创新效率差异

本书将管制国出口管制标准对被管制国高新产业的技术创新效应的实现路径归纳为,通过改变技术创新模式、扭曲技术引进路径和重新配置技术创新资源等三条路径,最终影响到技术创新的效率增进和能力提升。基本假设是不同的技术创新模式、引进路径和资源配置方式具有不同的创新效率。外部依赖型的技术创新模式是否比内部依赖型的技术创新模式具有更高的效率呢?哪条技术引进路径具有最低成本?哪种资源配置模式具有最高创新产出?本书虽然证实管制国出口管制标准影响被管制国高新产业技术创新模式的选择、扭曲技术引进的路径、改变资源配置的结构,但是模式重选、路径扭曲和资源重新配置如何冲击技术创新效率和能力尚待进一步的研究。

(四)加强和放松管制标准对技术引进的路径黏性存在怎样的影响

本书证实出口管制标准从广度和偏度两个层面冲击被管制国技术引进路径,推动引进路径的漂移,但是加强和放松出口管制标准两种情景下的技术引进路径黏性尚需要理论和实证检验。假设出口管制标准"由紧到松",被管制国技术引进的路径黏性越大,则越不利于及时跳出原有路径,容易失去"路径择优"的时机,由此阻碍技术引进地理结构的优化。此时,路径黏性越小越能够获得主动权和争取更多的外部技术溢出。当出口管制标准"由松到紧"时,对实施国的路径黏性越小则越容易及时摆脱牵制,及时构建次优路径,从而将出口管制标准变动对产业技术创新的冲击弱化。路径黏性是决定出口管制效应的重要过程变量。可见,探明出口管制标准波动强度与产业技术引进路径黏性之间的关系,有助于深入剖析出口管制标准对高

新产业的技术创新效应。

(五)我国在制定出口管制标准时如何把握好强度和类别

随着技术的进步和创新能力的增强,我国高新产业需要实施的出口管制项目越来越多。例如,我国目前已经对无人机、高性能计算机、挖泥船等重要设备或技术实施出口限制,当前面临以下两种抉择。

首先,从管制的国别来看,我国是否需要制定类似于少数发达国家的针对不同国别的出口管制标准,并在出口管制法律或条例中明确指出对哪些国家实施严格出口管制,而对另外一些国家实施宽松出口管制标准。制定明确的出口管制国别标准,有利于我国的出口企业在输出高新技术和产品时能够掌握贸易地理方向,以更好地维护国家竞争战略。但是,制定国别歧视型的出口管制标准需要进行充分论证,并能够承担因为管制歧视待遇而遭受的报复性措施。所以,在引入国别歧视型出口管制标准前,需要对拟管制的国家进行科学分组,并充分论证标准实施后的系列连锁效应。

其次,从管制的强度来看,我国究竟是执行严格的出口管制,还是实施宽松的出口管制标准,哪类出口管制标准能够更好地维护国家竞争优势和产业发展利益?针对此类问题,目前学术界较少进行探讨。如果在高新产业成长初期,国家就对此类产品和技术实施严格的出口管制,则这些高新产业就很快失去进军国际市场,抢占全球份额的机会。如果当高新产业进行了较长时间培养和成长期,通过利用国内和国际两个市场,前期的大量研发投入获得了合理的回报,并具备充足的再研发和再创新资金,此时,政府对该类产品实施出口管制,与在高新产业成长之初就实施出口管制相比是否更优?可见,出口管制标准的宽严程度和发布时间等话题都是有待深入考察的科学问题。

参 考 文 献

［1］ B・科热夫尼科夫,朱洪仁.美国的出口管制制度[J].外国经济参考资料,1983(10):34-37.

［2］ 安亚娜.我国大型企业技术创新模式选择研究[D].哈尔滨:哈尔滨工程大学,2013.

［3］ 蔡兵,刘志荣."美式"与"日式"技术创新模式的差异[N].中国企业报,2001-03-28(005).

［4］ 蔡宁,潘松挺.网络关系强度与企业技术创新模式的耦合性及其协同演化——以海正药业技术创新网络为例[J].中国工业经济,2008(4):137-144.

［5］ 陈德球等.政府质量,投资与资本配置效率[J].世界经济,2012(3):89-110.

［6］ 陈国生等.基于Bootstrap-DEA方法的中国科技资源配置效率空间差异研究[J].经济地理,2014,34(11):36-42.

［7］ 陈建军.论我国技术引进的战略选择[J].数量经济技术经济研究,1992(3):13-21.

［8］ 陈劲.加速提高浙江企业的自主创新能力[J].今日浙江,2005(08):24-25.

［9］ 陈劲.完善浙江区域创新体系的政策思路[J].浙江经济,2010(03):21.

［10］ 陈劲.从技术引进到自主创新的学习模式[J].科研管理,1994(2):32-34.

［11］ 陈钰芬.开放式创新:提升中国企业自主创新能力[J].科学学与科学技术管理,2009(04):81-86.

［12］ 程慧,张威.美国出口管制改革对中美经贸关系的影响及对策分析[J].国际贸易,2011(4):37-40.

［13］ 程慧.美国出口管制最新进展与启示[J].国际经济合作,2011(8):5.

［14］ 程慧.中国出口管制立法的完善[J].国际经济合作,2012(06):88-91.

[15] 池仁勇.企业技术创新效率及其影响因素研究[J].数量经济技术经济研究,2003(6):105-108.

[16] 崔日明.技术引进模式与东亚经济的发展[J].国际贸易问题,2007(2):43-50.

[17] 崔子都.资本主义国家的出口管制[J].国际贸易,1986(5):51-52.

[18] 邓海滨,廖进中.制度因素与国际专利流入:一个跨国的经验研究[J].科学学研究,2010(6):853-857.

[19] 邓海滨,廖进中.制度质量与国际R&D溢出[J].国际贸易问题,2010(3):105-112.

[20] 杜莉,谢皓.美国对华高技术产品出口限制的理论与实证研究[J].国际贸易问题,2010(10)::9-16.

[21] 杜涛,朱奇敏.美国贸易管制法域外适用问题研究[C].2008年中国国际私法学会年会,2012.

[22] 对外经济贸易部条法局资料室.美国的出口管理[J].国际贸易,1985(3):15-16.

[23] 方军雄.市场分割与资源配置效率的损害——来自企业并购的证据[J].财经研究,2009(9):36-47.

[24] 冯德连.研发国际化趋势下我国技术创新模式的选择[J].财贸经济,2007(4):41-46.

[25] 高焰辉.中国稀有金属资源的出口管制与政策校正[J].对外经贸实务,2009(08):92-95.

[26] 葛小寒,陈凌.国际R&D溢出的技术进步效应——基于吸收能力的实证研究[J].数量经济技术经济研究,2009(7):86-98.

[27] 宫旭平.美国对香港的贸易出口管制政策[J].工业技术经济,1999(4):104-105.

[28] 顾钢.关于西方对华出口管制政策变化的思考[J].国际技术经济研究,2004(02):29-33.

[29] 郭苏文,黄汉民.中国地区经济增长不平衡的制度质量解释[J].统计与决策,2012(2):121-123.

[30] 郭万山,于占东.要素禀赋非均衡分布条件下技术创新模式选择——兼评"比较优势战略"与"逆比较优势战略"之争[J].财经问题研究,2010(1):52-56.

[31] 韩露,程慧,等.出口管制中"全面管制"原则的实践及启示[J].国际经济合作,2015(11):44-47.

[32] 何盛明.财经大辞典[M].北京:中国财政经济出版社,1990.

[33] 何兴强,等.FDI技术溢出与中国吸收能力门槛研究[J].世界经济,2014(10):52-76.

[34] 恒阳.美国在出口管制上的国际合作[J].国际关系学院学报,2008(04):27-32.

[35] 侯经川,黄祖辉,钱文荣.创新、动态比较优势与经济竞争力提升[J].数量经济技术经济研究,2007(05):88-97.

[36] 侯丽艳.经济法概论[M].北京:中国政法大学出版社,2012.

[37] 胡洪曙,魏福成.低碳与非低碳技术创新模式的经济学分析及其优化[J].经济学动态,2012(12):54-59.

[38] 黄汉民,郑先勇.大国崛起中的贸易政策取向及对中国贸易政策启示——基于制度质量视角的思考[J].国际贸易,2010(10):9-11.

[39] 黄军英.美国对华技术出口管制政策走向分析[J].国际经济合作,2009(06):38-41.

[40] 黄少安.产权制度效率标准与资源配置效率标准的关系[J].中国经济问题,1995(2):7-11.

[41] 黄先海,杨高举.高技术产业的国际分工地位:文献述评与新的分析框架[J].浙江大学学报(人文社会科学版),2009(06):145-154.

[42] 黄先海,杨高举.中国高技术产业的国际分工地位研究:基于非竞争型投入占用产出模型的跨国分析[J].世界经济,2010(05):82-100.

[43] 黄先海.浙江发展战略性新兴产业的基本思路与对策建议[J].浙江社会科学,2010,12:14-16.

[44] 黄先海.浙江开放模式:顺比较优势的"倒逼型"开放[J].浙江社会科学,2008(01):48-54.

[45] 黄晓凤,廖雄飞.中美贸易失衡主因分析[J].财贸经济,2011(4):85-90.

[46] 姜辉.城市开放度与全球配置创新资源能力的关系——以杭州为例[J].城市发展研究,2019,26(06):93-99.

[47] 姜辉.出口管制对中美贸易失衡的影响研究[J].工业技术经济,2016,35(05):65-73.

[48] 姜辉.美国出口管制的贸易损失效应及对我国的启示[J].上海经济研究,2019(03):120-128.

[49] 姜辉.美国出口管制效应与我国技术创新战略[J].国际商务研究,2018,39(04):28-35.

[50] 姜辉.美国出口管制政策调整与中国香港贸易地理结构演变[J].地理科学,2019,39(05):705-713.

[51] 姜辉.美国出口管制政策与我国技术引进路径演变[J].经济地理,2018,38(01):112-119.

[52] 姜辉.美国对华出口管制的技术创新模式选择效应[J].工业技术经济,2018,37(12):138-146.

[53] 姜辉.我国出口管制体系的演进历程及完善对策[J].理论月刊,2019(08):101-107.

[54] 姜辉.中国稀土出口管制的国际传导机制及效应研究[J].国际商务研究,2015(1):33-42.

[55] 金通.稀土出口管制和最优出口配额设计[J].浙江社会科学,2011(12):62-67.

[56] 金祥荣,茹玉骢,吴宏.制度、企业生产效率与中国地区间出口差异[J].管理世界,2008(11):65-77.

[57] 金祥荣,王桤桦.虚拟组织与专业市场创新[J].当代财经,2002(07):59-60.

[58] 康荣平.技术引进:国际比较及中国的战略[J].管理世界,1992(5):167-176.

[59] 雷衍华.论美国的出口管制改革[J].国际贸易,2010(05):36-39.

[60] 李安方.美国对华技术出口管制的效果评判与前景分析[J].国际贸易问题,2004(7):54-58.

[61] 李春花.韩国主导产业的技术创新模式研究[D].沈阳:东北大学,2009.

[62] 李根信,孙晋忠.论中国的出口管制政策[J].国际问题研究,2007(3):11-15.

[63] 李润峤.中美高科技贸易面临新阻力——美调整对华出口管制规则[J].WTO经济导刊,2006(09):22-23.

[64] 李志军.敏感地带——美国对华技术出口管制及影响[J].国际贸易,1999(04):32-33.

[65] 李志军.美国对华出口管制与美对华贸易逆差:实质与对策[J].国际技术经济研究,1999(4):36-41.

[66] 梁琦.企业技术创新模式选择的实证研究[J].数量经济技术经济研究,1998(1):35-38.

[67] 梁志成.对外贸易、国际技术转移与我国技术引进的绩效分析[J].国际贸易问题,2000(8):1-5.

[68] 林毅夫,张鹏飞.后发优势、技术引进和落后国家的经济增长[J].经济学(季刊),2005(4):53-74.

[69] 林毅夫.技术创新、发展阶段与战略选择[N].光明日报,2003-08-26.

[70] 林钰.战后美国对外贸易政策[M].昆明:云南大学出版社,1995.

[71] 刘慧芳.中国稀土出口管制及其效果分析[J].中国商贸,2013(02):137-139.

[72] 刘顺鸿.中美高技术争端分析[D].成都:西南财经大学,2007.

[73] 刘伟.基于 Bootstrap-Malmquist 指数的高新技术产业技术创新效率分析[J].经济学动态,2013(3):42-52.

[74] 陆建明.资源产品出口管制政策的效果分析——出口税与出口配额的比较[J].经济管理,2011(12):9-16.

[75] 马光荣.制度、企业生产率与资源配置效率——基于中国市场化转型的研究[J].财贸经济,2014(8):104-114.

[76] 毛伟.后危机时代浙江省自主创新能力的培育[J].浙江社会科学,2011(01):23-28.

[77] 毛蕴诗,汪建成.基于产品升级的自主创新路径研究[J].管理世界,2006(5):114-120.

[78] 诺斯.制度变迁与经济绩效[M].上海三联书店,1994.

[79] 潘文卿,李子奈,刘强.中国产业间的技术溢出效应:基于 35 个工业部门的经验研究[J].经济研究,2011,46(07):18-29.

[80] 潘镇,金中坤.双边政治关系、东道国制度风险与中国对外直接投资[J].财贸经济,2015(6):85-97.

[81] 彭纪生,吴林海.论技术协同创新模式及构建[J].研究与发展管理,2000(10):12-16.

[82] 彭瑞林.把握利用高新技术外商投资的新机遇[J].国际经济合作,2010(01):66-68.

[83] 彭爽,曾国安.美国出口管制政策的演变与启示[J].理论月刊,2014(1):185-188.

[84] 祁欣,张威.我国两用物项出口管制管理体制改革研究[J].国际贸易,2012(12):28-31.

[85] 祁欣.出口管制系列之四德国出口管制及中德高科技合作走向[J].经济,2012(07):56-58.

[86] 申良音,李彬.从出口管制看美国企业界在安全决策中作用的局限[R].世界经济与政治论坛,2004(02):64-67.

[87] 沈国兵.美国出口管制与中美贸易平衡问题[J].世界经济与政治，2006(3):71-77.

[88] 沈坤荣,孙文杰.市场竞争、技术溢出与内资企业R&D效率——基于行业层面的实证研究[J].管理世界,2009(1):38-48.

[89] 沈能,刘凤朝.从技术引进到自主创新的演进逻辑——新制度经济学视角的解释[J].科学学研究,2008(6):1293-1299.

[90] 盛丹,王永进.产业集聚,信贷资源配置效率与企业的融资成本——来自世界银行调查数据和中国工业企业数据的证据[J].管理世界,2013(6):85-98.

[91] 石其宝.日本政府对华出口管制政策评析[J].东北亚论坛,2010(2):19.

[92] 孙文杰,沈坤荣.技术引进与中国企业的自主创新:基于分位数回归模型的经验研究[J].世界经济,2007(11):32-43.

[93] 孙元元,张建清.中国制造业省际间资源配置效率演化:二元边际的视角[J].经济研究,2015,50(10):89-103.

[94] 谭劲松,林润辉.TD-SCDMA与电信行业标准竞争的战略选择[J].管理世界,2006(6):71-84.

[95] 唐春晖,唐要家.企业技术能力与技术创新模式分析[J].辽宁大学学报(哲学社会科学版),2006(1):121-125.

[96] 唐晓华,唐要家,苏梅梅.技术创新的资源与激励的不匹配性及其治理[J].中国工业经济,2004(11):25-31.

[97] 童书兴.出口管制与高技术国际转让[J].国际技术经济研究,2003(4):36-40.

[98] 王春法.论政府管制对于技术创新活动的影响[J].世界经济与政治,1999(2):10-14.

[99] 王达,白大范.美国的出口管制政策及其对美中贸易的影响[J].东北亚论坛,2012(05):65-71.

[100] 王国平.资源配置效率与经济制度结构[J].学术月刊,2001(2):47-51.

[101] 王红领,李稻葵,冯俊新.FDI与自主研发:基于行业数据的经验研究[J].经济研究,2006(2):44-56.

[102] 王俊.跨国外包体系中的技术溢出与承接国技术创新[J].中国社会科学,2013(9):108-125.

[103] 王俊豪.管制经济学原理[M].北京:高等教育出版社,2007.

[104] 王俊豪.深化中国垄断行业改革研究[M].北京:中国社会科学出版社,2010.

[105] 王俊豪.现代产业组织理论与政策[M].北京:中国经济出版社,2000.

[106] 王俊豪.政府管制经济学导论——基本理论及其在政府管制实践中的应用[M].北京:商务印书馆,2001.

[107] 王立,漆建国.美对华高科技产品出口管制新动向及对策研究[J].国际贸易,2007(09):46-48.

[108] 王庆喜,秦辉.技术创新能力与民营企业竞争优势的实证分析[J].科学学研究,2007,S2:460-464.

[109] 王庆喜.民营企业家能力内在结构探析[J].科学学研究,2007(01):79-84.

[110] 王勇.试析美国出口政策的调整[J].国际贸易问题,1996(06):26-30.

[111] 王勇.美国放松高科技产品的出口控制及其对中美经贸关系的影响[J].国际贸易问题,1996(7):53-56.

[112] 文雁兵.贸易的制度溢出效应与机制研究[J].国际经贸探索,2012(10):15-24.

[113] 吴延兵.自主研发、技术引进与生产率——基于中国地区工业的实证研究[J].经济研究,2008(8):51-64.

[114] 谢孟军.基于制度质量视角的我国出口贸易区位选择影响因素研究——扩展引力模型的面板数据实证检验[J].国际贸易问题,2013(6):3-15.

[115] [美]熊彼得.经济发展理论[M].北京:中国商业出版社,2009.

[116] 徐大可,陈劲.后来企业自主创新能力的内涵和影响因素分析[J].经济社会体制比较,2006(02):17-22.

[117] 徐大可.提高浙江自主创新能力的三个重要环节[J].浙江经济,2005(20):14-17.

[118] 颜建军,等.企业开放式创新资源配置的研究现状与展望[J].世界科技研究与发展,2016(5):1113-1119.

[119] 晏聪.出口管制系列之五意大利出口管制进展与中意高技术合作趋势[J].经济,2012(8):77-79.

[120] 杨文兰.中国稀土出口管制纷争中的利益博弈[J].价格月刊,2012(08):44-47.

[121] 姚利民,饶艳.中国知识产权保护地区差异与技术引进的实证研究 [J].科学学研究,2009,27(8):1177-1184.

[122] 姚先国,薛强军,黄先海.效率增进、技术创新与 GDP 增长——基于 长三角 15 城市的实证研究[J].中国工业经济,2007(02):60-66.

[123] 姚先国.深化体制改革,引领社会管理创新[J].浙江工商大学学报, 2012(02):85-87.

[124] 游家兴.市场信息效率的提高会改善资源配置效率吗?——基于 R^ 2 的研究视角[J].数量经济技术经济研究,2008,25(2):110-121.

[125] 于阳,等.出口管制政策能保持美国的技术领先优势吗?[J].世界经 济,2006(4):42-48.

[126] 余明桂,潘红波.所有权性质,商业信用与信贷资源配置效率[J].经 济管理,2010(8):106-117.

[127] 袁嫣,刘运顶.美国出口管制政策、对华出口管制及其发展趋势研判 [J].广东金融学院学报,2006(04):93-99.

[128] 翟瑞瑞,陈岩,姜鹏飞.多元技术创新模式与企业创新绩效——基于 吸收能力中介机制的研究[J].软科学,2016(2):44-49.

[129] 张波,刘枕岳.基于美国出口管制视角的中美贸易失衡问题研究[J]. 黑龙江对外经贸,2009(03):8-10.

[130] 张国凤,谢琳.欧盟军品出口管制共同政策的形成及前景[J].国防科 技工业,2007(10):64-66.

[131] 张汉林,蔡春林.试论美国对华出口管制政策及前景[J].美国研究, 1991(2):21-36.

[132] 张江敏.一部值得研究的美国新贸易立法——1988 年美国综合贸易 与竞争法案[J].法学,1990(2):50-51.

[133] 张杰,刘志彪.全球化背景下国家价值链的构建与中国企业升级[J]. 经济管理,2009(2):21-25.

[134] 张敏,等.政治关联与信贷资源配置效率——来自我国民营上市公 司的经验证据[J].管理世界,2010(11):143-153.

[135] 张群卉,江海潮.高新技术产品出口管制与贸易顺差的协整分析[J]. 对外经贸,2013(3):15-17.

[136] 张群卉.高新技术产品出口管制对一国产品创新的影响[J].技术经 济,2012(5):49-54.

[137] 张群卉.高新技术产品出口管制研究[M].北京:经济科学出版 社,2012.

[138] 张威,徐紫光.中美与中欧、中日高技术产业合作比较分析[J].国际经济合作,2010(10):46-49.

[139] 张小蒂,贾钰哲.全球化中基于企业家创新的市场势力构建研究——以中国汽车产业为例[J].中国工业经济,2011(12):143-152.

[140] 张小蒂.外商直接投资对我国技术创新能力影响及地区差异分析[J].中国工业经济,2008(09):77-87.

[141] 张颖.略论美国出口管制与中美高技术产品贸易的反比较优势现象分析[J].现代财经(天津财经大学学报),2010(12):6.

[142] 赵冰.美国出口管制政策解析[A].国际关系研究:探索与创新——2009年博士论坛.2009.

[143] 赵骅,李江,魏宏竹.产业集群共性技术创新模式:企业贡献的视角[J].科研管理,2015(6):53-59.

[144] 赵晓华.技术创新资源配置的双重调节论[J].技术经济与管理研究,2014(9):22-26.

[145] 郑雨.战后日本技术创新模式评析[J].科技与管理,2006(5):119-121.

[146] 植草益.微观规制经济学[M].朱绍文,等译.北京:中国发展出版社,1992.

[147] 周宝根,李彬.规模经济与出口管制政策[J].国际政治科学,2006(4):1-26.

[148] 周宝根.出口管制:中国参与经济全球化面临的困境[J].亚太经济,2005(06):68-70.

[149] 周宝根.规模经济效应影响出口管制政策的理论分析[J].国际经贸探索,2009(09):19-23.

[150] 周宝根.核出口管制政策的经济分析:以联邦德国与美国的比较为例[J].欧洲研究,2007(01):74-86.

[151] 周宏.市场结构与创新资源配置[J].数量经济技术经济研究,1993(1):29-35.

[152] 周宏.我国国际创新资源配置的机理[J].科学学研究,1999,17(1):82-87.

[153] 周密.美国出口管制改革的进展与趋势[J].国际经济合作,2012(7):70-75.

[154] 朱平芳,李磊.两种技术引进方式的直接效应研究——上海市大中型工业企业的微观实证[J].经济研究,2006(3):90-102.

[155] 邹国庆,逄晓霞.基于制度结构解释框架的区域创新引致机制研究
[J].求索,2012(1):49-51.

[156] Acemoglu D, Antràs P, Helpman E. Contracts and technology adoption[J]. The American economic review, 2007, 97 (3): 916-943.

[157] Acharya R C, Keller W. Estimating the productivity selection and technology spillover effects of imports[R]. National Bureau of Economic Research, 2008.

[158] Aghion P, Bloom N, BlundellR, GriffithH. Competition and innovation: an Inverted U relationship[J]. 2005,20(2):701-728.

[159] Alavi H, Khamichonak T. A European Dilemma: The EU Export Control Regime on Dual-Use Goods and Technologies[J]. Danube: Law and Economics Review, 2016,7(3):161-172.

[160] Alfaro L,Chen M X. Market reallocation and knowledge spillover: The gains from multinational production[J]. Harvard Business School BGIE Unit Working Paper No. 12, 2013(8):111-116.

[161] Ambec S, Barla P. Can environmental regulations be good for business? An assessment of the porter hypothesis[J]. Energy Studies Review,2006,14(2):6-18.

[162] Antràs, Pol. Firms,Contracts,and Trade Structure[J]. Quarterly Journal of Economics. 2003,118 (4):1375 - 418.

[163] Bandiera O, Rasul I. Social networks and technology adoption in northern Mozambique[J]. The Economic Journal, 2006, 116(514): 869-902.

[164] Bartlett III J E, Poling J C. Defending the Higher Walls-The Effects of US Export Control Reform on Export Enforcement[J]. Santa Clara J. Int'l L. , 2016(14): 1-12.

[165] Behera S R, Dua P, Goldar B. Foreign direct investment and technology spillover: evidence across Indian manufacturing industries[J]. The Singapore Economic Review, 2012, 57 (2): 10-18.

[166] Belitz H, Mölders F. International knowledge spillovers through high-tech imports and R&D of foreign-owned firms [J]. The Journal of International Trade & Economic Development, 2016, 25

(4):590-613.

[167] Besley T, Case A. Modeling technology adoption in developing countries[J]. The American Economic Review, 1993, 83 (2): 396-402.

[168] Borocz-Cohen J A. Export Control Proliferation: The Effects of United States Governmental Export Control Regulations on Small Businesses-Requisite Market Share Loss: A Remodeling Approach [J]. U. Miami Bus. L. Rev. ,2014(23):225-236.

[169] Boscariol J W, Briscoe J P, El-Sabaawi L, et al. Export controls and economic sanctions[J]. The International Lawyer, 2010 (6): 25-44.

[170] Bowman, G. W. E-Mails, Servers, Software: US Export Controls for the Modern Era[J]. Georgetown Journal of International Law. 2004,35(2):320-378.

[171] Broadbent, R. A. US Export Controls on Dual-Use Goods, Technologies: Is the High Tech Industry Suffering? [J]. Currents Int'l Trade LJ,1999(8):49-89.

[172] Burnett J C. The Logistics of Export Control Reform[J]. The Air and Space Lawyer,2014,26(4):10-17.

[173] Burnham J B. The heavy hand of export controls[J]. Society,1996 (34):38-44.

[174] Burris, M. D. Tilting at Windmills-The Counter posing Policy Interests Driving the US Commercial Satellite Export Control Reform Debate[J]. AFL Rev. 2010(66):255-2262.

[175] Cervellati M, Naghavi A, Toubal F. Trade Liberalization, Democratization and Technology Adoption [R]. CEPII research center, 2014.

[176] ChesbRough H. The Era of Open Innovation [J]. MIT Sloan Management Review,2003, (44):35-41.

[177] Choi J P, Thum M. Market structure and the timing of technology adoption with network externalities [J]. European Economic Review, 1998,42(2):225-244.

[178] Chunmei Y, Wenyi M. The US High Technology Export Control towards China[J]. Journal of Business, 2016,1(4):13-16.

［179］ Comin D, Hobijn B. Cross-country technology adoption: making the theories face the facts［J］. Journal of monetary Economics, 2004,51(1):39-83.

［180］ Cook J. US government export control reform initiative&Impacts on satellites, space technology and aircraft［C］//2016 IEEE Aerospace Conference. IEEE,2016:1-8.

［181］ Cupitt Richard T., Yamamoto Takehiko. U. S. and Japanese Nonproliferation Export Controls: Theory, Description and Analysis［M］. Lanham, New York and London: University Press of America, 2013.

［182］ Damijan J P, Rojec M, Majcen B, et al. Impact of firm heterogeneity on direct and spillover effects of FDI: Micro-evidence from ten transition countries［J］. Journal of comparative economics, 2013,41(3):895-922.

［183］ Dayton, L. Dual use research. Australian researchers rattled by export control law［J］. Science, 2013,339(6125):1263.

［184］ Easterly W, King R, Levine R, et al. Policy, technology adoption, and growth ［R］. National Bureau of Economic Research,1994.

［185］ Falvey R, Foster N, Greenaway D. Imports, exports, knowledge spillovers and growth［J］. Economics Letters, 2004, 85 (2): 209-213.

［186］ Feder G. On export and economic growth［ J］. Journal of Development Economics,1982,12(1):59-73.

［187］ Ferguson S M, Olfert M R. Competitive Pressure and Technology Adoption: Evidence from a Policy Reform in Western Canada［J］. American Journal of Agricultural Economics, 2015(18):12-25.

［188］ Fitzgerald D R. Leaving the Back Door Open: How Export Control Reform's Deregulation May Harm America's Security［J］. NCJL & Tech. On. ,2014(15):65-134.

［189］ Francis J R, Huang S, Khurana I K, et al. Does corporate transparency contribute to efficient resource allocation? ［J］. Journal of Accounting Research, 2009, 47(4): 943-989.

［190］ Friebel G, Raith M. Resource allocation and firm scope［J/OL］.

[2016-9-12]. https://papers. ssrn. com/sol3/papers. cfm? abstract _id＝925253.

[191] Garcia-Alonso MC. National-security export-quality restrictions in segmented, non-segmented markets [J]. European Journal of Political Economy. 2003(19):377-390.

[191] Gerschewski S. Do Local Firms Benefit from Foreign Direct Investment? An Analysis of Spillover Effects in Developing Countries[J]. Asian Social Science,2013,9(4):67-78.

[193] Ghodsi A, Zaharia M, Hindman B, et al. Dominant Resource Fairness: Fair Allocation of Multiple Resource Types[J]. NSDI, 2011(11):24-24.

[194] Grossman G, Helpman E. Innovation and Growth in the Global Economy[M]. M IT Press, Cambridge,MA,1991.

[195] Hafner K A. Technology spillover effects and economic integration: evidence from integrating EU countries[J]. Applied Economics,2014,46(25):3021-3036.

[196] Hannan T H, Mcdowell J M. Rival precedence and the dynamics of technology adoption: an empirical analysis[J]. Economica,1987 (3):155-171.

[197] Ikeda D, Morita Y. The Effects of Barriers to Technology Adoption on Japanese Prewar and Postwar Economic Growth[R]. Institute for Monetary and Economic Studies, Bank of Japan, 2016.

[198] Im I, Hong S, Kang M S. An international comparison of technology adoption: Testing the UTAUT model[J]. Information & management,2011,48(1):1-8.

[199] Ito P, Moore D M, Young S, et al. Impact of US Export Control and Technology Transfer Regime on the Joint Strike Fighter (JSF) Project-Views of Key UK Stakeholders[J]. International Journal of Defense Acquisition Management, 2011(4):16-29.

[200] Ivus O. Do stronger patent rights raise high-tech exports to the developing world? [J]. Journal of International Economics,2010, 81(1):38-47.

[201] Jarzabkowski P. Centralised or decentralised? Strategic

implications of resource allocation models[J]. Higher Education Quarterly, 2002,56(1):5-32.

[202] Johari R. Efficiency loss in market mechanisms for resource allocation[D]. Massachusetts Institute of Technology,2004.

[203] Keser C, Suleymanova I, Wey C. Technology adoption in markets with network effects: Theory and experimental evidence [J]. Information Economics and Policy,2012,24(3):262-276.

[204] Kim L. Imitation to Innovation: The Dynamics of Korea's Technological Learning [M]. Boston: Harvard Business Press,1997.

[205] Klier T, Linn J. The effect of vehicle fuel economy standards on technology adoption[J]. Journal of Public Economics,2016(133): 41-63.

[206] Kneller R, Mcgowan D. Demand Shocks and Productivity: Technology Adoption During the US Ethanol Boom[J/OL]. 2013. http://www. aeaweb. org/conference/2014/retrieve. php? pdfid=301.

[207] Krugman P. A model of innovation, technology Transfer, and the world distribution of income[J]. Journal of Political Economy, 1979,87(2):253- 266.

[208] Le A. The Relative Gain Problem in Multipolarity: A Theoretical Discussion and an Empirical Test of the American dual-use export control post Cold War[EB/OL]. 2011, http://blogs. colgate. edu/.

[209] Lenaerts K, Merlevede B. Firm size and spillover effects from foreign direct investment: the case of Romania[J]. Small Business Economics,2015,45(3): 595-611.

[210] Liu X, Buck T. Innovation Performance and Channels for International Technology Spillovers: Evidence from Chinese High-tech Industries[J]. Research Policy,2007(3):126-143.

[211] Long William J. An Institutional History of U. S. Export Control Policy[M]. New York: Bertsch Gary,1996.

[212] Madsen J B. Technology spillover through trade and TFP convergence: 135 years of evidence for the OECD countries[J]. Journal of International Economics,2007,72(2):464-480.

[213] March J G. Exploration and Exploitation in Organizational Learning

[J]. Organization science, 1991,2(1):71-87.

[214] Marukawa T. Japan's High-Technology Trade with China and Its Export Control[J]. Journal of East Asian Studies,2013,13(3):483-496.

[215] Mary Sullivan. The innovation enterprise and corporate governace [J]. Cambridge Journal of Economics, 2000(8):32-47.

[216] Matsushita, M. Export control of natural resources: WTO Panel Ruling on the Chinese export restrictions of natural resources[J]. Trade L. & Dev. ,2011(3):267-278.

[217] McKenzie, J. F. US Export Controls on Internet Software Transactions[J]. Int'l Law. ,2010(44): 857-863.

[218] Milliou C, Petrakis E. Timing of technology adoption and product market competition [J]. International Journal of Industrial Organization,2011,29(5):513-523.

[219] Mineiro, M. US export controls, Canadian autonomy to collaborate on international space missions[J]. Space Policy. 2010, 26(2):99-104.

[220] Motohashi K, Yuan Y. Productivity impact of technology spillover from multinationals to local firms: Comparing China's automobile and electronics industries [J]. Research Policy, 2010, 39 (6): 790-798.

[221] Murphy, R. M. US Export Controls Over Cloud Computing: The Forecast Calls for Change[J]. Syracuse Sci. & Tech. L. Rep, 2013,28:65-121.

[222] Parente S L, Prescott E C. Barriers to technology adoption and development[J]. Journal of political Economy,1994(26):298-321.

[223] Parkhe A. U. S. natinal securtiy exprot controls: implication for global competitiveness of U. S. high-tech firms [J]. Strategic Management Journal,1992,13(1):47-66.

[224] Patel P. Essays in technology adoption and corporate finance[J/OL]. 2013. http://escholarship. org/uc/item/4s52z1kj.

[225] Porter M. America's Green Strategy [J]. Business and the Environment: a reader,1996(33):32-49.

[226] Pryor C D. Beyond Economics and Security: Strategic Export Control Practices in Advanced Countries[EB/OL]. 2016. http://

hdl. handle. net/1773/36814.

[227] Rajeswari P R. US Policy on technology export control towards India：1980-1997 [J/OL]. http：//shodhganga. inflibnet. ac. in/handle/10603/17353. 2014.

[228] Rauch J E, Casella A. Overcoming informational barriers to international resource allocation：prices and ties[J]. The Economic Journal,2003,113(484)：21-42.

[229] Richardson J D, Sundaram A. Sizing Up US Export Disincentives for a New Generation of National-Security Export Controls[J]. Policy Brief May,2013(6)：1-13.

[230] Saleem A, Higuchi K. Policy perspective analysis of technology adoption in industries[J]. Int. J. Smart Home,2014,8(1)：1-22.

[231] Smith J E, Ulu C. Technology adoption with uncertain future costs and quality[J]. Operations Research,2012,60(2)：262-274.

[232] Stinnett D M, early B R, Horne C, et al. Complying by denying：Explaining why states develop nonproliferation export controls[J]. International Studies Perspectives,2011,12(3)：308-326.

[233] Suri T. Selection and comparative advantage in technology adoption[J]. Econometrica，2011，79(1)：159-209.

[234] Valente S. Endogenous growth, backstop technology adoption, and optimal jumps[J]. Macroeconomic Dynamics，2011,15(03)：293-325.

[235] Vashchilko A. Cross-Sector Spillover Effects of Trade Liberalization[J]. Eastern Economic Journal,2013,39(1)：1-17.

[236] Veugelers R. Internal R@D Expenditures and External Technology Soureing[J]. Research Policy，1997,26(3)：303-315.

[237] Vishal Singh, Jan Holmström. Needs and technology adoption：observation from BIM experience[J]. Engineering, Construction and Architectural Management,2015,22(2)：128 -150.

[238] Weinberger, S.. Export-control laws worry academics[J]. Nature, 2009,461(7261)：156.

[239] Wendt T R. Conventional Arms Export Control Reform：Cutting the Gordian Knot[J/OL]. 2011. http：//www. dtic. mil/get-tr-doc/pdf? AD=ADA547342.